Vladimir «Vlad» Mitrovic

Die spinnen, die Gläubigen!

Aber Gott kommt trotzdem zum Ziel

Eine Autobiografie

fontis

MIX
Papier aus verantwortungsvollen Quellen
FSC® C014138
www.fsc.org

Bibliografische Information der Deutschen Nationalbibliothek
Die Deutsche Nationalbibliothek verzeichnet diese Publikation in der Deutschen Nationalbibliografie; detaillierte bibliografische Daten sind im Internet über www.dnb.de abrufbar.

Die Bibelstellen wurden folgenden Übersetzungen entnommen:

Einheitsübersetzung 1980
Einheitsübersetzung 2016
Lutherbibel 1984
Lutherbibel 2017
«Hoffnung für alle» 2015
Schlachter 2000

Umschlag: Spoon Design, Olaf Johannson, Langgöns
Coverbild: san4ezz/Shutterstock.com
Satz: InnoSet AG, Justin Messmer, Basel
Druck: Finidr
Gedruckt in der Tschechischen Republik

ISBN 978-3-03848-199-7

Inhaltsverzeichnis

Vorwort

Immer wieder wurde mir gesagt, ich solle ein Buch über meine filmreifen Erlebnisse schreiben. Aber meine Story – ich weiß nicht. Wenn das Buch ehrlich sein soll, dann werden auch meine Unzulänglichkeiten, Schwächen, Rückfälle, Spinnereien und einige Peinlichkeiten, Pleiten, Pech und Pannen öffentlich. Und trotz krassen Wundern Gottes machen meine lieben Mitgläubigen öfters auch nicht eine besonders gute Figur. Vorher hätte ich da noch Ideen für drei andere Bücher, auf die ich stolzer wäre.

Als sich abzeichnete, dass ich mir bald ein längeres Sabbatical leisten kann und endlich Zeit hätte zu schreiben, bat ich also zwei meiner Freunde, von denen ich weiß, dass sie einen wirklich guten Draht nach oben haben, Gott zu fragen, welches der drei Bücher, die ich im Kopf hatte, ich schreiben soll. Um sie nicht zu beeinflussen und das als Antwort zu bekommen, was sie selber am liebsten lesen würden, sagte ich ihnen nur, dass sie fragen sollen, ob ich überhaupt eins schreiben soll – und wenn ja, ob a, b oder c. Beide kamen fast wörtlich mit derselben Antwort zurück: dass ich zwar ein Buch schreiben soll, aber weder a, b noch c, sondern meine Story.

Das hat mir zuerst etwas Angst gemacht, und ich habe mich eine ganze Weile davor gedrückt. Doch da die zwei mir sozusagen deckungsgleich dieselbe Message überbrachten, wusste ich einfach, dass es wohl so sein musste. Ich spürte immer stärker, dass ich meine Story jetzt endlich zu Papier bringen muss, egal, wie peinlich mir gewisse Teile davon sind. Denn unendlich viel größer als all meine Schwächen, Spinnereien und Peinlichkeiten sind Gottes Gnade über mir und **seine Liebe zu dir.**

Nun steht sie also hier vor dir, diese Story, und ich glaube, jetzt geht sie erst richtig los.

Vladimir

1. Gastarbeiterkind

In der Schweiz aufzuwachsen ist ganz klar ein Privileg – auch wenn es in einem alten Wohnblock direkt am Brüttiseller Kreuz bei Zürich war.

Als Gastarbeiterkind von jugoslawischen Migranten war man in den 1970er und 1980er Jahren in Brüttisellen eigentlich noch ganz gut dran. Die ständigen Jugo-Provokationen folgten erst nach den Balkankriegen, als den Schweizern zu viele Jugos auf einmal kamen und ihnen Angst machten. Zu viele auf einmal, das macht den Schweizern immer Angst, egal von wo. Vor kurzem fürchteten sie sich vor zu vielen Deutschen, und jetzt sind gerade die Moslems an der Reihe. Damals in Brüttisellen waren es noch die Italiener, die man «Tschingge» nannte und mit denen heute trotz Mafia, Berlusconi und Salvini niemand mehr ein Problem hat.

Meine Eltern mussten beide sehr viel arbeiten, weshalb meine kleine Schwester und ich sie nur am Wochenende sahen. Unter der Woche waren wir bei Schweizer Pflegeeltern, bis ich etwa zwölf war. Daher merkte man uns unsere Herkunft nicht an.

In der Schule litt ich unter gewissen Mobberkindern, die mich ständig plagten, verleumdeten oder verprügelten. Das lag jedoch kaum an meiner Herkunft, sondern eher an meiner großen Klappe und an dem Fakt, dass ich etwas dick war. Mit meinen Sprüchen musste ich gewisse Idioten immer spüren lassen, dass sie Idioten sind – was Idioten bekanntlich gar nicht mögen. Wahrscheinlich war ich selber auch einer und hatte viele Komplexe, die eine schöne Zielscheibe boten.

Zu dieser Zeit kannte man den Begriff Mobbing noch nicht, und die Kinder bekamen weder Ritalin noch Sozialbetreuung verpasst. Also fing ich mit elf Jahren an, wie ein Besessener Karate und Kung-Fu zu trainieren. Eines Tages würde ich sie mit Gegenwehr überraschen und ihnen jeden einzelnen Knochen brechen. Doch als ich dieses Niveau tatsächlich erreicht hatte, war die Schule vorbei.

Ich wuchs in drei Kulturen gleichzeitig auf. Unter der Woche genoss ich eine relativ strenge schweizerische Erziehung, während ich am Wochenende von meinen Eltern wie ein Prinz verwöhnt wurde. Und in meiner Freizeit hing ich meistens mit Italienern rum. Das war wohl Segen und Fluch zugleich. Einerseits förderte es meine Sprachbegabung und Flexibilität, mich in jedem Umfeld schnell integrieren zu können. Andererseits gehörte ich irgendwie nirgends richtig dazu. Für die Beziehung zu meinen Eltern war das auch nicht besonders förderlich und führte zu sehr vielen Missverständnissen und Streit.

Zum Glück wurden wir älter und fingen an zu kiffen. Bekifft waren auch die Mobberkinder wieder ganz nett. Also, wirklich ein Glück war das nicht. Denn über ein Dutzend der Kids, mit denen ich meine Teenie-Zeit verrauchte, wurden keine 25 Jahre alt.

Rund ein Drittel der Kiffer griffen schon bald zu härteren Drogen, und wir hatten alle paar Monate eine Beerdigung. Davon erzählte ich meinen Eltern natürlich nichts, denn die machten sich eh schon viel zu große Sorgen über meinen Umgang mit Nichtsnutzen, Drogensüchtigen, Dealern und Kriminellen, wie sie meinten. Das war natürlich maßlos übertrieben, denn wir waren ganz einfach Kinder unserer Zeit – voller Neugier und Hunger nach Leben und Erfahrungen.

In Brüttisellen gab es kein Jugendhaus. Man hing also entweder in den umliegenden Dörfern rum oder ging gleich nach Zürich. Da ich in der Berufsschule Leute aus Effretikon kannte, pendelte ich zwischen den Jugendhäusern in Effretikon und Dietlikon hin und her. Effretikon hatte einen üblen Ruf, und meine Eltern bekamen immer Krämpfe, wenn ich sagte, dass ich dorthin gehe. Aber die Kids in Dietlikon waren ganz genauso drauf.

Am Anfang traf man sich im Jugendhaus, unternahm etwas und rauchte als Höhepunkt noch einen Joint zusammen. Bald traf man sich im Jugendhaus, ging raus, um eine «Tüte» zu rauchen, drehte die nächste und unternahm gar nichts mehr. Außer vielleicht noch im «Monte Casino» Geld in die Automaten zu stecken. Am Anfang waren es noch Videospiele und Flipper. Bald hingen wir aber mehr an den Glücksspielautomaten, die einige Kids wie mich auch noch süchtig machten. Die kosteten den einen oder anderen noch viel mehr als die ganze Kifferei.

Außer Kiffen und Zocken lief dann also plötzlich nicht mehr viel. Nur für die Heroin-Junkies gab es ständig Action und Stress, um sich den nächsten Schuss zu besorgen. Die sahen dann auch bald immer schlechter aus und verwandelten sich in Zombies – bevor sie sich aufhängten, sich den goldenen Schuss gaben, mit Rattengift gestreckten Stoff erwischten, Aids bekamen, ermordet wurden, sich vor den Zug warfen oder aus Versehen eine Überdosis reinhauten.

Als ich Ende der 1980er Jahre die Lehre absolvierte, kostete Heroin noch 600 Franken pro Gramm. Da ich schon mit Hasch dealen musste, um mir mein Kettenkiffen und meine Spielsucht zu finanzieren, war mir das einfach zu teuer. So wie meine Freunde auf dem «Platzspitz», dem berüchtigten Park im Herzen Zürichs, aussahen, konnte ich mir nicht vorstellen, dass es ein Flash geben konnte, das den Preis und das Risiko, bald auch wie ein Zombie auszusehen, wert war. Aber auch ohne Heroinkonsum reichte der Lehrlingslohn nirgends hin, um neben der Spielsucht und dem vielen Hasch auch noch Geld für alles andere zu haben.

So war ich auf dem besten Weg, kriminell zu werden. Bei dieser Nachbarschaft war das auch kein Wunder. Ich war noch keine 17, als ich bei einem meiner sizilianischen Freunde zuhause in so einer lustigen Runde saß, wo der eine Bruder dabei war, seine 45er Magnum zu laden, der andere, einen Haufen Geld zu zählen, und der dritte, zwei größere Haufen Pulver zu mischen, während er versuchte, Ersteren zu überzeugen, einen gemeinsamen Kumpel von uns doch bitte *nicht* umzulegen. Ich dachte: «Scheiße, den Film habe ich doch gesehen. Aber was mache ich in diesem Film? Sind wir noch in Brüttisellen, oder wurde ich gerade nach Palermo oder New York gebeamt?» Die Szene war gleichzeitig beängstigend wie auch unheimlich spannend.

Das Kettenkiffen wurde bald schon eine echte Plage. Man redete sich natürlich lange ein, dass man jederzeit aufhören könnte – wenn man denn wollte. Aber wer wollte das schon? War ja alles easy. Zu unserer Beruhigung klopften wir Sprüche wie «Am Morgen ein Joint, und der Tag ist dein Freund» oder «Ein Joint am Morgen vertreibt Kummer und Sorgen». Irgendwann gab es dauernd so Szenen, wo mehrere am Tisch saßen und darüber redeten, dass sie definitiv zu viel kifften und unbedingt demnächst aufhören sollten, während alle gleichzeitig dabei waren, einen Joint zu drehen.

Immerhin konnten wir noch über uns selbst lachen. Bei mir war es ein bitteres Lachen, denn ich schleppte schon von klein auf eine Depression mit mir herum, die ich mir nicht erklären konnte.

So verwundert es nicht, dass sich eine Sucht an die nächste reihte. Noch vor den Drogen und den Spielautomaten waren es die Pornos. Bevor es Internet gab, durchsuchten wir immer die Altpapierstapel vor den Wohnblöcken. Bei jeder Altpapiersammlung kamen Pornohefte zum Vorschein, die dann rumgereicht wurden. Und immer wenn jemand sturmfrei hatte, durchsuchten wir die Elternschlafzimmer und fanden ausnahmslos bei jedem Pornos. Kein Wunder, war ich schon als Teenie pornosüchtig und hatte meistens nur Sex und Drogen im Kopf.

Nach der Schulzeit machte ich eine kaufmännische Lehre, während der ich zweimal die Woche in die Berufsschule ging. Dort drehten wir während jeder Pause einen Joint. Weil es in den kürzeren Pausen zu stressig wurde, drehten wir die Pausentüte schon im Klassenzimmer unter dem Tisch. Über Mittag gab es dann eine Tüte zur Vorspeise, eine zum Dessert und eine, um uns für die nächste Schulstunde zu motivieren. Doch nicht selten waren wir mit der letzten Tüte zu spät dran und verlängerten deshalb die Mittagspause, um auch noch die Französischstunden zu verrauchen.

Hausaufgaben zu machen oder auf Prüfungen zu lernen ging gar nicht. Obwohl ich es mir immer und immer wieder vornahm. Ich saß jeweils vor dem Schulbuch, starrte auf den Deckel und versuchte verzweifelt, meine mentalen Kräfte so zu bündeln, dass ich das Teil auch noch öffnen und etwas lernen könnte. Doch es ging nicht. Ich war wie gelähmt und konnte das Buchcover nicht öffnen, während alles in mir nach der nächsten Tüte oder dem nächsten Porno schrie.

Dass ich in dieser Zeit überhaupt etwas lernte und auch noch die Lehrabschlussprüfung bestand oder nur schon das richtige Zimmer für die Prüfung fand, war echt ein Wunder.

Tja, und dann ging es erst richtig los mit den Wundern.

2. Schon mal was von Evolution gehört und so?

Schon während der Lehre machte einer meiner Kumpels plötzlich einen auf gläubig und wollte mir etwas über Gott erzählen. Ich dachte, der will mich verarschen. Die Kommunisten haben den Jugos den Glauben ausgetrieben, und auch meine Schweizer Pflegeeltern waren Atheisten. Dementsprechend war das Thema Gott für mich ein Märchen. Ich konnte nicht fassen, dass mein Kumpel am Ende des zwanzigsten Jahrhunderts noch von so etwas überzeugt war. Schon mal was von Darwin, Evolution und so gehört?

Es nervte mich, dass er nicht mehr mit mir auf die Gasse wollte. Ich wollte ihm unbedingt beweisen, dass das alles kompletter Bullshit ist. Doch je mehr ich versuchte, es ihm zu beweisen, desto mehr musste ich zugeben, dass seine Argumente gar nicht so schlecht waren. Ich gab das natürlich nicht zu, denn ich war begnadet darin, den Leuten die Worte im Mund zu verdrehen, sie so zu manipulieren und zu verwirren, wie es sonst nur Politiker und Systemjournalisten können. So ließ ich ihn und andere Gläubige in unseren Diskussionen immer wieder wie Halbschlaue aussehen.

Mit Claude, meinem Banknachbarn in der Berufsschule, diskutierte ich ausgiebig die vielen Fragen, die da so aufkamen – während wir unsere Tüten rauchten. Ich war überrascht, dass es für ihn eigentlich klar war, dass es Gott gibt, und wunderte mich, wie er ihn unter diesen Umständen einfach so ignorieren konnte. Wir kamen zum Schluss, dass es rein theoretisch ja möglich wäre, dass es Gott gibt und dieser tatsächlich etwas von uns wollen könnte. Doch einen auf religiös machen, wenn es ihn *nicht* gibt, wäre auch saublöd. Denn wenn man seine «Vertreter» auf der Welt so anschaut, scheint dieser Gott doch eine ziemliche Spaßbremse zu sein. Andererseits, wenn es ihn doch gibt, dann willst du es dir mit ihm ja nicht versauen. Deshalb beschlossen wir, uns mit dem Thema etwas näher zu befassen und der Wahrheit auf die Spur zu kommen.

Also fing ich an zu forschen. Doch der Gedanke an einen Gott, der mir sagt, wo's langgeht, gefiel mir gar nicht. Ich war nämlich langsam so weit, dass sich die Mobberkinder nicht mehr trauten, mich zu plagen. Mein Selbstvertrauen stieg in beachtliche Höhen. Ich war fit, sah gut aus, hatte genug Kohle und genug zum Kiffen. Mit den Mädels hatte ich es langsam auch im Griff, und ständig war die nächste Party angesagt. Auch meine Depressionsschübe waren gerade seltener und milder geworden. Da kommt ein Gott, der dir ins Leben hineinquatschen will, natürlich sehr ungelegen.

Trotzdem wollte ich unbedingt auf der Seite der Wahrheit sein und fing an, mir ein Buch nach dem anderen in den Kopf zu drücken. Der Begriff Freidenker war damals noch nicht in Mode, doch ich hielt mich für so was Ähnliches und merkte schnell, dass ich, um wirklich frei zu denken, nicht nur weitere «Experten» studieren sollte, welche mir meine eigene Meinung bestätigten, sondern eben auch solche, die das Gegenteil meiner Thesen behaupteten. Oder die sich, wie man heute sagen würde, auch außerhalb meiner Filter-Bubble umschauten.

Als ich mir dann die Evolutionstheorie etwas tiefer zu Gemüte führte und auch Bücher von sonstigen Wissenschaftlern las, entdeckte ich doch sehr viele Ungereimtheiten. Auf die will ich hier jedoch nicht näher eingehen, denn dazu haben andere schon sehr interessante Bücher geschrieben.[1] Ich stellte fest, dass erstaunlich viele Gelehrte aus verschiedensten Wissensgebieten, von Archäologie über Mathematik bis zu Biologie, Astronomie, Philosophie, Recht und Geschichte, trotz (oder gerade wegen?) ihres wissenschaftlichen Denkens und ihrer Doktor- und Professorentitel davon

---

[1] Für Interessierte zu empfehlen: «Evolution im Kreuzverhör» von A. E. Wilder-Smith sowie «Testnote gut? Darwins Evolutionstheorie auf dem Prüfstand» von Tilo Englaender.

überzeugt sind, dass es Gott gibt. Heute findet man interessante Filmchen, welche die Evolutions-Gläubigen ins Grübeln bringen, auch auf YouTube.

Mein Weltbild wurde nachhaltig erschüttert. Da sagte ich irgendwann zu Gott: «Hey, Chef, wenn es dich da oben wirklich gibt, dann sag doch mal einen Gruß oder schick mir irgendein Zeichen. Du hast ja meine Adresse.» Ich erwartete nicht wirklich, dass tatsächlich etwas passiert.

Doch dann ging es los. Plötzlich begegneten mir gläubige Christen an allen Ecken und Enden und wollten mit mir über Gott reden. Also, nicht solche, die katholisch oder reformiert geboren und entsprechend in den Religionsunterricht eingeteilt worden waren. Nein, Christen, die im Glauben lebten. Ich kam mir schon fast verfolgt vor.

Zu meinem Erstaunen waren sogar ziemlich intelligente Leute dabei. Bei einigen von ihnen faszinierte mich, dass sie von einer «persönlichen Beziehung mit Gott» sprachen. Die waren überzeugt, dass Gott nicht nur ihre Gebete hört, sondern auch beantwortet. Sie kommunizierten scheinbar mit ihm, spürten seine Gegenwart und erzählten von Zeichen und Wundern, die sie selbst erlebt haben wollten. Man spürte, dass sie wirklich glaubten, was sie da erzählten, und ich fragte mich, ob ich – und alle, die ich bis dahin kannte – wirklich so blind waren. Oder ob diese Leute einfach einen Knall hatten.

Gegen Ende der Lehre fingen einige meiner Kumpels an, mit okkulten Praktiken zu experimentieren. Sie erzählten die wildesten Geschichten von Zeichen, Geistern und schrägen Erlebnissen. Einige organisierten spiritistische Sitzungen mit Gläserrücken. Buchstaben und Zahlen wurden im Kreis auf den Tisch gelegt und ein Geist würde ihnen dann Nachrichten und Antworten schreiben, indem sich das Glas wie magisch von einem Buchstaben zum nächsten bewegte.

Andere fingen an, Tarot-Karten zu legen, und wieder andere besorgten sich alte Zauberbücher. Ein paar Jungs, mit denen ich viel kiffte, erzählten mir, dass sie sich bei so einer Gläserrücken-Session über den Geist lustig gemacht hatten. Die Reaktion des Geistes kam prompt – das Glas kreiste wie wild auf dem Tisch, flog an die Wand und zerschellte. Natürlich glaubte ich, dass mich die Jungs mit dieser Poltergeistgeschichte verscheißern wollten. Ich hörte aber immer mehr solcher Berichte von Spuk und Panikattacken.

Auch mein Freund Claude erzählte mir bald darauf, dass er bei so einer Session dabei gewesen und dass auch bei ihm das Glas wie wild auf dem Tisch herumgerast sei. Als es dann langsamer von Buchstabe zu Buchstabe fuhr, prophezeite der Geist, dass ein Mädchen der Gruppe in sechs Monaten schwanger und ein weiterer Kollege tot sein würde. Von Claude wusste ich, dass er mir keinen Scheiß erzählte.

Sechs Monate später war das Mädchen tatsächlich schwanger und der andere Freund tot. Rattengift im Heroin ließ ihn nur 17 Jahre alt werden.

Das war ein doppelt harter Schlag für Claude und mich. Denn erstens tat der tragische Verlust eines noch derart jungen Freundes weh, und zweitens mussten wir langsam, aber sicher in Betracht ziehen, dass es da tatsächlich noch eine unsichtbare Welt gibt, die Einfluss auf unser Leben nehmen kann oder sogar nehmen *will*. Und dies trotz unseres intensiven Bemühens, vom Gegenteil überzeugt zu bleiben.

3. Kartenlegen

Kurz nach meiner Lehrabschlussprüfung besuchte ein Cousin meiner Mutter zusammen mit seiner Freundin für zwei Wochen unsere Familie in der Schweiz. Die Freundin des Cousins erzählte mir gleich zu Beginn, dass sie Karten lege und dass es wirklich funktioniere. Ich ließ sie mal machen und erwartete oberflächliches Horoskop-Gequatsche, aus dem man alles Mögliche herausinterpretieren könnte. Als sie mir dann sehr präzise und höchst private Dinge über mich und meine damalige Freundin Sibylle erzählte, staunte ich nicht schlecht. Man hätte meinen können, sie kenne mich besser als meine Mutter, obwohl sie ja noch keine zwei Tage bei uns war.

Der Hammer aber war ihre Zukunftsvoraussage: In den nächsten Tagen werde jemand aus meinem engeren Freundeskreis auf mich zukommen, der etwas von mir wolle. Er sei größer als ich und habe dunkle Haare. Was auch immer er wolle, ich solle es ihm nicht geben, denn auf dem Typen liege ein Fluch, und alles, was er unternehme, gehe schief. – Nun, das war dann doch sehr konkret.

Und prompt kam nur drei Tage später einer meiner damals besten Freunde vorbei und wollte sich 500 Franken borgen, die ihm für einen Kokain-Deal noch fehlten. Tatsächlich waren es nicht der kleine Braunhaarige und auch nicht der große Blonde aus meinem Bekanntenkreis, sondern es war – wie vorausgesagt – mein großer Freund mit den dunklen Haaren. Natürlich kann man einem guten Freund so eine Bitte nicht abschlagen. Schon gar nicht, weil irgendeine Tante in den Karten gesehen haben will, dass auf ihm ein Fluch lasten soll. Also gab ich ihm die Kohle und erfuhr schon am nächsten Tag, dass der Deal in die Hosen gegangen und meine Kohle weg war. Es passte ziemlich perfekt auf alles, was die Freundin meines Cousins vorausgesagt hatte.

Als ich ihr dann mitteilte, dass ich von ihrem Kartenlesen beeindruckt war, meinte sie, sie spüre, dass ich diese Gabe auch habe und dass ich sie entwickeln könne, wenn sie mir ein paar Grundsätze beibringe. Mir war zu der Zeit schon aufgefallen, dass ich manchmal spezielle Träume hatte, die voller Symbolik waren und sich irgendwie anders als normale Träume anfühlten. Die Symbolik verstand ich damals zwar noch nicht, aber ich wusste in solchen Morgenstunden einfach, dass mir einiges aus dem Traum an dem Tag begegnen würde. Beispielsweise eine neue Affäre, Ärger oder ein Todesfall. Also ließ ich mir das Kartenlegen erklären und fing an zu üben.

Wenn das Jugendhaus schloss und wir in lauen Sommernächten noch nicht nach Hause wollten, blieben wir oft vor dem Jugendhaus sitzen und rauchten noch ein paar Joints. Dann zückte ich meine

Karten und probierte es mit den Jungs aus. Natürlich nahm das zuerst keiner ernst, und es wurde gelacht und gespottet.

Nach ein bis zwei Wochen kamen dann aber einige ganz aufgeregt wieder auf mich zu und berichteten, dass alles ganz genau so eingetroffen sei, wie ich es ihnen gesagt hatte. Ich fragte mich, wie das möglich war. Die Karten selbst waren ja tote Materie. Konnte es daran liegen, dass diese Dinge so eintrafen, weil sie daran glaubten? Kraft meiner Suggestion? Wirkte die sogar, wenn sie *nicht* daran glaubten? Und wenn sie daran glaubten: Konnten sie wirklich Geschehnisse anziehen, allein weil sie diese erwarteten, ersehnten oder befürchteten? Oder geschah tatsächlich etwas Übernatürliches?

Es gab zwei Arten, wie ich den Leuten die Karten legte. Da gab es die große Auslegung, wo die Person selbst die Karten mischte und an ihre Liebesbeziehung und ihr Leben dachte. Dann legte ich alle Karten in einem Viereck aus: Jede siebte ergab die Storyline der Person, und die Karten unmittelbar daneben erzählten die Details. Vor allem diese Details brachten die Leute zum Ausflippen, weil sie so präzis waren und sich von jedem horoskopmäßigen Suggestiv-Blabla abhoben.

Die andere Variante war, dass die fragende Person an einen Wunsch dachte, während sie die Karten mischte, und ich dann nach einem bestimmten Auswahlverfahren verfolgte, ob vier Asse alleine oder mit zusätzlichen Karten übrig blieben. Waren die vier Asse alleine, ging der Wunsch in Erfüllung. Je mehr Karten übrig blieben, desto schwieriger wurde es. Anhand der Karten, die übrig blieben, konnte ich auch sagen, was der Erfüllung des Wunsches im Weg stand.

Da mir die Person den Wunsch nicht benennen durfte, war die Wahrscheinlichkeit ziemlich groß, dass ich irgendeinen Stuss verzapfte, der nichts mit ihrem Wunsch zu tun hatte.

Doch die Feedbacks hauten mich immer wieder aus den Socken. Bei einem Kumpel zum Beispiel, wo es um einen konkreten Wunsch ging, blieben neben den Assen noch die Kreuz 9 übrig, welche eine negative Überraschung ankündigte, der Karo König, der für eine Autoritätsperson in einem geschäftlichen Kontext stand, und die Kreuz 7, welche Streit vorhersagte.

Zusammengefasst teilte ich ihm mit, dass es eher gut aussehe für seinen Wunsch, aber etwas Unerwartetes seinen Chef ins Spiel bringen und Ärger erzeugen könnte. Hätte er sich nun gewünscht, dass seine Großmutter wieder gesund werde, die hübsche Blonde Ja sage, er befördert werde, im Lotto gewinne oder seine Katze wiederfände, dann hätte ich kompletten Blödsinn herausgelassen. Es war mit höchster Wahrscheinlichkeit anzunehmen, dass ich irgendeinen Scheiß laberte, der nicht einmal entfernt etwas mit seinem Wunsch zu tun hatte. Noch viel wahrscheinlicher war es, dass nichts davon einträfe, selbst wenn man die Aussage dieser Karten mit viel Fantasie als einigermaßen passend zum Wunsch hätte interpretieren können.

Doch nur etwa zwei Wochen später begegnete er mir wieder und flippte fast aus, als er mir erzählte, dass er sich so gewünscht habe, genug Geld und einen freien Tag für ein Open Air zusammenzukriegen. Tatsächlich sah es zuerst gut aus, doch dann wurde ein Mitarbeiter krank. Der Chef kam auf ihn zu und bestimmte, dass er als Ersatz einspringen musste und nun nicht freinehmen durfte. Woraufhin er natürlich protestierte und Ärger mit dem Boss bekam. Genau so, wie ich es mit den Karten vorausgesagt hatte.

Wie war das nur möglich? Ich hatte ja selbst keine Ahnung gehabt, was er sich wünschte, und dachte auch keine Sekunde mehr daran, nachdem ich ihm die Karten gelegt hatte. Selbst wenn ich mit irgendeiner Art von Suggestivkraft auf ihn eingewirkt hätte: Wie hätte sich das bloß im exakt perfekten Timing auf den Mitarbeiter auswirken können? Und warum musste der Boss ausgerechnet *ihn* als Ersatz bestimmen?

Na ja, ein Mal könnte man ja von Zufall sprechen. Von mir aus auch zwei, drei oder vier Mal. Doch die Tatsache, dass jedes Mal eine ganze Serie von Zufällen nötig war, damit meine Weissagungen eintrafen, ließ mich schwer ins Grübeln kommen. Ich wollte ums Verrecken nicht glauben, dass etwas Übernatürliches geschah, und brauchte deshalb unbedingt eine Erklärung, die ohne Geister, Gott oder Teufel auskam. Ich versuchte zu analysieren, was eigentlich abging, wenn ich die Karten legte.

Mir fiel auf, dass sich irgendwie eine Eigendynamik entwickelte, sobald ich anfing, die Karten zu interpretieren. Ich sah dann in den Kartenkombinationen immer mehr Details und Zusammenhänge, welche mir gar nie beigebracht worden waren. Irgendetwas kam jeweils über mich, und ich spürte eine Art von «Präsenz», so dass mir die Muster und Strukturen dann plötzlich klar wurden. Bildete ich mir das alles nur ein? Oder war es ein Geist? Und wenn ja, was für ein Geist konnte das sein?

4. Einen Plan mit mir?

Gleichzeitig ließen mich die Christen einfach nicht in Ruhe. Bei der Arbeit bekamen wir einen neuen Lehrling. Er war superkorrekt, überfreundlich, machte nie bei irgendeinem Scheiß mit und hatte am Montag keine wilden Geschichten vom Wochenende zu erzählen. Ich hänselte ihn gerne und bereitete ihm damit offenbar Mühe. Bis er sich eines Tages als Christ outete und mir erzählte, dass er viel für mich bete, damit ich es endlich checken würde.

Ich war perplex. Da redet also jemand mit Gott über mich? Spinne ich, oder spinnt er? Auf jeden Fall war ich dann netter zu ihm und stellte ihm viele Fragen, welche er mir oft mit einer unwiderstehlichen Logik und Geduld zu beantworten wusste.

In meinem Bekanntenkreis gab es bis dahin ansonsten eigentlich nur als Katholiken, Reformierte oder Muslime Geborene, die nach meinem Empfinden eher zur Kategorie der «Weiß-nicht-was-ich-wirklich-glauben-soll-und-es-interessiert-mich-auch-nicht»-Gläubigen gehörten. Dann gab es noch einige Suchende, die sich mit Philosophie, Esoterik, Buddhismus, Okkultismus, Atheismus, Nihilismus und Sonstwasismus beschäftigten. Mit diesen Suchenden gab es beim Kiffen reichlich Gesprächs- und Analysestoff. Das war immer hochinteressant. Bei einigem davon checkte man ganz schnell, dass es einfach nicht stimmen konnte. Anderes hielt sich hartnäckiger.

An irgendeine unbestimmte höhere Macht glaubten noch die meisten. Aber keiner wollte in Betracht ziehen, dass es tatsächlich einen Gott gibt, der Person und Persönlichkeit ist und einen Willen oder gar einen Plan in Bezug auf dich und mich hat. Alles andere zogen wir in Betracht. Aber das? Das ging gar nicht. Leute, die das glaubten, wie dieser Lehrling in der Firma, die mussten einfach einen an der Waffel haben.

Je mehr jedoch solche schrägen Dinge beim Kartenlegen und den spiritistischen Sitzungen meiner Kollegen passierten und je mehr Christen mir dauernd über den Weg liefen, die mir wieder etwas über Gott oder die Bibel erzählen wollten, desto mehr fragte ich mich, ob Gott wohl mein Gebet nach einem Zeichen erhört hatte.

An einem Samstagnachmittag ging ich vom Zürcher Hauptbahnhof Richtung «Central» und dachte gerade über diese Dinge nach. Ich versuchte einmal mehr, mir alle diese Phänomene ganz ohne den Aspekt des Übernatürlichen zu erklären. Da kam plötzlich jemand aus der Menschenmenge auf mich zu:

«Hey du!»

«Ich?»

«Ja, genau du. Jesus kennt dich, und er hat einen Plan mit dir. Egal, was du dir da gerade zusammendenkst. Er wird mit dir zum Ziel kommen.»

Ich war so perplex, dass ich gar nicht dazu kam, etwas zu sagen. Er drückte mir keinen Flyer in die Hand, wollte mir kein Buch verkaufen und lud mich auch nicht in seinen Jesus-Klub ein. Haut mir einfach diesen Spruch ins Gesicht und tschüss. Ich schaute, ob er noch andere Leute anquatschte. Tat er nicht, und weg war er. War das ein Prophet oder gar ein Engel? Oder doch nur ein Spinner? Wieso hatte er sich unter all diesen Leuten ausgerechnet mich ausgesucht mit diesem Spruch? Und das genau in dem Moment, wo ich über solches nachdachte und versuchte, die Option «Gott» aus meinen Gedanken zu verdrängen ... Das war zu viel für mich.

Jesus soll 'nen Plan mit mir haben? Spinnen die Römer? Wieso mit mir? Wer bin ich schon? Ich stamme aus einer Familie, in der fast die ganze Verwandtschaft dauernd Sätze formulierte, die in allen möglichen Varianten Fäkal- und sonstige F-Worte mit Gott kombinierte. Ein spiel- und pornosüchtiger Gastarbeitersohn auf Drogen und mit Depressionen. Einer, der nur eine große Klappe hat und der seinen Lehrlingslohn und das Geld, das er mit den Hasch-Deals verdiente, gleich wieder verspielte und verrauchte. Und was sollte das für ein Plan sein?

Bevor ich mich mit geistlichen Themen auseinandersetzte, hatte ich eigentlich immer nur Sex und Drogen im Kopf gehabt. Ehrlich gesagt, hatte ich das auch nachher sehr lange immer noch. Auch Gewalt-, Macht- und Rachefantasien waren meine ständigen Begleiter. Sobald ich irgendwo viel Geld sah oder mir jemand extrem auf den Keks ging, grübelte ich zwischen zwei imaginären Sexszenen am perfekten Verbrechen herum. Ich merkte doch, dass ich innerlich, trotz aller Faszination über die Dinge, die geschahen, gegen diesen Gott rebellierte. Ich mochte den gar nicht. Ich hielt es eher mit den Rolling Stones und deren «Sympathy for the Devil».

Ich war mit Gott nämlich gar nicht zufrieden. All der Scheiß auf dieser Welt. Warum lässt der sogenannt allmächtige, liebende und allwissende Gott das alles zu? Und jetzt soll er ausgerechnet mit *mir* einen Plan haben? Ich fühlte mich weder willig noch würdig noch fähig, geschweige denn, dass ich überhaupt nur irgendetwas für Jesus empfunden hätte.

Andererseits soll Jesus ja der Gute im Film gewesen sein. Vielleicht ist er ja ganz cool. Er habe sich für Arme und Kranke eingesetzt. Habe geheilt und Wunder getan; und schlaue Sachen soll er gesagt haben und so. Und dann soll er von den Toten auferstanden sein und behauptet haben, er sei Gottes Sohn. Hat es ihn überhaupt jemals gegeben? Und falls ja: War er wirklich Gottes Sohn, oder hatte er halluzinogene Pilze konsumiert und dann so wilde Geschichten erzählt, dass man ihn für etwas anderes hielt?

Musste ich mich jetzt wirklich noch mit Jesus und der Bibel und so beschäftigen? Ich wollte doch einfach nur meine nächste Tüte rauchen! Und überhaupt, warum Jesus und nicht Mohammed oder Buddha oder sonst ein Guru? Was macht Jesus jetzt so besonders?

Dann kam der Lehrling in der Firma doch tatsächlich auf die Idee, mir eine Bibel zu schenken.

5. Die Bibel? Echt jetzt?

Also gut. An Gott zu glauben ist ja eine Sache, aber sich von einem uralten Buch sagen zu lassen, wie der Hase läuft, ist dann noch mal was anderes. Ist das Ding überhaupt noch zeitgemäß? Außerdem sollen über die Jahrhunderte hinweg alle möglichen Machthaber daran herummanipuliert haben, um ihre Herrschaft abzusichern. Aufgrund der schrägen Erlebnisse der vergangenen Monate wollte ich aber prüfen, wie glaubwürdig und relevant dieses Buch heute tatsächlich noch ist.

Zumindest was die Manipulations-Behauptungen anging, fand ich schnell heraus, dass es kein Buch auf der Welt gibt, dessen Authentizität historisch besser belegt ist als die der Bibel. Es gibt nämlich unzählige Forscher, die sich die Mühe gemacht haben, zu beweisen, dass dieses Buch manipuliert wurde – und dann eines Besseren belehrt wurden. In den verschiedenen Museen der Welt gibt es weit über 100.000 Exemplare aus allen Jahrhunderten und Gegenden, welche man miteinander verglich. Dabei wurde festgestellt, dass in den neusten Ausgaben immer noch dasselbe drinsteht wie in den ältesten Teilen. Als man zum Beispiel im letzten Jahrhundert die Höhlen von Qumran erforschte und dort in Tonkrügen viele gut erhaltene Schriftrollen fand, die man teilweise auf ca. 400 bis 150 vor Christus datieren konnte, war da auch eine Rolle des Propheten Jesaja dabei, der heute Teil des Alten Testaments ist. Und was dort vor rund zweieinhalb Jahrtausenden geschrieben wurde, steht auch heute noch so in den neuen Ausgaben.

Nun gut. Das Ding ist also authentisch. Immerhin. Aber was heißt das schon? Es könnte ja auch ganz authentischer Schwachsinn sein. Ein Mix aus alten Märchen, Legenden, Weisheiten, dazu etwas Geschichte und Esoterik, geschrieben unter Einfluss von halluzinogenen Pilzen. Und gekifft haben sie in jener Gegend ja früher schon. Ist es also auch *wahr,* was da so drinsteht? Und sind diese alten Geschichten überhaupt noch relevant und nachvollziehbar für einen Menschen des 21. Jahrhunderts?

Der Verdacht, dass das Ding verfälscht ist, erhärtete sich nicht. Ich musste es mir wohl genauer unter die Lupe nehmen und prüfen, wie hoch die Wahrscheinlichkeit sein könnte, dass es tatsächlich wahr und auch heute noch relevant ist. Nur für den Fall der Fälle.

Doch zuerst war die nächste Tüte fällig – und dann ein paar Pornos, viele Partys und sonstige Ablenkungen. Da ich ja eigentlich erwartete, schon bald herauszufinden, dass das alles doch nicht so ganz wahr und gewiss nicht wirklich relevant ist, hatte ich es ja auch nicht eilig.

Die Folgen meines exzessiven Cannabiskonsums machten sich langsam bemerkbar. Meine Ambitionen reduzierten sich vor allem auf die nächste Tüte und den nächsten Porno. Das Studieren der Bibel verschob ich erst mal auf übermorgen und forderte stattdessen noch mehr Zeichen.

Und schon begegneten mir im Ausgang mit meiner Freundin Sibylle wieder Christen, die mir die Sache mit der Bibel und Jesus erklären wollten. Diese Leute schienen die Bibel ziemlich gut zu kennen und philosophierten und argumentierten etwas weniger als andere, sondern zitierten viele Bibelstellen. Zum Beispiel den Klassiker:

«Gott hat die Welt so sehr geliebt, dass er seinen einzigen Sohn hingab, damit jeder, der an ihn glaubt, nicht zu Grunde geht, sondern das ewige Leben hat.»[2]

Sie waren überzeugt davon, dass Gott uns liebt und Jesus unsere Rettung ist. Viele der Bibelstellen, die sie zitierten, ergaben für mich zu Beginn wenig Sinn oder nervten mich sogar. Retten

---

[2] Johannes 3,16 (Einheitsübersetzung 1980)

wovon? Ich muss höchstens *vor euch* gerettet werden! Doch obwohl ich die Jungs hänselte, mich über Gläubige lustig machte und noch tausend Fragen an Gott hatte, spürte ich einfach, dass diese Bibelworte irgendwie eine Kraft hatten, die mein Herz berührte.

Diese Jungs waren es auch, die uns in ein Theater in Effretikon einluden. Zu meiner Überraschung war auch Sibylle an der Show interessiert. Also gingen wir zu dieser Location – ich meinerseits natürlich nicht, ohne mir vorher noch eine Tüte reinzupfeifen.

6. Jesus, was für ein Theater!

Auf unseren Plätzen fanden wir dann heraus, dass es bei dem Theater um nichts Geringeres ging als um das Hauptproblem der Menschheit – und wie Jesus dieses gelöst haben soll.

Das Problem soll nämlich schon bei den allerersten Menschen angefangen haben. Genau: bei Adam und Eva. Die Geschichte lief aber etwas anders ab als die allgemein bekannte Darstellung, bei welcher die zwei in irgendeinen Apfel bissen, Gott sauer wurde und sie aus dem Garten schmiss.

Stattdessen soll es um Folgendes gegangen sein: Die Schlange stellte zunächst einmal nur eine Frage: «Hat Gott wirklich gesagt, dass ihr keine Frucht im Garten essen dürft?» Natürlich übertrieb die Schlange maßlos, denn sie wusste, dass alle Früchte zum Genuss da waren, außer eben dieser einen. Damit suggerierte sie, dass Gott ein Spielverderber sei, bei dem alles verboten ist.

Nebenbei: Der Trick funktioniert ja heute noch. Auch ich hatte damals die Vorstellung, dass der Spaß vorbei ist, wenn ich Christ würde. Und dass alles, was mir Spaß macht, dann verboten sein wird.

Doch Eva ließ die Schlange wissen, dass sie Bescheid wusste, und sagte: «Wir dürfen von allen Früchten essen; nur nicht von dem Baum in der Mitte des Gartens, sonst müssen wir sterben.» Darauf die Schlange: «Ihr werdet gewiss nicht sterben. Nein, Gott weiß: Wenn ihr von dieser Frucht esst, werdet ihr sein wie Gott und erkennen, was gut und böse ist.»

Also, einfach mal das Gegenteil behaupten. Was Gott sagt, stimmt nicht. Auch diese Haltung hat sich bis heute nicht verändert. Das Wort Gottes wird konstant von allen Seiten angegriffen und in Frage gestellt. So wie ich es ja auch die ganze Zeit tat, seit ich das erste Mal damit konfrontiert wurde.

Der Clou war natürlich nicht, dass Eva nicht stirbt, sondern dass sie sein könnte wie Gott und selbst entscheidet, was gut und böse ist. An diesem Punkt im Theater merkte ich, dass meine eigene Ablehnung gegen Gott wohl irgendetwas damit zu tun hatte. Ich wollte auch lieber mein eigener Gott sein und mir von niemandem etwas sagen lassen.

Tja, blöd. Die Eva hat also prompt mitgemacht. Und Adam? «Hey, spinnst du, Alte? Sein wie Gott? Das sollen wir doch eh schon werden. Er hat uns ja nach seinem Ebenbild geschaffen. Lass die Finger davon. Wer ist diese Schlange überhaupt? Wir klären das heute Abend, wenn Gott wieder im Garten ist.»

Leider hat Adam das nicht gesagt. Er schaute wohl erst mal zu, was passiert, wenn sie reinbeißt. «Na, schmeckt es? Alles okay? Fährt's gut ein? Aha, feiner Stoff also. Gib mir auch was davon.»

Am Abend hätte Adam eine Gelegenheit gehabt zu sagen: «Sorry, Boss, ich hab's vergeigt. Ich wollte auch der Boss sein und habe davon gegessen.» Stattdessen sagte er: «Die Frau, die du mir verschafft hast, hat mir davon gegeben.» Nicht zu fassen. Die Frau ist also schuld, dass er seine Verantwortung nicht wahrgenommen hat. Und überhaupt: Die Tante hat *Gott* ihm ja untergejubelt.

Kommt dir das bekannt vor? Schon seit den Anfängen der Menschheit sind immer die anderen schuld.

Und so machten sich die Menschen eins mit Luzifer, der auch selber wie Gott sein wollte, und wundern sich nun, warum das Böse die Welt regiert. Jetzt haben wir fast alle ein riesiges Autoritätsproblem, wollen selber auf der Kommandobrücke stehen und alles kontrollieren – und haben meist größte Mühe, unsere Fehler zuzugeben. Viel zu oft lassen wir uns nur von denen etwas sagen, die uns bezahlen oder die wir fürchten. Manchmal noch von jenen, die uns begeistern oder von denen wir sonst wie abhängig sind. In allen anderen Fällen wollen wir selbst bestimmen, was läuft.

Die unersättliche Gier nach Geld, Macht und Kontrolle hat ihren Ursprung wohl genau darin. Sobald unsere Grundbedürfnisse gestillt sind, tendieren wir meist unbewusst dazu, unser eigener Gott sein zu wollen und unserem Selbstverwirklichungstrip und allerlei Begierden zu frönen.

Nun, ein Blick in die Nachrichten und Geschichtsbücher dürfte reichen, um zu sehen, wie gut das funktioniert. Und wenn es dann scheiße läuft und unsere kumulierten Egotrips in Krieg und Elend münden, klagen wir wieder Gott an.

Deshalb, so die Schauspieler auf der Bühne, sind wir nun getrennt von Gott. Die Autorität, die Gott uns über diese Welt gegeben hat, haben wir damit an den Teufel abgegeben. Und so ist dieser Widersacher jetzt der Herrscher dieser Welt und hat uns, in seiner Rebellion gegen Gott, allesamt mit ihm vereint.

Ich war platt. So etwas lehrt die Bibel? Sollte das Ding also doch noch aktuell sein? Und ist diese Geschichte – oder zumindest das, was sie ausdrückt – wirklich wahr? Ich hatte noch viele Einwände. Am liebsten hätte ich diese Fragen und Zweifel laut ins Theater hineingeschrien. Dafür hätte es aber noch zwei oder drei Bier gebraucht. Also hielt ich die Fresse und hörte weiter zu.

Dann kam die Frage auf, was denn das Ganze uns persönlich angehe. Viele würden zwar merken, dass die Welt nicht optimal laufe, aber man selbst sei ja zum Glück in einer guten, sicheren Gegend daheim und beileibe kein böser Mensch. Hauptsache, man schadet niemandem und kümmert sich um seinen eigenen Kram. Wir sind ja alle Gottes Kinder.

Es ist wahr, dass wir alle als Ebenbild Gottes erschaffen wurden. Deswegen hat jeder Mensch eine bleibende Würde. Aber das Zerstörerische und abgrundtief Böse, mit dem wir in der Menschheitsgeschichte immer wieder konfrontiert werden, können wir auch nicht leugnen. Wenn wir ehrlich sind, müssen wir alle zugeben, dass wir je nach Umständen Dinge tun, von denen wir wissen, dass sie falsch sind.

Aus Gottes Sicht – so viel verstand ich in meinem Theatersitz – ist der Fall klar. Paulus sagt im Brief an die Römer: «Alle haben gesündigt und die Herrlichkeit Gottes verloren.»[3] Welche Herrlichkeit wurde verloren? Jene, die wir ursprünglich hatten, als wir im Prozess waren, uns zu dem zu entwickeln, was er geplant hatte. Nämlich Gottes Ebenbild resp. Gegenüber zu werden. Das haben wir verzockt, als wir die Abkürzung nehmen wollten. Als wir Autonomie, Stolz und Eitelkeit höher gewichteten als die persönliche Beziehung mit Gott. Vor allem die vermeintliche Freiheit, selber zu entscheiden, was richtig und falsch ist, hat sich als Fallstrick entpuppt. Als ob wir den Durchblick hätten und ohne seine Leitung – über das Offensichtliche hinaus – beurteilen könnten, was gut oder böse ist. Typen wie Stalin, Mao und der mit dem Schnäuzchen haben gemeint, sie wüssten, was gut ist, und wollten es allen aufzwingen. Was dabei an Elend und Zerstörung herausgekommen ist, hat man ja gesehen.

Nur schon das passiv Böse, das uns feige und tatenlos dem Unrecht zuschauen lässt, ist schlimm genug. Oder unsere Doppelmoral, welche immer von den anderen fordert, zum Beispiel weniger Umweltverschmutzung zu produzieren oder fairere Löhne zu zahlen, während wir gleichzeitig das kaufen, was uns gerade passt. Wer lässt sich schon den Spaß an seinen Ferien oder den neuesten Modetrends mit Fragen nach Umweltverträglichkeit oder Produktionsbedingungen verderben?

Wir sind eine Plage für diesen Planeten. Oder wie Agent Smith in «Matrix» sagen würde: ein Virus.

Da es Gott um diese Grundhaltung in deinem Herzen geht, spielt es nur bedingt eine Rolle, was genau jetzt deine offensichtlichen Sünden sind. Denn wie stark sich das Böse in dir nach außen hin manifestiert, hängt sehr von einzelnen Umständen ab, die nichts

---

[3] Römer 3,23 (Einheitsübersetzung 1980)

mit deinem Wesen zu tun haben. Derselbe Typ, der in der Schweiz oder in Deutschland nie jemandem ein Haar gekrümmt hat, hätte vielleicht Blut an den Fingern, wäre er zur falschen Zeit im falschen Viertel von Los Angeles, Kabul oder Sarajevo aufgewachsen. Auch der Bankangestellte, der sich über die Abzockerei seiner Chefs empört, sollte vielleicht besser das Maul halten. Wer sagt denn, dass er an dessen Stelle nicht genauso abzocken würde? Oder wer sich empört gibt, wenn ein Kollege seine Frau betrügt, und meint, er würde so etwas niemals tun. Ein Blick in den Spiegel und in die eigenen Fantasiewelten sollte eigentlich genügen, damit die Empörung wieder weicht. Denn wenn er so gut aussehen würde wie jener Kollege und von den Ladys dieselben Signale erhielte wie dieser, dann wäre es wohl auch für ihn mit der Treue schwierig geworden. Der Mörder, die Hure, der Dieb usw., sie sind latent in uns allen vorhanden.

Deshalb sagt Jesus: Wer sich gegen jemanden ereifert, begeht im Herzen schon Mord. Und jeder, der eine Frau begehrlich anschaut, begeht im Herzen bereits Ehebruch. Habgier, Betrug, Neid, Verleumdung, Überheblichkeit und all diese Dinge kommen aus dem Inneren der Menschen und machen sie schon von der Haltung her unrein vor Gott. Die mildere oder krassere Manifestation all dieser Herzenshaltungen in unseren Taten ist dann nur noch eine Frage der Umstände, in denen wir uns befinden.

Mir schwante langsam: Wenn Gott seinen Maßstab schon bei unseren Gedanken ansetzt, haben alle die Arschkarte gezogen. Wer schafft es dann überhaupt noch in den Himmel? Gandhi? Oder Mutter Teresa?

Die Jungs im Theater erklärten, dass sich letztlich alles auf die eine Grundsatzentscheidung reduziert. Willst du dich auf eine Beziehung mit Gott einlassen? Vertraust du ihm, dass er viel besser weiß, was in welcher Situation für dich gut oder böse ist? Oder willst du der Schlange glauben, dass du ab sofort selber Gott spielen und selber entscheiden kannst, was richtig oder falsch ist?

Interessanterweise steht die Schlange im Buddhismus, Hinduismus, Satanismus, in Yoga-Lehren, bei den Mayas, in New-Age-Esoterik-Klubs und bei den Freimaurern als Symbol für Heilung, Fruchtbarkeit, Leben, meistens auch für Weisheit und Erkenntnis. Mit diesem durchaus geschickt und clever aufgebauten Image ist sie also schon seit Adam und Eva weltweit auf Tournee und verkauft dir die steile Theorie, dass du die Erleuchtung in dir selbst finden kannst, wenn du den Gott in dir entdeckst. Leider hat sich diese Art von Erkenntnis exakt als die Wurzel des Problems entpuppt. Und mit dieser egozentrischen Grundhaltung haben wir es offenbar alle verkackt.

So viel zu den bad news. Aber das Wort «Evangelium», so die Schauspieler, bedeutet ja «Gute Nachricht».

Na, da war ich ja gespannt, was in dieser Geschichte noch für gute Nachrichten kommen sollten. Bis zur Pause sah das Ganze für mich ziemlich düster aus.

7. Tauschen wir?

Das Theaterstück ging weiter. Gottes Gerechtigkeit könne das Böse nur temporär dulden und werde zu gegebener Zeit alles Böse richten. Logisch, sonst wäre Gott ja nicht die absolute Gerechtigkeit. Da wir das Böse latent in uns tragen und sich das Monster in uns, je nach den Umständen, ziemlich übel manifestiert, müsste er uns also allesamt wieder von diesem Planeten spülen.

Gottes Liebe wiederum will uns alle retten und uns vergeben. Da hatte er also ein Dilemma, der liebe Gott. Seine Liebe versus seine Gerechtigkeit. Dieses Dilemma löste er, indem er selber Mensch wurde und uns als Jesus Christus begegnet. Als solcher gibt er uns nicht nur ein gutes Beispiel, wie man im Frieden mit Gott und mit seiner Kraft leben kann, sondern es geht um sehr viel mehr.

Der Prophet Jesaja kündigte Jesu Wirken so an:

«Wir hatten uns alle verirrt wie Schafe, jeder ging für sich seinen Weg. Doch der Herr lud auf ihn die Schuld von uns allen.»[4]

Jesu Opfer ist die Lösung für Gottes Dilemma! Er nahm die Verantwortung und Strafe für alles Böse in der Welt auf sich selbst. Damit wurde seiner Gerechtigkeit Genüge getan, und gleichzeitig wurde die Türe für seine Liebe und für Versöhnung geöffnet.

Von der Theaterbühne aus wurde es nun immer konkreter: Aus vielen Bibelstellen ginge hervor, dass Gott uns am Kreuz einen Tausch mit Jesus anbietet:

Jesus wurde bestraft, damit uns vergeben wird.

Jesus wurde geschlagen, damit wir heil werden.

Jesus starb unseren Tod, damit wir Sein Leben haben.

Unser alter Mensch wurde in Jesus getötet, damit der neue Mensch in uns zum Leben kommt.

Wenn wir uns mit Jesus identifizieren, identifiziert sich Gott auch wieder mit uns, und wir treten in eine neue Beziehung mit ihm ein. An ihn zu glauben bedeutet, wirklich anzunehmen, was Jesus am Kreuz für uns getan hat, und uns auf diese Beziehung einzulassen. Uns zu entscheiden, nicht mehr wie Eva von der Frucht der Erkenntnis zu leben und selber wie Gott sein zu wollen, sondern eben wieder mit Gott als Vater unterwegs zu sein.

Von der Bühne her vernahm ich: «Jesus starb und ist vom Tod auferstanden. Er lebt, er ist heute hier, auch bei dir. Du kannst überall und jederzeit mit ihm reden, und er bietet auch dir diesen Tausch an.»

Das Theaterstück endete mit der Frage: «Tauschst du mit ihm?»

Nun gut. Jetzt wusste ich also, was gemäß Bibel Sache sein soll und was das Ganze mit dem Kreuz auf sich hat. Ich brachte Sibylle zum Bahnhof, und bevor ich mich auf mein Mofa schwang, drehte ich für den Nachhauseweg noch meine übliche Gute-Nacht-Tüte und dachte nach. Jesus will also mit mir tauschen und so.

Also, wenn das stimmt, dann wäre die Bibel nicht nur authentisch, sondern tatsächlich auch relevant. Doch stimmt das wirklich? Und gilt das auch für mich? Und warum hat Gott den Teufel über-

---

[4] Jesaja 53,6 (Einheitsübersetzung 1980)

haupt erst losgelassen und die ganze Scheiße mit Not, Krieg und Elend so lange geduldet? Obwohl ich noch nicht wirklich überzeugt war und alles in mir drin immer noch gegen Gott rebellierte, spürte ich auf eine mir bislang ganz unbekannte Art seine Gegenwart und seinen Ruf nach mir.

Oder meinte es zu spüren. Vielleicht war es auch die Gute-Nacht-Tüte, die gerade ihre Wirkung entfachte. Auf jeden Fall nahm ich mir einmal mehr vor, jetzt also wirklich mal die Bibel zu studieren und der Sache genauer auf den Grund zu gehen.

So fuhr ich los mit der Tüte im Gesicht und sagte irgendetwas in der Art wie: «Also gut, Jesus. Wenn das alles stimmt, was die da erzählen, dann nehme ich das Angebot an. Ich bin ja nicht blöd. Ich weiß, ich bin ein bisschen ein Arschloch und werde wohl Mühe haben, mich zu verbessern. Aber du kannst ja Wunder veranstalten.»

Obwohl ich sicher war, dass mein Gebet politisch nicht ganz korrekt war und ich gar nicht sicher war, ob ich das jetzt wirklich ernst gemeint hatte, durchströmte mich in diesem Moment eine unglaubliche Freude, und irgendwie sah ich im Geist, wie Gott lächelte und eine Horde Engel feierte.

Also, entweder hatte es einen krass euphorisierenden Zusatzstoff in meiner Tüte, oder ich durfte etwas von der Freude spüren, die im Himmel herrscht, wenn ein Sünder umkehrt.

Und dann fingen meine Probleme erst richtig an.

8. In the army now

In der Zwischenzeit wurde ich Schweizer. Ich liebe die Schweiz. Das wahre Land der unbegrenzten Möglichkeiten. Die einzig echte Demokratie, wo man die Typen, die einem die Hucke volllügen, nicht nur abwählen, sondern ihnen auch noch reinreden darf. Blöde Ideen per Referendum spülen und gute Ideen per Initiative durchbringen – das gibt es sonst nirgends auf der Welt.

Der Preis für den Schweizer Pass war der Militärdienst. Ende der 80er Jahre war es noch schwierig, sich davor zu drücken, und ich wollte sowieso zu den Fallschirmgrenadieren. Also zu den krassesten Kampfsäuen. Als Partisanenenkel und nach den unzähligen Büchern und Filmen, die ich mir über Kriegshelden, Strategien, Taktiken und Agenten reingezogen hatte, freute ich mich heimlich sogar auf das Militär.

Bis zur Einberufung hatte ich aber so viel gekifft, dass ich eher im Flower-Power-Groove war. «Make love not war» und so. Und ich glaube, Jesus findet Krieg auch nicht lustig. Der Aushebungsoffizier hat mir das geglaubt und mich bei den Sanitätern eingeteilt.

Bei den Sanis zu sein war zumindest in der Rekrutenschule das Letzte. Man hatte den vollen Militärdrill mit Märschen, Nachtübungen und Idioten, die einen jedes Mal anschreien, wenn sie den Mund aufmachen und ihre Gehorsam-, Macht- und Psychospielchen mit dir treiben. Aber das alles ohne Action und Explosionen, sondern nur mit ein bisschen Pistolenschießen.

Immerhin waren einige meiner Kameraden auch passionierte Kiffer und begnadete Philosophen, so dass ich auch mit ihnen viel über geistliche Themen diskutieren und nachdenken konnte. Doch beim Kartenlegen hatte sich etwas verändert. Ich spürte jetzt, dass es keine gute Macht war, die über mich kam, wenn ich die Karten legte. Wahrsagerei sei grundsätzlich schlecht, egal in welcher Form, und es sei eine offene Tür für dämonische Mächte, meinten die Bibelversteher schon vorher. Doch jetzt spürte ich es selber. Es dämmerte mir, dass Gottes Geist sich von mir nicht mit ein paar Karten instrumentalisieren lässt.

Aber wenn Gott da nicht mitmacht, warum sollte der Teufel dann ein Interesse daran haben, mir diese Gabe zu geben?

Die Antwort kam relativ schnell, als ich beobachtete, was mit meinen «Klienten» geschah. Das erste Mal kommt Spott. Beim zweiten Mal kommt Respekt. Ab dem dritten Mal fressen sie dir aus der Hand. Von da an kann die Macht, die die Karten mischt und mir die Auslegung gibt, jeden Scheiß erzählen. Meine Gegenüber waren nun sehr leicht manipulierbar, und ich war das Medium, das es den Finsterlingen einfacher machte, sie zu manipulieren.

Und auch die Früchte, die es bei mir selbst trug, machten mir klar, aus welcher Ecke diese Gabe kam. Wenn du als Zwanzigjähriger den Leuten ihre Zukunft voraussagen kannst, dann hat das einen extrem aufblähenden Effekt auf Ego, Arroganz, Stolz und Eitelkeit. Und bevor du schnallst, was passiert ist, bist du genauso drauf wie Luzifer höchstpersönlich.

Außerdem gibt's bei dem nichts gratis. Du nutzt seine Macht, also schuldest du ihm was. Und das holt er sich. Somit brachte ich auch über jeden, der sich von mir die Karten legen ließ, einen Fluch. Als mir das so richtig klar wurde, hörte ich auf damit.

Zu allem Übel sahen die Offiziere in mir ein Führungstalent und wollten mich zum Weitermachen zwingen. Für eine Zwangsbeförderung, inklusive zig Monate zusätzlichen Dienstes, hatte ich natürlich gar keine Nerven. Damit sie es sich also mit dem Weitermachen wieder anders überlegten, sah ich mich genötigt, extrem undiszipliniert zu werden, allen Vorgesetzten zwanghaft frech zu kommen und mich beim Kiffen erwischen zu lassen. Doch die Offiziere ignorierten meine Provokationen und setzten stattdessen den Feldwebel auf mich an, der mir immer Strafjobs anhängte, wenn die anderen in den Ausgang durften.

Da sich der Korporal, der mir am meisten auf den Sack ging, als nicht der Hellste und etwas rechts angehaucht entpuppte, nutzte ich seine Jugo-Vorurteile zu meinem Vorteil. Ich erklärte ihm, warum mein Nachname mit «vic» aufhört und dass meine Cousins in Belgrad seine Adresse haben. Er wusste ja nicht, dass meine Cousins zwei herzige kleine Kinder waren – die übrigens nicht Gangster, sondern Ingenieur und IT-Spezialist mit MBA und so geworden sind. In seiner Klischeevorstellung waren sie wohl zwei ganz fiese Gestalten mit Trainingshose und Lederjacke. Er traute sich kaum mehr, mich anzusprechen, und wandelte von da an meine diskreten Vorschläge in Befehle um. Oder er bat mich inständig um Verständnis, wenn er meinen Wunsch jetzt nun wirklich nicht in einen Befehl umwandeln konnte.

Wahrscheinlich sprach sich die Geschichte herum, denn auch die anderen Korporale ließen mich in Ruhe. Ich merkte, dass es sich gut anfühlte, Macht durch Angst auszuüben. Von wegen Bibel lesen. Mindestens ein Teil von mir wollte definitiv lieber Mafiaboss werden.

Doch gegen die Zwangsbeförderung half auch die Kontrolle über den Korporal nichts. Also musste ich gegen Ende der Rekrutenschule etwas übertreiben und kam endlich in den Knast. Sie «verknurrten» mich für zehn Tage, weil ich nach dem Wochenende vierzehn Stunden zu spät wieder eingerückt war und ihnen meine gezielt provokative Begründung nicht passte. Ziel erreicht. Sie wollten mich nicht mehr befördern und fanden, zehn Tage scharfer Arrest seien schlimm. Ich hingegen fand, dass es sich nach der Überlebenswoche eher wie Ferien anfühlte. Als mich der Leutnant in der Zelle besuchte und fragte, ob sich das jetzt gelohnt habe, sagte ich ihm: «Schau mal, Lefti, ob meine Freiheit auf diese vier Wände beschränkt ist oder bis zum Zaun vor der Kaserne reicht, ist fast dasselbe. Außer dass mich hier drin keine Arschlöcher anschreien.»

Da blieb er ohne Text, verschwand und kam nicht wieder. Das war auch wichtig, denn sonst hätte er gemerkt, was in meiner Zelle abging.

Theoretisch sitzt man bei scharfem Arrest 23 Stunden alleine in der Zelle und darf nur eine Stunde an die frische Luft. Dabei wird man von einem Unteroffizier begleitet, der sicherstellen soll, dass man mit niemandem redet und pünktlich wieder im Loch verschwindet. Ich fand das eigentlich ganz gut so. Denn in die Zelle durfte man nur das Dienstreglement und die Bibel mitnehmen. Und die Bibel wollte ich ja schon lange mal studieren. Also dachte ich mir, wenn ich mit dem Ding zehn Tage eingesperrt bin, kann ich endlich in Ruhe lesen und selber checken, was dort so alles drinsteht. Theoretisch.

Praktisch teilten sie ausgerechnet jenen Korporal als Arrestanten-Unteroffizier ein, der am meisten Angst vor meinen Jugo-Cousins hatte, den lieben Kleinen. Wenn dieser Unteroffizier dann um die Mittagszeit herum zur Zelle kam, damit ich ein Stündchen an die frische Luft gehen konnte, beschied ich ihm, dass er die Fliege machen und erst um 17 Uhr wieder antanzen solle, wenn die Jungs üblicherweise vom Feld zurück waren und ich ihnen dann zwangsläufig begegnen würde.

Er versuchte zu protestieren, doch nach einer simplen Wiederholung meiner Anordnung, gepaart mit einem bösen Blick, erinnerte er sich wohl wieder an meine Cousins und tat wie geheißen. Als Kompanieknasti bekam ich von den Jungs, denen ich danach begegnete, immer mehr als erwartet. Fragte ich nach einer Zigarette, kriegte ich das ganze Päckchen.

«Hast du ein Papierchen, um eine Tüte zu drehen?»

«Da, nimm die ganze Rolle.»

Die Kiffer in der Kompanie veranstalteten sogar eine Sammlungsaktion, so dass ich eine ganze Zündholzschachtel voll Hasch gespendet bekam. Ich war zu Tränen gerührt. Zudem schien es ein Sport geworden zu sein, mir Lesestoff in die Zelle zu schmuggeln. Immer wieder kam jemand vorbei und brachte mir den «Blick», den «Tages-Anzeiger», die NZZ, ein Sex-Magazin und was sie sonst noch zu lesen hatten. Mein Schlafsack füllte sich mit Bergen von Papier und vollen Taschentüchern. Am Wochenende spielten die Jungs von der Wache sogar Karten mit mir.

So gingen die ersten sieben Tage im Knast wie im Flug vorbei. Ich hatte viel geschlafen, gekifft, rumfantasiert, farbige Bilder angeschaut und sogar das Dienstreglement gelesen. Jenes aber auch nur, weil ich den Buchdeckel des Reglements zu Filtern für meine Tüten verarbeitete.

Und die Bibel? Die hatte ich die ganze Zeit tatsächlich nicht in die Finger bekommen. Doch nach sieben Tagen hatte ich nichts mehr zu kiffen, fühlte mich ausgeschlafen, war nüchtern und hatte alles andere schon gelesen. Obwohl ich mir eigentlich vorgenommen hatte, die Bibel zu studieren, und mir jetzt wirklich nichts anderes mehr einfiel, sträubte sich etwas in mir. Es kostete mich komischerweise extrem viel Überwindung, sie in die Hand zu nehmen.

9. Eine Tüte mit den besten Empfehlungen von ...

Am Tag acht in der Zelle fing ich also an, das Teil zu lesen: «Am Anfang schuf Gott Himmel und Erde. Und die Erde war wüst und leer, und es war finster auf der Tiefe; und der Geist Gottes schwebte auf dem Wasser ...»

Es folgte die Schöpfungsgeschichte mit den Schöpfungszyklen der sechs Tage, die so viele Debatten auslösen. Ich hatte ja schon ein paar Dinge erfahren über die hebräische Art des Kommunizierens, ihre speziellen Erzählrhythmen, ihre Zahlensymbolik und die biblischen Zeitzyklen. Mit diesem Wissen und neueren wissenschaftlichen Erkenntnissen im Hinterkopf erscheinen diese Verse eigentlich in einem viel vernünftigeren Licht als gemeinhin dargestellt. Doch obwohl ich dort schon nicht mehr an die absolute Wissenschaftlichkeit der Evolutionstheorie glaubte, war mir das Ganze immer noch recht suspekt.

Dann kam die Geschichte mit Adam und Eva, die man mir in jenem Theater in Effretikon bereits nahegebracht hatte. Von da an bis zur Flut, der Arche Noah und dem Aufmarsch der Tiere war es ja noch ganz spannend. Doch nach der Flut kamen endlos scheinende Listen von Geschlechtsregistern. «Und Köbi hatte fünf Söhne: den John, Pepe, Ruedi, Jose und François. Pepe war ein Stinkstiefel vor dem Herrn, aber Ruedi war cool und hatte acht Söhne: Giovanni, Dragan, Ahmed, Ravi, Yoshiro ...» – und so weiter und so fort. Ohne Ende. Wäre ich nicht so ausgeschlafen gewesen, wäre ich an dieser Stelle voll eingepennt.

Ich fragte mich, warum das jetzt irgendjemanden interessieren sollte. Wenn man jedoch etwas Bescheid weiß, dann findet man auch in diesen Texten Erstaunliches. Denn diese Typen, die da noch mit ein, zwei zusätzlichen Bemerkungen charakterisiert werden, waren offenbar die Stammväter von Völkern, die es heute noch gibt. Diese Namen waren auch die antiken Namen der Regionen, in welchen sich diese Stämme niedergelassen hatten. Es ist faszinierend zu sehen, wie manche Charakterisierung der Stammväter auch zu den bekannten Stereotypen der heutigen Völker passt. Wenn du dann diese antiken Namen noch in ihren heutigen Kontext setzt, staunst du nicht schlecht, wenn du die Endzeitprophetien nochmals liest und Babel, Moab, Kusch, Edom etc. entsprechend mit Irakis, Iranern, Syrern, Palästinensern, Kurden etc. in Zusammenhang bringst. Es fällt dir dann schnell einmal auf, wie viele dieser Prophezeiungen und ihrer Nachwirkungen du erst neulich in den Nachrichten gesehen hast.

Der absolute Wahnsinn jedoch sind die Prophezeiungen über Israel. Ihre tatsächlich eintretende Erfüllung in allen Einzelheiten sollte eigentlich ein unwiderlegbarer Beweis dafür sein, dass Gott sich tatsächlich durch sein Handeln mit Israel der Welt bezeugt und dass er uns die wichtigsten Ereignisse bezüglich Israel Jahrhunderte und sogar Jahrtausende vor ihrem Geschehen vorausgesagt hat. Eine alternative Erklärung für das Eintreffen dieser Prophezeiungen, die ganz ohne die Option «Gott» auskommt, konnte mir noch keiner plausibel vermitteln.

Doch davon wusste ich im Knast noch nichts und übersprang folglich den alten Teil der Bibel, um im Neuen Testament von Jesus zu lesen. Ehrlich gesagt hatte ich auch mit gewissen Aussagen von Jesus so meine liebe Mühe. Doch ich spürte, dass der irgendwie ganz anders drauf war als alle anderen, und viele seiner Worte trafen mich mitten ins Herz.

Und genau in diesem Moment ging die Tür auf. Einer von der Wache kam in meine Zelle:

«Hast du geklingelt?»

In meiner Zelle gab es kein WC, dafür einen Knopf, den ich drücken konnte, wenn ich mal musste. Über meiner Zelle war das Wachlokal, wo auf einem Schaltbrett dann still ein Lämpchen leuchtete, welches dem interessierten Beobachter vermittelt hätte, dass in meiner Zelle jemand ein Problem hat. Doch das Schaltbrett mit seinen Lämpchen interessierte niemanden. Ich musste immer mein Bett auseinandernehmen und mit dem Metallrahmen des Kopfendes gegen die Wände hämmern und schreien, damit dort oben jemand merkte, dass sich da unten bald jemand in die Hosen machte.

Doch diesmal hatte ich weder den Knopf gedrückt noch rumgehämmert.

«Nein, da klingelt nichts. Vielleicht ein anderer.»

«Du bist der Einzige im Zellentrakt.»

«Hm, stimmt. Sorry, aber ich habe nicht geklingelt.»

«Okay, scheißegal. Übrigens, ich hab da noch was für dich.»

Sagt's und gibt mir ein «Rauchi»[5].

«Oh, cool. Bei wem darf ich mich bedanken?»

«Kenne ich nicht, irgendein Zivilist.»

«Was? Ich kenne in dieser Gegend keine Zivilisten.»

«Der hat sich in Zürich in unser Zugabteil gesetzt. Als wir ihm sagten, dass wir nach Losone einrücken, sagte er, dass dort ein Freund von ihm im Knast sitzt, und fragte, ob ich dem dieses Rauchi bringen würde.»

Als ich, inzwischen wieder alleine in der Zelle, das Hasch-Piece zerbröselte und anfing, die Tüte zu drehen, kam ich so ins Grübeln.

Es war unwahrscheinlich, dass einer meiner Kumpels wusste, dass ich in Losone im Knast war. Schließlich hatten wir noch kein Facebook oder WhatsApp. Okay, einer meiner Kumpels könnte angerufen und von meiner Mutter gehört haben: «Der Idiot sitzt in der Kiste!»

Wenn einer meiner Freunde tatsächlich in dem besagten Zug war, dann würde er sich aber nicht freiwillig in ein Abteil voller meist besoffener und lärmiger Rekruten setzen. Denn damals starrten sie noch nicht alle stumm und wie hypnotisiert auf ihr Smartphone, nein, da ging es ziemlich laut zu. Vielleicht war sonst alles besetzt, und mein Kumpel musste mit einem freien Platz bei den Jungs in Grün vorliebnehmen? Kann sein.

Aber die Wahrscheinlichkeit, dass er sich in einem Zug voller Militär ausgerechnet zu *diesem* Typen hinsetzte, betrug etwa eins zu fünfhundert. Und dass dieser, neben etwa sieben anderen Waffengattungen im Zug, einer der Sanis aus meiner Kaserne war und

[5] «Rauchi» nennen Schweizer Kiffer ein kleines Stück Haschisch.

auch noch zu der Kompanie gehörte, welche in jener Woche jeden Tag einen anderen Dienstzug fürs Putzen und Wache-Schieben stellte, machte es noch viel unwahrscheinlicher.

Dass außerdem noch seine Gruppe an jenem Tag im Dienstzug war und nicht die Kaserne putzte, sondern Wache schob, war mir wieder einmal etwas zu viel des Zufalls. Und wenn schon bei der Wache: Weshalb war er nicht einer von denen, die gerade schliefen oder eben Wache schoben, und auch nicht einer von denen, die das Rauchi schon lange selbst geraucht hätten? Wieso war es am Ende ausgerechnet derjenige, welcher mit dem Rauchi im Sack diese Schalttafel sah und das Lämpchen bemerkte, welches ich ja gar nicht angeschaltet hatte? Hmm …

Und all das genau in dem Moment, wo mich die Bibel zum ersten Mal so richtig ansprach … Die Summe der offenen Fragen ergab eine Wahrscheinlichkeit, die es realer erscheinen ließ, im Lotto zweimal hintereinander dick zu gewinnen.

Ich hatte die Tüte gerade fertig gedreht, als ich zu diesem Schluss kam. Während ich sie anzündete und die ersten Züge nahm, fiel mir auf, dass ich den Typen, der mir das Rauchi gebracht hatte, vorher noch nie gesehen hatte. Merkwürdig. Nach inzwischen 13 Wochen in diesem Verein sollte ich doch eigentlich alle Gesichter schon einmal gesehen haben.

In diesem Augenblick spürte ich eine böse Gegenwart in meiner Zelle, und eine Stimme sagte mir:

«Diese Tüte überreichen wir Ihnen mit den besten Empfehlungen von Satan höchstpersönlich.»

Ich bekam Angst und schmiss die Tüte aus dem Fenster. Kaum war sie rausgeflogen, wurde mir schwindlig. Ich sackte zusammen.

Als ich 14 Stunden später aufwachte, brachte mein Korporal gerade das Frühstück und die Zeitung. Ich war entsetzt. Ich hatte doch erst zwei, drei Züge von dem Ding genommen.

Damals kiffte ich so viel, dass ich gegen das Zeug schon fast immun war und mir immer heftigere Monstermischungen zubereitete. Wenn zu der Zeit eine Horde Kiffer im präkomatösen Zustand herumlag und einer noch die letzte Tüte für den Nachhauseweg drehte, dann war *ich* das.

Dass ich nach nur wenigen Zügen für 14 Stunden flachlag – so super ausgeschlafen, wie ich mich nach sieben Tagen Knast gefühlt hatte –, war genauso unmöglich wie die Tatsache, dass das Rauchi überhaupt bei mir angekommen war.

Offenbar sendet nicht nur Gott Zeichen.

Die andere Seite macht sich auch bemerkbar.

Ich fasste den Entschluss, mir nach der Rekrutenschule jetzt endlich mal Mühe zu geben, seriös zu werden.

Anschließend an die Rekrutenschule hatte ich für drei Monate eine Sprachschule in England gebucht. Ich dachte mir, dass ich bei der Gelegenheit doch auch gleich aufhören könnte zu kiffen. Ich wäre weg von meinem üblichen Umfeld, könnte mich mit seriösen Leuten treffen, pünktlich in die Schule gehen, Hausaufgaben machen, lernen, die Lehrer nicht nerven, Sibylle nicht betrügen und die Bibel studieren.

Genau: Es sollte ein neuer Lebensabschnitt werden – mit einem neuen Lebensgefühl!

10. Agalaga

Ich war fast zwanzig Jahre alt, als ich nach England aufbrach, um Englisch zu lernen und seriös zu werden. Im Flugzeug saß ich neben einem Hippie. Der erzählte mir, dass er in England auch aufhören wolle zu kiffen. Ein kleines Rauchi habe er aber noch dabei.

Ich sagte ihm, dass er garantiert gefilzt wird, so, wie er aussieht, und wir das Ding besser jetzt noch schnell verrauchen. Damals gab es tatsächlich noch Rauchersitze in den Flugzeugen. Gesagt, geraucht – und das Aufhören wurde wieder einmal verschoben. Der Flight-Attendant schaute etwas konsterniert und fragte, ob wir nicht ganz dicht seien. Aber wir grinsten ihn nur an:

«Peace, brother. Alles easy, man!»

Tja, und meine guten Vorsätze, die hielten nach der Landung genau bis zum Abendessen. Ein gar liebes und gastfreundliches Volk sind sie, diese Engländer. Bei meiner Gastfamilie wollte ich beim ersten Abendessen einen guten Appetit wünschen. Also versuchte ich zu erklären:

«In Switzerland we say ‹En Guete›, and in France they say ‹Bon Appétit›, before they eat. What do you say here?»

Der Gastvater schaute mich nur mit einem «grumpy face» an und meinte:

«We say nothing, we just eat.»

Nun gut, ab in den nächsten Pub.

«Could I have a glass of beer, please?»

Der Barkeeper ignorierte mich komplett und bediente alle anderen. Neben mir kommt ein Typ, schaut grimmig drein und grummelt etwas, das sich nach «Agalaga» anhört – und kriegt prompt ein Bier. Also gehe ich an die andere Bar, montiere den grimmigen Blick, röhre ein tiefes «Agalaga» in die Runde und kriege ein Bier.

Der Rest des Abends wurde zu einem fürchterlichen Absturz mit meinem neuen Zimmerkollegen, den ich zufällig im nächsten Pub traf und dem ich natürlich gleich Agalaga erklärte. Wir mussten uns gegenseitig stützen, damit wir den Nachhauseweg noch schafften, ohne auf allen vieren zu kriechen.

Schon am ersten Schultag entdeckte ich den Pub, wo alle Dealer und Asozialen rumhingen und wo hinten im Garten gekifft wurde. Sprachstudenten und Touristen wurden dort nicht bedient und mittelfreundlich zum Verlassen des Pubs aufgefordert. Doch ich konnte Agalaga, und so wurde dies natürlich mein Stamm-Pub.

Bis die an der Bar gemerkt hatten, dass ich auch ein Sprachschüler war, hatten sie sich schon an mich gewöhnt. Außerdem hatte ich allen schon mal eine Tüte spendiert. So durfte ich später sogar meine Mitschüler mitbringen.

Später erklärte man mir, dass Agalaga «half a lager» («ein kleines Helles, bitte») heißen soll. Aber ab zwei Promille hört man da keinen Unterschied mehr.

Am zweiten Schultag hatte ich einen noch größeren Kater als am ersten und kam prompt zu spät. Am Abend spielte ich mit einer

Brasilianerin aus der Schule herum und kam dann wieder zu spät. Der Rest der Woche ging in diesem Stil weiter. Für die Schule gelernt hatte ich natürlich nichts, dafür umso mehr die Lehrer genervt, und die Hausaufgaben, also, äh …

Du merkst schon, es war hoffnungslos. Ende der Woche sagte mir die Brasilianerin dann, dass sie am Wochenende weg sei, worauf ich mir für diese Zeit gleich eine Aufriss-Strategie für die hübsche Blonde in der anderen Klasse ausdachte.

Während ich also auf dem Nachhauseweg meine Gute-Nacht-Tüte rauchte und «Operation Barbie» plante, rutschte mir das Bild von Sibylle ins Gedächtnis. Da erwischte mich voll der «Morelli». Oder auf Deutsch: so eine Art schlechtes Gewissen.

Ja, ich hatte eine Woche lang Sex, Drugs and Rock 'n' Roll vom Feinsten. So wie es sich die meisten zwanzigjährigen Lausbuben in ihren feuchten Träumen wünschen. Aber es war das genaue Gegenteil von dem, was ich mir vorgenommen hatte. Bei jedem einzelnen Vorsatz hatte ich voll versagt.

Ich merkte, dass ich nicht etwa eine derart geile Woche hatte, weil ich cool von Beruf war, sondern weil ich ein Sklave dieser Verhaltensmuster war. Ich konnte gar nicht anders. Also sagte ich zu Gott:

«Hallo? Ich ein Christ? Machst du Witze? Schau mich an. No way. Keine Chance. Wenn du wirklich etwas von mir willst, dann musst du jetzt was machen, Meister. Du musst mir jemanden schicken, der mich an dich erinnert. Ich brauche irgendein heftigeres Zeichen. Du musst mir jetzt wirklich den krassen Hammer senden, sonst wird das garantiert nichts mit uns.»

Am nächsten Tag war das natürlich erst mal vergessen, und mein Kater verlangte nach Agalaga. Mit so einem aufgewärmten Flash ließ sich der Kater nämlich schneller überwinden.

Der Tag begann also schon ganz interessant. Am Abend lernte ich in einem anderen Pub dann Karen kennen. Eine echte Engländerin. Ich hatte noch nie eine Engländerin gehabt. In meinem damaligen Wertesystem konnte man nicht drei Monate in England sein und keine Engländerin haben. Trotz meinem noch mäßigen

Englisch war sie ziemlich schnell für ein Abenteuer zu haben und stellte sich als der helle Wahnsinn heraus.

In der Schule machte ich zwar nicht viel, aber ich verbrachte die ganze Freizeit entweder mit Karen oder im Pub mit den einheimischen Kiffern und Dealern. So machte mein Englisch viel schnellere Fortschritte als das meiner Mitschüler. Meine Lehrer meinten zwar, dass es nicht gerade die feine englische Art sei, die da aus meinem Mund sprudelte. Im Pub hingegen waren sie «amazed». Also, vielleicht nicht so sehr wegen meinem Englisch, sondern eher, weil ich ihnen meine Swiss-Quality-Tüten-Drehtechnik beibrachte, was sie begeisterte.

Und ich spendierte auch die fettesten Tüten. Die Engländer hingegen krümeln den meisten Hasch vorne rein und reichen dir dann noch so einen letzten kleinen, enttäuschenden Reststummel zum Antörnen der Geschmacksnerven rüber, nachdem sie zwei Drittel der Tüte bereits selber geraucht haben. Die Südengländer erlebte ich als so absurd geizig, dass die typischen Schottenwitze eigentlich eher zu ihnen passen würden.

Nach etwa vier Wochen war mein Englisch schon so weit fortgeschritten, dass ich mit Karen zwischen zwei Nummern auch richtige Konversationen führen konnte.

Eines Abends saßen wir am Strand und rauchten eine Tüte, während ich damit begann, ihr von den mysteriösen Geschichten zu erzählen, die mir passiert waren. Ich sagte ihr auch ganz offen, wie mich das langsam, aber sicher etwas beunruhigte.

Nachdem ich ihr ein paar meiner heftigsten Storys erzählt hatte, meinte sie, dass sie mir jetzt auch etwas erzählen wolle.

11. Mit dem Teufel im Bett

Ich merkte gleich, jetzt kommt dicke Post. Sie sei mit 13 auf einem Friedhof von einer Gruppe Satanisten vergewaltigt worden. Von da an habe sie Alpträume, Angstzustände und hysterische Schreikrämpfe gehabt.

Ich dachte: «Logisch, das muss ja ein fürchterliches Trauma gewesen sein.» Doch dann erzählte sie, dass sie anfing, sich selber Verletzungen zuzufügen, welche jedoch unglaublich schnell wieder verheilten. Man habe sie mit einem Medikamenten-Cocktail vollgestopft, der gereicht hätte, um vier Pferde zu töten, doch sie spürte nichts. Sie wurde von Arzt zu Arzt geschickt, die alle ratlos blieben. Dann habe sie zunehmend Visionen gehabt, bei denen sie zuerst ein Dreieck mit einem Auge in der Mitte sah und danach, wie schlimme Dinge in ihrer Umgebung passierten. Kurz darauf passierten diese auch tatsächlich.

Ab hier fragte ich mich, ob ich den Film nicht auch schon mal gesehen hatte und ob sie mich jetzt wohl verarschen wollte.

In der Schule sei sie manchmal plötzlich aufgestanden und habe Dinge gesagt, die sie selber nicht verstand, welche aber die Lehrerin in Angst und Schrecken versetzten. Man habe sie Hexe genannt und gehänselt.

Da kam eine Mitschülerin auf sie zu und überredete sie, doch einmal mit in die Kirche zu kommen. Von dem Moment an, als sie durch die Türe in die Kirche hineintreten wollte, konnte sie sich an nichts mehr erinnern. Später habe man ihr gesagt, dass sie Schreikrämpfe bekommen hatte, übelst fluchte, Leute bedrohte und fünf erwachsene Männer verdrosch, so dass alle um sie herum Angst bekamen.

Danach war man überzeugt, dass sie von Dämonen besessen sei, und brachte sie zu zwei älteren Damen, die Befreiungsdienste anboten. Da habe man sie auf einen Stuhl gesetzt, und die Damen fingen an, ihre Gebete vor sich hin zu murmeln. Sie fragte sich schon, ob nicht die beiden Ladys diejenigen mit dem Problem seien, als plötzlich eine von ihnen mit dem Finger auf sie zeigte und irgendetwas sagte wie: «Satan, get out of her, in the name of Jesus.»

Kaum habe die Frau das gesagt, hätten männliche Stimmen aus Karen herausgeschrien und lauthals geflucht, gedroht und protestiert.

Nun war ich fast sicher, dass sie wie ich auch den Film «The Exorcist» gesehen hatte und mich verscheißern wollte.

Dann habe die zweite Dame ihr die Hand auf den Kopf gelegt und nochmals so einen Befehl in Jesu Namen ausgesprochen, worauf eine Art Blitz durch sie gefegt sei, und von da an habe sie Ruhe gehabt. Keine Alpträume, keine Angstzustände, keine Schreikrämpfe, keine Visionen und auch keine Selbstverstümmelung mehr. Alles wieder wie früher, als wäre nie etwas passiert.

Ich war ziemlich perplex. Denn obwohl ich ja langsam an solche Sachen glaubte, war das dann doch eine ganz andere Liga.

Ich fragte mich, ob sie dachte, dass ich vorher nur Scheiße erzählt hatte, und nun meinte, meine Geschichten mit etwas noch Größerem toppen zu müssen. Doch als sie merkte, dass ich zweifelte, war sie beleidigt. Sie insistierte, dass es genau so gewesen war.

Das verwirrte mich. Dass sie wie wild mit mir rummachte, Drogen nahm und nicht versuchte, mich in irgendeine Kirche zu schleppen, passte mit so einer superkrassen Geschichte irgendwie nicht zusammen.

In den darauffolgenden Tagen stoppte sie jeden Versuch, weiter über das Thema zu sprechen, und wir machten weiter wie gehabt. Doch bei ihr zuhause fand ich ein paar Bücher über Jesus und diverse geistliche Themen. Die habe sie von den Leuten aus jener Kirche bekommen, die sie von den Dämonen befreit hatten. Gelesen habe sie die Bücher aber nicht. Ich schmökerte mal rein und staunte, dass ich nach nicht mal zwei Monaten in England die Texte schon so gut verstand. Deren Inhalt klärte bei mir dann auch noch einige Fragen.

Etwa drei Wochen bevor meine Zeit in England ablief, veränderte Karen sich plötzlich dramatisch. Bis dahin hatten wir nie Streit gehabt. Doch wie aus dem Nichts konnte sie aus den nichtigsten Anlässen krass zornig werden und mich mitten auf der Straße so hysterisch anschreien, dass Passanten sich schon fragten, ob sie die Polizei rufen sollten, um mich vor dieser Furie zu beschützen. Bis dahin war sie eigentlich immer meine Anstandsdame gewesen, die mich korrigierte, wenn ich vulgäre Ausdrücke verwendete, und die mir erklärte, wie ich eine Aussage auch anständig formulieren konnte.

Aber dann konnte sie plötzlich in einer unerhörten Vulgarität die krassesten Sprüche loslassen, so dass sogar die harten Jungs im Pub erschraken. Ich wunderte mich, ob ich wirklich einen so schlechten Einfluss auf sie haben konnte. Dann sprach sie davon, dass sie wieder Angstzustände habe und das Böse um sich herum spüre.

Ich meinte zuerst: «Baby, das viele Kiffen tut dir nicht gut. Ich schlage vor, du hörst auf damit, und ich rauche meine Tüten ohne dich.»

Doch dann spürte ich das Böse um sie herum auch. Und das ausgerechnet im Bett mit ihr. Mitten im Akt wurde ihr Gesicht bleich und verzerrte sich zu einer Furcht erregenden Fratze. Ich erschrak total und spürte auch wieder diese Präsenz, die ich damals im Knast gespürt hatte, als ich die vom Teufel gespendete Tüte anzündete und dann wegwarf.

Karen war auch sonst immer ziemlich laut beim Sex, was einer der Gründe war, warum ich von der Gastfamilie in ein kleines Hotel wechselte. Doch nun schrie sie mitten im Akt Obszönitäten in einer solchen Lautstärke, dass man es auch auf der Straße unten noch hören musste. Da verwandelte sich die Lust ziemlich schnell in Angst.

Eines Nachts ging sie nach so einer Szene nach Hause, und ich kam ins Grübeln, während ich meine obligate Gute-Nacht-Tüte drehte. Mir dämmerte, dass ich es schon wieder geschafft hatte, *nicht* in der Bibel zu lesen, obwohl ich es mir doch immer wieder vorgenommen hatte. Ich kramte sie hervor, schlug irgendwo eine Seite auf und las gleich als Erstes[6]:

«Wenn der unreine Geist von einem Menschen ausgefahren ist, so durchstreift er dürre Stätten, sucht Ruhe und findet sie nicht; dann spricht er: Ich will wieder zurückkehren in mein Haus, aus dem ich fortgegangen bin. Und wenn er kommt, so findet er's gekehrt und geschmückt. Dann geht er hin und nimmt sieben andre Geister mit sich, die böser sind als er selbst; und wenn sie hinein-

---

[6] Lukas 11,24–26 (Lutherbibel 1984)

kommen, wohnen sie darin, und es wird mit diesem Menschen hernach ärger als zuvor.»

Das fuhr mir mächtig ein. Als hätte Gott mir eine Fax-Nachricht geschickt. Es konnte einfach kein Zufall sein, dass ich die Bibel genau dort öffne und von Tausenden von Versen genau bei *diesem* zu lesen anfange. Ab diesem Moment hatte ich keine Zweifel mehr an Karens Geschichte. Ich war sicher, dass Gott zu mir spricht und mich warnt, dass der Dämon dabei ist, zurückzukehren und Karen wieder in Besitz zu nehmen.

Die Gute-Nacht-Tüte fuhr bei mir aber ebenfalls ein, so dass ich bald einschlief.

Am nächsten Morgen ließ es mir keine Ruhe, und ich wollte das nochmals nachlesen, um es Karen am Abend zu zeigen. Doch ich hatte mir die Stelle nicht gemerkt und wusste nicht, dass Lukas und Matthäus dieselbe Geschichte bezeugen und wo genau sie geschrieben ist. Ich wusste nur noch, dass es im hinteren Drittel der Bibel war. Ich schlug sie auf und blätterte zwei, drei Mal um – und schon sprang es mich wieder an. Mir standen die Haare zu Berge.

Als Karen an diesem heißen Sommerabend von der Arbeit zu mir ins Hotel kam, wurde sie gleich super nervös, als ich ihr sagte, dass wir reden müssten. Während ich ihr erzählte, was ich gelesen hatte und dass ich jetzt nicht mehr an ihrer Geschichte zweifle, tigerte sie im Zimmer hin und her wie ein Raubtier im Käfig. Sie fing so sehr an zu zittern, dass sie die Zigarette zerbrach, die sie gerade anzünden wollte. Dasselbe geschah mit der nächsten Zigarette. Ich spürte, dass die Situation dramatisch wurde und sagte:

«Karen, du brauchst Jesus Christus, und zwar jetzt. Sonst kommen sie und holen dich wieder, und es wird alles viel schlimmer als damals.»

Ich erschrak selber, dass ich das gerade gesagt hatte. Etwas schrie empört in mir: «Wer zum Geier meinst du eigentlich zu sein, dass du es wagst, ihr so zu kommen! Fast drei Monate lang hast du sie mit Sex und Drogen bedient, und jetzt kommst du ihr mit so einem Spruch!»

Bei Karen schien der Spruch eine noch viel verheerendere Wirkung zu haben. Denn sie wickelte sich in die Decke ein, während sie nur noch wimmerte:

«Mir ist kalt. Sie kommen. Ich habe Angst.»

Ich legte mich neben sie, nahm sie in die Arme und versuchte sie zu beruhigen.

«Baby, wir wollen jetzt mal nicht dramatisieren. Ich meinte ja nicht, dass sie dich jetzt gleich holen. Wir finden sicher jemanden, der dir helfen kann.»

Doch sie wimmerte immer nur weiter «Kalt, Angst, sie kommen» und klammerte sich an mich. Ihr ganzer Körper wurde richtig kalt. Ihr Gesicht wurde kreidebleich und formte wieder diese Grimasse. Sie wurde steinhart, und ihr Zittern wurde so stark, dass es mich regelrecht durchschüttelte.

Gleichzeitig fühlte ich wieder diese böse Präsenz im Raum. Diesmal war es so stark, dass ich fast keine Luft mehr bekam. Es drückte und zwickte überall an meinem Körper, und ich merkte, dass jetzt irgendetwas ganz Übles passierte.

Wenn ich in meinem Leben jemals richtig panische Angst hatte, dann in jenem Moment. Ähnlich wie bei Leuten, denen bei einer Nahtoderfahrung ihr gesamtes Leben vor ihrem inneren Auge nochmals abläuft, flackerte bei mir jeder Moment, der mit etwas Übernatürlichem zu tun gehabt hatte, nochmals hoch. Innert Sekunden war alles präsent: alle Begegnungen, bei denen über so was gesprochen wurde, alle meine Gedanken darüber, alle Zeichen und komischen Geschichten, das Kartenlegen, der Typ vom «Central», der mir gesagt hatte, dass Jesus einen Plan mit mir hat, und so weiter.

Am Schluss sah ich mich wieder dieses Gebet nach der ersten Woche in England sprechen, wo ich Gott sagte, dass ich es nicht auf die Reihe kriege, wenn er jetzt nicht den wirklich krassen Hammer bringt. Nach diesem letzten Bild hörte ich in meinem Innern eine sanfte Stimme, die sagte: «Sohn, du wolltest Zeichen; ich habe dir Zeichen gegeben. Du wolltest mehr; ich gab dir mehr. Du wolltest den Hammer; da hast du den Hammer. Jetzt entscheidest du dich für meinen Weg, oder du wirst brennen und nichts mehr zu motzen haben.»

Ich rief:

«Okay, okay, Jesus, du hast gewonnen! Sorry, dass ich so ein Arschloch bin. Ich will mir ja Mühe geben. Stopp das bitte, ich habe Angst.»

Kaum hatte ich diese Worte ausgesprochen, veränderte sich die Atmosphäre total. Als hätte man in einem Raum voller stinkendem Rauch die Fenster geöffnet und eine frische Frühlingsbrise hindurchwehen lassen. Der Druck auf meinem Körper, die Atemnot, die Angst, das Zwicken und Stechen waren in einer Sekunde weg, und es war eine andere Präsenz im Raum. Diese fühlte sich freundlich an, voller Frieden und Geborgenheit.

Auch Karen reagierte sofort. Man konnte richtig sehen, wie wieder Farbe in ihr Gesicht kam. Wie sich ihre Krämpfe lösten. Und wie ihre Körpertemperatur wieder anstieg.

Tja, damit war für mich wohl der «Point of no return» erreicht.

12. Point of no return

Scheiße, Mann. Jetzt gibt es kein Zurück mehr. Nach diesem superkrassen Erlebnis mit Karen wusste ich einfach, dass ich nicht mehr so tun konnte, als wäre das alles Zufall oder sonst irgendwie erklärbar.

War ich glücklich darüber? Natürlich nicht. Ich hatte immer noch ziemlich verkehrte und vor allem negative Vorstellungen davon, was ein Leben als gläubiger Mensch bedeuten soll.

Wenn ich später Zeugnisse von Leuten hörte, die davon erzählten, wie ihr Leben ein Trümmerhaufen war, als sie Jesus begegneten, und wie sie dann gerettet, geheilt, versöhnt und sonst wie aus der Scheiße gezogen wurden, dann dachte ich immer, dass es bei mir umgekehrt war. Mir fing mein Leben gerade an Spaß zu machen – und dann hält Gott mir diese unsichtbare Knarre ins Gesicht. So kam es mir zumindest vor, obwohl er eigentlich immer sehr sanft und freundlich zu mir sprach.

Doch in mir verdrehte sich das irgendwie in etwas wie «Glaub jetzt endlich. Oder schmore in der Hölle!» Es fühlte sich mehr nach Islam an. «Unterwirf dich, oder Rübe ab!» Tja, ich bin ja nicht blöd. Und ich will nicht in die Hölle.

Nach all den Erlebnissen blieb mir also nicht viel anderes übrig, als zu sagen: «Okay, Boss, Halleluja und so.» Doch ein anderer Teil in mir meinte eher: «Ach, rutsch mir doch den Buckel runter.» Denn ich schleppte noch ganz viele Anklagen gegen Gott mit mir herum.

Mit dem Bösen in der Welt kam ich gar nicht klar. Ich fand Gott ungerecht und dachte: Wäre ich Gott, würde ich den Job besser machen. Da war ein «Gar nichts glauben und alles ignorieren» definitiv einfacher. Jetzt aber musste ich irgendwie mit diesem Gott klarkommen, den ich immer noch nicht wirklich mochte. Wobei seine Gegenwart in dem Moment, als er Karen und mich aus der Bredouille geholt hatte, diese ganze Atmosphäre von Liebe und Frieden, einfach unbeschreiblich gut war.

Eine Woche vor meinem Heimflug kamen Claude und Fränzi, die mit mir die kaufmännische Lehre absolviert hatten, über das Wochenende zu Besuch. Wir machten uns auf eine Tour von Pub zu Pub, damit ich ihnen zeigen konnte, wie die Engländer kampfsaufen. Da die Pubs damals bereits um 23.00 Uhr schließen mussten, schien es, als wollten die Engländer sicherstellen, dass sie spätestens kurz vor elf hackedicht waren.

Den Engländern, die mitkamen, konnte ich auf dem Weg zwischen den Pubs zeigen, was man bei uns im Militär bei den Märschen lernt. Nämlich im Laufen Tüten zu drehen. Sie waren begeistert und nannten mich «The walking joint machine».

Natürlich musste ich Claude die Geschichte mit Karen erzählen. Bei dem Sauf- und Rauchtempo war Fränzi schon in kürzester Zeit so bedient, dass sie nicht mehr mitbekam, wer mit wem über was redete. Die Engländer hielten auch nicht viel länger durch.

Nachdem alle Pubs geschlossen waren, landeten wir bei einem der Engländer zuhause, mit Bier und Gin aus einem Shop und natürlich mit Haschisch. Obwohl wir an dem Abend soffen und rauchten wie noch nie, fuhr es mir und Claude einfach nicht ein. Fränzi und die Engländer lagen alle schon sehr bald ziemlich bewusstlos auf dem Sofa oder unter dem Tisch, während wir immer noch Tüte um Tüte drehten und laberten und soffen, ohne etwas von all dem Gift zu spüren.

Als wir Fränzi dann ins Hotel zurücktrugen und unterwegs nochmals eine Tüte drehten, zählten wir zusammen, was wir alles getrunken hatten, und stellten fest, dass es für eine Alkoholvergiftung für vier hätte reichen müssen. Die Joints zählten wir gar nicht erst. Doch wir waren immer noch stocknüchtern und spürten beide – so merkwürdig das jetzt klingen mag – diese spezielle Gegenwart Gottes um uns herum.

Von der Geschichte mit Karen und vor allem von diesem Erlebnis, dass wir nüchtern blieben und diese Präsenz spürten, war Claude immer noch zutiefst beeindruckt, als er nach Hause flog. Fränzi wiederum hatte einfach nur Kopfschmerzen.

Vor meinem Abflug gab es einen herzzerreißenden Abschied von Karen. In der Zwischenzeit war auch bei mir etwas Liebe gewachsen. Und sie war eh total verknallt. Doch daheim war ja noch Sibylle. Da Flüge und Auslandsgespräche damals noch sehr teuer waren und ich vor allem nicht riskieren wollte, dass Sibylle einen Brief von Karen findet, sagte ich ihr, dass es vorbei ist und wir keinen Kontakt mehr haben sollten.

Das brach ihr das Herz. Das tat mir nachher noch lange tierisch leid. Aber so ist es halt. Wenn sich ein Arschloch bekehrt, ist er nicht gleich ein Heiliger, sondern einfach nur ein bekehrtes Arschloch. Es kann dann noch eine ganze Weile dauern, bis das mit der geistlichen Wiedergeburt Früchte trägt. Bis die Liebe Gottes das Herz durchdringt und der neue Mensch in uns so gewachsen ist, dass man vom alten nicht mehr so viel merkt, können Jahrzehnte verstreichen. Bis es soweit ist, nerven und verletzen wir viele Leute und sind leider nicht selten eine Schande für den Namen Gottes. Wir sind oft der Hauptgrund, warum Leute nicht an Gott glauben wollen!

Nun, Evangelium heißt trotzdem noch «Good News». Die Good News in diesem Fall sind, dass Gott uns *trotzdem* liebt. Es dauerte noch lange, bis ich begriff, dass Gott uns nicht liebt, weil wir so gut sind, sondern weil *er* so gut ist. Er nahm mich nicht an, weil ich danach sofort nichts mehr falsch machen würde, sondern *obwohl* ich noch sehr viel Scheiße bauen würde. Er hat unglaublich viel Geduld mit uns. Zum Beispiel traf mich nicht gleich der Blitz, als ich nach all den krassen Zeichen und seinem offensichtlichen Eingreifen in Karens Situation noch die Frechheit besaß, Forderungen zu stellen:

«Ich bin jetzt also ein Jesus Freak oder so etwas. Ich habe wohl bald keine Freunde mehr. Man wird mich verlachen, meiden, hinter meinem Rücken reden und nicht mehr auf Partys einladen. Und von wegen kein Sex vor der Ehe – das meinst du nicht im Ernst, Chef, oder? Wie soll ich das Sibylle oder zukünftigen Freundinnen erklären? Das schaff ich eh nicht. Soll ich sie jetzt gleich heiraten? Wie erkläre ich das alles meinen Kumpels oder meinen Eltern? Muss ich jetzt regelmäßig in die Kirche? Und in welche? Aber bitte nicht in eine Sekte. Und ist Kiffen wirklich verboten? Sagt die Bibel was dazu?»

Sich in der heutigen Zeit als Christ zu bekennen, ist ja schon fast schlimmer, als sich als Schwuler zu outen. Die kriegen wenigstens jede Woche einen Zeitungsartikel, der darauf besteht, dass man ihren Lebensstil nicht nur akzeptieren, sondern gefälligst gut finden muss, während Christen in den Medien als potenziell gefährliche Vollidioten präsentiert werden. So sagte ich zu Gott:

«Ich brauche Claude, Sibylle und Massimo. Ohne die drei halte ich keine zwei Wochen durch.»

13. Keine zwei Wochen

Zurück aus England, fand ich einen temporären Bürojob, der gut bezahlt wurde und mir ermöglichen würde, nach nur vier Monaten Arbeit mit Massimo ein halbes Jahr durch Südamerika zu reisen. Obwohl, so gut bezahlt wurde er jetzt auch nicht, aber ich wohnte noch bei den Eltern und konnte so fast den ganzen Lohn auf die Seite schaufeln. Doch das war dann auch schon alles an Positivem.

Ansonsten meldete sich meine Depression mit voller Wucht zurück. Denn wie erwartet hatte ich zuhause riesige Krämpfe. Ich fand in der Bibel zwar nichts zum Thema Kiffen, aber ich spürte, dass es wohl schlauer wäre, wenn ich es zumindest stark reduzierte.

Aber ich konnte nicht.

Ich spürte zwar, dass ich mein Leben irgendwie ändern sollte, wusste aber erstens nicht, wie, und hatte zweitens auch gar keinen Bock drauf. Zudem bedrückten mich die Nachrichten über weitere Todesfälle von Freunden, mit denen ich vor meiner Abreise nach England noch Tüten geraucht hatte. Sowohl in Effretikon wie auch in Dietlikon waren viele kaum mehr im Jugendhaus. Sie waren nun meistens in Zürich auf dem berüchtigten Platzspitz.

Über die haarsträubenden, ja filmreifen Szenen, die sich in dieser Drogenhölle abspielten, könnte man ein separates Buch schreiben. Einfach mal kurz «Zombietown Zürich» googeln, und man erinnert sich wieder an Szenen, die man in Zürich nie für möglich gehalten hätte.

Einige meiner Freunde erinnerten tatsächlich schon an Zombies. Sie sahen mehr tot als lebendig aus und hatten Venen wie Reißverschlüsse: voll mit blutigen und eiternden Krusten. Das bedrückte mich irgendwie sehr, und ich rannte ihnen oft nächtelang nach, um sie zu einer Therapie zu überreden und ihnen einen Platz in einem christlichen Therapiehaus zu vermitteln.

Gleich nach meiner Rückkehr begegnete ich auch wieder diesen Christen, die mich zu jenem Theaterstück eingeladen hatten. Es stellte sich heraus, dass sie sich in einer Freikirche in Effretikon trafen. Sie erzählten mir, dass irgendein Evangelist in einem Zelt am Stadtrand Vorträge halte und an drei Abenden Fragen zum Glauben beantworte.

Ich dachte, vielleicht hören Massimo und Sibylle eher auf einen Evangelisten als auf mich. Ich fragte also die beiden und natürlich auch Claude, ob sie mit mir mitkommen und sich anhören wollten, was der Typ zu sagen hatte. Claude war sofort dabei. Massimo und Sibylle waren noch etwas skeptisch, kamen aber auch mit. Und auch Stan kam mit. Doch vor dem Zelt fanden wir die Leute dort etwas komisch und diskutierten hin und her, ob wir nun rein sollten oder nicht. Vielleicht gehörten die ja zu irgendeiner schrägen Sekte oder so?

Als alle anderen drin waren, setzte Stan sich draußen vor dem Zelt hin und fing an, eine Tüte zu drehen. Wir setzten uns zu ihm und hörten von draußen zu, während die Tüten die Runden machten. Natürlich konnte man das im Zelt riechen. Man erzählte mir später, dass einige der Gläubigen danach zusammenkamen und debattierten, ob sie die Kiffer vor dem Zelt vertreiben oder stattdessen für uns beten sollten, damit Jesus uns auch die nächsten Abende dorthin ziehen und uns begegnen möge.

Ob es nun mehr an ihren Gebeten lag oder an dem Vortrag, der bei uns in Kombination mit der Tüte heftiger einfuhr, weiß allein Gott, aber am folgenden Tag kamen meine Freunde wieder mit, um mehr zu hören.

Meistens dreht sich an solchen Veranstaltungen das Zentrum der Botschaft um das Geschehen am Kreuz und um die Einmaligkeit von Jesus. Um das, was ihn so abhebt von allen Religionen.

Ich schätze, der Redner erklärte, dass im Kern alle Religionen, inklusive der christlichen Denominationen, Folgendes gemeinsam haben: Alle haben ein Set von Regeln, die es zu befolgen gilt. «Das solltest du tun, jenes nicht, dies auf gar keinen Fall und jenes unbedingt, aber wehe, wenn ...», und so weiter. Je mehr man von diesen Regeln einhält, desto eher kommt man ins Paradies, ins Nirwana, in die ewigen Jagdgründe, zu den siebzig Jungfrauen, in den Himmel oder was auch immer im jeweiligen Glaubenssystem der Bonus ist. Je schlechter man punktet, desto eher landet man in der Hölle, dem Purgatorium, wird man als Wurm wiedergeboren oder kriegt sonst wie vom Karma auf die Fresse.

Also, immer geht es darum, dass man sich zuerst auf irgendeine Art qualifizieren muss, um Gott begegnen zu dürfen. Dabei kann man alle diese Glaubenssysteme grundsätzlich in drei Kategorien einteilen.

In der ersten Kategorie versucht man sich vor allem durch die Einhaltung von Gesetzen zu qualifizieren. Dazu gehören Islam, Katholizismus, Judentum, Zeugen Jehovas, einige evangelikale Gemeinden und andere. In dieser Kategorie streitet man besonders gerne um Dogmen oder um die korrekteste Auslegung der jeweiligen Schrift. Für diese ist das heilige Buch vor allem ein Gesetzesbuch, und ihr Gottesbild gleicht eher einem zornigen Polizisten oder Bürokraten.

In die zweite Kategorie gehören die, welche sich durch den Rückzug aus der Welt und die Flucht in die Mystik – oder in sich selbst – die Erleuchtung oder eine Begegnung mit Gott erhoffen. In dieser Kategorie findet man Buddhismus, Theosophie, verschiedene esoterische Richtungen, mystische Bewegungen aus dem Katholizismus, gewisse Yoga-Richtungen, einige der charismatischen Evangelikalen und weitere. Diese relativieren die Schriften etwas und setzen den Fokus eher auf spirituelle Erlebnisse.

Die dritte Kategorie versucht, mit der geistlichen Welt zu handeln und sich diese dienstbar zu machen oder ihr zu dienen, um dann im Gegenzug die eigenen Probleme, Ängste oder Begierden gelöst zu bekommen. Zu dieser Kategorie gehören Hinduismus, Satanismus, Wicca-Kulte, Voodoo, Neuheidentum und viele mehr. Diese Kategorie arbeitet vornehmlich mit Beschwörungen, Ritualen, Opfergaben und Proklamationen. Dazu gehören auch Vertreter aus dem christlichen Umfeld, wie zum Beispiel die «Word of Faith»-Bewegung. Oder halt einfach Christen aus irgendeiner Gemeinde, die sich von ihrer Haltung her so benehmen, als könnten sie Gott dazu bringen, etwas für sie zu tun, weil sie den richtigen Spruch oft genug wiederholen oder etwas gespendet haben.

Natürlich gibt es Überschneidungen zwischen diesen Kategorien, und die meisten haben von allen drei Elementen etwas drin. Die hauptsächliche Gemeinsamkeit bei allen ist das Bestreben, durch die Aneignung von Wissen die richtigen Handlungsweisen zu erlernen, um sich spirituell für höhere Erleuchtungsstufen oder die Begegnung mit Gott zu qualifizieren.

Bei Jesus ist es aber genau umgekehrt. Bei ihm muss man sich nicht erst qualifizieren, um Gott begegnen zu dürfen. Man kann ihm «einfach so» begegnen. Er sorgt dann für unsere Qualifikation.

Ihm geht es nicht um unser Wissen und unser Abmühen, sondern um unser Herz, welches ihn sucht und sich auf eine Beziehung mit ihm einlässt. Aus dieser Beziehung heraus findet dann der Prozess der Heiligung statt, wo er uns Schritt für Schritt führt und in das verwandelt, was er ursprünglich für uns geplant hat. Man könnte es auch Erziehung nennen – worauf Rotzlöffel wie ich natürlich gar keinen Bock haben.

Nun, nicht nur das hebt Jesus tatsächlich in eine ganz andere Liga als alle anderen, sondern auch, was er über sich selbst sagt, wie zum Beispiel: «Ich und der Vater sind eins» oder «Wer mich sieht, sieht den Vater» oder «Ich bin der Weg, die Wahrheit und das Leben. Niemand kommt zum Vater als nur durch mich». Was für krasse Statements! Er sagt nicht nur, er kenne den Weg, sondern: Er *ist* der Weg. Nicht nur kennt er die Wahrheit, sondern er *ist* die personifizierte Wahrheit, und es geht nur durch ihn zum Ziel, und sonst durch niemanden.[7]

Irgend so etwas in der Art erzählten sie dort im Zelt. Es muss auch überzeugend gewesen sein, denn am letzten Abend kamen wir wieder, setzten uns dieses Mal sogar ins Zelt hinein und verschoben die Tüte auf später. Nur Stan war schon wieder so dicht, dass er vergaß, wo er war, und mitten im Vortrag anfing zu rauchen.

Auch der dritte Vortrag war wohl wieder der Hammer, denn am Ende haben sich alle drei, um die ich Gott gebeten hatte, zu Jesus bekehrt und mit den Leuten dort gebetet. Und Stan? Den gab Gott als Bonus noch dazu.

Ich war gleichzeitig erfreut und erschrocken, denn es waren tatsächlich keine zwei Wochen vergangen, seit ich Gott gesagt hatte, dass ich mindestens Claude, Massimo und Sibylle mit auf dem Weg brauchte. Als wollte er mir wirklich zeigen, dass der «Point of no return» für mich nun definitiv überschritten war.

---

[7] Es gibt viele, die behaupten, dass Jesus dies gar nie so gesagt habe. Lee Strobel untersucht dies mit Hilfe von kritischer und logischer Beweisführung in seinem empfehlenswerten Buch «Der Fall Jesus: Ein Journalist auf der Suche nach der Wahrheit» (GerthMedien: Asslar, 2014, 978–3–86591922–9).

Heute stelle ich beim Beten natürlich nicht mehr so frech Bedingungen. Aber Anfängern lässt Gott unglaublich viel durchgehen.

Die Freundin meines Cousins, die mir das Kartenlegen beigebracht hatte, warnte mich damals vor dem Typen aus meinem engeren Freundeskreis, dem ich nicht geben sollte, was er von mir wollte, weil auf ihm ein Fluch laste und bei ihm alles in die Hosen gehe. Nun, dieser Typ kreuzte wieder einmal bei mir zuhause auf. Ich erzählte ihm von allem und empfahl ihm, Jesus ebenfalls einzuladen, um von seinem Fluch frei zu werden.

Das leuchtete ihm irgendwie ein, und er wollte mit mir beten. Doch bei jedem Versuch vergaß er, was er eigentlich beten wollte. Er bat mich, es vorzusprechen, doch er konnte sich keinen Satz merken. Ich schlug vor, es Wort für Wort zu versuchen. Doch er konnte nicht einmal ein einziges Wort nachsprechen. Er meinte, er kriege ein Würgen im Hals und könne ganz einfach nicht, schwor aber, dass er es wirklich sagen wollte.

Da spürte ich wieder diese böse Präsenz im Raum. Ich hatte irgendwo gelesen, dass man als Christ eigentlich Autorität über diese Mächte haben sollte. Also versuchte ich mal so einen Spruch und verbot dem bösen Geist, meinen Kumpel am Beten zu hindern.

In diesem Moment ging bei mir die Stereoanlage los. Das war kein Ding mit Fernbedienung, sondern so ein altes Teil, wo man noch einen dicken Power-Knopf drücken musste. Das Radio ging los, und im Lied, das in dem Moment gerade gespielt wurde, sang der Sänger «… and the spirit still goes on walking on me», gefolgt von einem Gitarrensolo. Er sagte also frech, dass der Geist weiter auf ihm rumläuft, und ließ mich offenbar wissen, dass er keinen Bock hatte, sich von mir verjagen zu lassen.

Ich gebe zu, ich hatte da gleich ein bisschen die Hosen voll und fühlte mich nicht in der Lage, mich als Anfänger direkt mit den Mächten der Finsternis anzulegen. Also vereinbarten wir, dass wir an einem anderen Tag zusammen zu den Leuten in dieser Gemeinde gehen, die da schon etwas mehr Erfahrung hatten. Leider kam es nie dazu, und mit diesem Freund kam es, wie prophezeit, richtig übel.

14. Die spinnen, die Gläubigen!

Also gut. Ich hatte es nun wirklich geschnallt. Jesus ist der Boss. Er ist Gott, und er scheint gut zu sein. Ich haderte zwar immer noch mit ihm, aber ich wollte dem Ganzen immerhin mal eine Chance geben. Auch wenn die Gegenseite erbitterten Widerstand leistete.

Also verschob ich meine Anklagen gegen Gott auf später und wollte mir jetzt wirklich Mühe geben. Dazu gehörte auch, dass ich nicht dauernd in meinen Fantasiewelten mit Mord, Totschlag, Krieg und Perversionen beschäftigt sein wollte. Und die dauernde Kifferei wollte ich auch loswerden.

Das funktionierte von sehr schlecht bis gar nicht. Nicht zu kiffen ging nur, wenn gerade nichts zu kiffen da war. Und sobald ich mein Hirn nicht aktiv brauchte, zum Beispiel beim Zähneputzen, Autofahren, Einschlafen, Duschen, auf den Bus warten und bei allem, was nicht meine totale Aufmerksamkeit verlangte, machte es automatisch klick, und ich war nur noch körperlich anwesend.

Schon als Kind konnte ich stundenlang fantasierend in meinem Zimmer auf dem Boden sitzen, während meine Spielsachen einfach um mich herum lagen. In diesem Kopfkino liefen ganze Serien voller Krieg, Gewalt und Verbrechen und später auch noch Pornos ab. Die ganze Zeit. Jeden Tag. Ich dachte, dass ich irgendwann Drehbücher schreiben würde. Auf jeden Fall war mir nie langweilig, denn in meinem Kopf war immer Action.

Doch als Christ wollte ich doch meine Gedanken mit Gutem füllen und nicht dauernd auf irgendwelchen Schlachtfeldern die Wehrmacht besiegen – zum fünfhundertsten Mal. Das war noch sehr, sehr lange ein extrem zäher Kampf, den ich meistens verlor.

In der Bibel las ich, dass wir als «Solo-Christen» nicht vorwärts kommen (und wenn, dann nicht weit) und deshalb verbindlich in einer Gemeinschaft mit anderen auf dem Weg sein sollten. Nun gut, vielleicht konnte das helfen. Aber welche Gemeinschaft? Wie ich mitgekriegt hatte, gab es schon alleine in Zürich und Umgebung Dutzende von verschiedenen christlichen Gruppierungen, die sich meistens für die ultimativen Bibelversteher hielten und oft ziemlich herablassend oder gar warnend über all die anderen Vereine sprachen.

Wem konnte man da vertrauen?

Da diese Vorträge im Zelt von einer Freikirche in Effretikon organisiert worden waren, schauten Claude und ich als Erstes mal dort rein. Wir baten um ein Gespräch mit dem Prediger, um unsere vielen Fragen bei einem Profi zu platzieren. Auf jede Frage, die wir stellten, frästen seine Finger wie ein Banknotenzähler durch die Bibel zur passenden Stelle, und er fing jede Antwort an mit: «Im Buch X, Kapitel Y, Vers Z steht geschrieben ...». Der Typ schien die Bibel auswendig zu kennen. Und die Antworten, die er dort herausholte, machten sogar noch Sinn.

Wir waren beeindruckt, auch wenn wir bei manchen Antworten noch Zweifel hatten, ob man den Vers jetzt wirklich so interpretieren muss. Meistens hatten wir diese Zweifel, weil uns seine Interpretation nicht in den Kram passte. Wir spürten, dass der Mann sich große Mühe gab, nicht über seine eigenen Meinungen zu philosophieren, sondern alles mit bestem Wissen und Gewissen aus der Bibel zu ziehen und es dann uns zu überlassen, was wir damit machen wollten. Die Bibelkenntnis war bei ihm auf jeden Fall das Wichtigste.

Der christliche Lehrlingskollege, der mir vor meiner Englandreise die Bibel ins Geschäft gebracht hatte und, wie er sagte, lange dafür gebetet hatte, dass ich es endlich checke, war hingegen bei einer sogenannt charismatischen Gemeinde.

Charismatiker finden die Bibel zwar auch ganz wichtig, sind aber der Meinung, dass man nach der Bekehrung unbedingt noch die Taufe im Heiligen Geist brauche, um die Bibel überhaupt richtig zu verstehen und das volle Programm mit Zeichen und Wundern fahren bzw. erleben zu können.

Als Zeichen dieser Taufe müsse man in Zungen reden – das heißt: in anderen, einem selbst unbekannten Sprachen. So geschehen an Pfingsten, als der Heilige Geist über den Jüngern Jesu ausgegossen wurde und sie genau wie Jesus anfingen, mit Zeichen und Wundern Aufmerksamkeit zu erzeugen.

Als ich den Kollegen wieder einmal traf, teilte er mir mit, dass es ohne Taufe im Heiligen Geist ja völlig normal sei, dass ich immer noch alle möglichen Süchte, giftige Zwangsgedanken, Depressionen und andere Probleme mit mir rumschleppte.

«Na ja, gut, wenn dem so ist, dann lass mal einfahren.»

Er legte mir die Hände auf und betete für mich, dass ich den Heiligen Geist empfangen möge. In der Tat spürte ich gleich, wie seine Hände schon fast heiß wurden und irgendetwas auf mich überzufließen schien. Danach sagte er, ich solle in Zungen reden, und es kamen prompt so Dinge aus mir raus wie: «Shoto raba kaja shende reba kanda» usw. (Und nein, ich habe auch heute noch keine Ahnung, was das heißen soll.)

Auf jeden Fall war ich sicher, dass wenn jetzt nicht echt ein Wunder geschehen war, ich nun endgültig den ultimativen Sprung in der Schüssel hatte. Aber es fühlte sich gut an. Ich fühlte die Gegenwart Gottes. Ein Friede kam über mich, und ich spürte, wie Gott mir sagte, dass alles okay ist und dass auch ich, trotz all dem Dreck, der noch in mir abging, eines seiner geliebten Kinder bin.

Dieses gute Gefühl hielt genau bis zur nächsten Begegnung mit den Kollegen aus der anderen Freikirche.

«Waaaaaaas?! Du hast dir die Hände auflegen lassen? Von einem Charismatiker?» Sie waren erst einmal entsetzt. Ja, und ich war komplett verwirrt.

Dann hielten sie mir Vorträge über falsche Propheten und zeigten mir zig Bibelstellen, wo wir vor Irrlehrern, falschen Christussen und anderen Spinnern gewarnt werden.

Zuletzt legten sie mir auch die Hände auf, um mir die Schwarmgeister und Dämonen wieder auszutreiben, die ich mir dort bei dem Kollegen geholt haben soll.

Eine kleine Minderheit aus der evangelikalen Fraktion vertritt die Meinung, dass der Heilige Geist Ende des ersten Jahrhunderts den Laden dichtgemacht hat, als die Bibel fertiggestellt war. Ab da sei finito mit Zeichen und Wundern. Alles, was nach Geistwirkungen aussieht, sei entweder Scharlatanerie oder sogar listige Verführung vom Teufel.

In dieser Freikirche hatte es auch einige Vertreter dieser Fraktion. Die waren überzeugt davon, dass die Leiter der charismatischen Bewegung vom Teufel verführte Spinner seien.

Oh Mann. Hat Gott wirklich Nerven für die Klugscheißereien unter seinen Anhängern im Allgemeinen und für meine Dauerrückfälle im Besonderen? Es war wirklich tragisch.

Am Sonntag schleppte ich mich in die Kirche, hörte eine Predigt und nahm mir vor, jetzt endlich ein guter Christ zu sein.

Am Montag ging es noch einigermaßen, am Dienstag wurde es mit all dem Dreck in meinem Kopf schon schwierig, am Mittwoch drehte ich fast durch, am Donnerstag musste die erste Tüte rein, Freitag und Samstag dann die üblichen Exzesse.

Am Sonntag dann wieder:

«Sorry, Herr, tut mir leid, ich versuche es nächste Woche wieder.»

Nächste Woche: dasselbe Debakel.

Jede Woche!

Claude ging es ähnlich, und wir fühlten uns wie die totalen Versager. Wenn du es nicht so auf die Reihe kriegst, wie du meinst, dass Gott es von dir erwartet, dann tendierst du entweder dazu, dich selbst zu verurteilen oder sogar zu verdammen und in Hoffnungslosigkeit und Depressionen zu versinken. Oder du zweifelst ihn und sein Wort wieder an und flüchtest in eine trotzige «Ihr könnt mich doch alle mal»-Haltung.

Ich schwankte noch jahrelang zwischen diesen Positionen hin und her. Doch ich fand auch immer wieder Trost und Hoffnung in der Tatsache, dass Gott sich spätestens am Tiefpunkt wieder bemerkbar machte und mich spüren ließ, dass er trotz allen Fehlern mit mir ist und mich immer wieder aufrichtet. Ein weiterer Trost war, dass sogar der Apostel Paulus dasselbe Problem hatte. Im Brief an die Römer in Kapitel 7 schreibt er ab Vers 18:

«Denn ich weiß, dass in mir, das heißt in meinem Fleisch, nichts Gutes wohnt. Wollen habe ich wohl, aber das Gute vollbringen kann ich nicht. Denn das Gute, das ich will, das tue ich nicht; sondern das

Böse, das ich nicht will, das tue ich … Denn ich habe Lust an Gottes Gesetz nach dem inwendigen Menschen. Ich sehe aber ein anderes Gesetz in meinen Gliedern, das widerstreitet dem Gesetz in meinem Gemüt und hält mich gefangen im Gesetz der Sünde, das in meinen Gliedern ist. Ich elender Mensch! Wer wird mich erlösen von diesem todverfallenen Leibe? Dank sei Gott durch Jesus Christus, unsern Herrn! So diene ich nun mit dem Gemüt dem Gesetz Gottes, aber mit dem Fleisch dem Gesetz der Sünde. So gibt es nun keine Verdammnis für die, die in Christus Jesus sind. Denn das Gesetz des Geistes, der lebendig macht in Christus Jesus, hat dich frei gemacht von dem Gesetz der Sünde und des Todes.»[8]

Hast du nicht ganz kapiert? Ich auch nicht so ganz. Ist ja auch eine deutsche Übersetzung von einem zweitausend Jahre alten griechischen Text. Es gibt einfachere Übersetzungen. Diese machen zuweilen zwar Kompromisse mit der Genauigkeit, dafür sind die genaueren Übersetzungen sprachlich etwas holpriger. Da muss man sich halt entweder ein bisschen Holprigkeit oder etwas Ungenauigkeit zumuten.

Aber lassen wir mal den Teil, den wir nicht kapiert haben. Was ich zumindest kapiert hatte, ist, dass nicht nur irgendein versoffener Penner, sondern sogar Paulus höchstselbst diesen Zustand kannte, wo er in destruktiven Verhaltensmustern gefangen war und diese einfach nicht durchbrechen konnte. Auch er wollte einen Haufen Gutes tun, das er nicht auf die Reihe brachte, und machte wohl immer wieder irgendeinen Scheiß, den er eigentlich vermeiden wollte.

Und Jesus?

Der scheint damit kein Problem zu haben.

Ich hatte zwar keinen Plan, wie ich vom «elenden Menschen» zu «Es gibt keine Verdammnis für die, die in Jesus Christus sind» durchbrechen sollte. Aber immerhin war es tröstlich zu wissen, dass es erstens sogar Paulus nicht besser ging, zweitens Gott uns

---

[8] Lutherbibel 1984

trotzdem liebt und man drittens irgendwann dann doch noch aus dem Schlamassel rauskommen wird.

Zurück beim Kollegen aus der anderen Gemeinde, informierte ich ihn über den Schock bei diesen Brüdern. Ich forderte ihn ziemlich heraus, mir anhand der Bibel zu beweisen, dass er nicht eine Macke hatte und seine Gurus nicht für die Gegenseite arbeiteten.

Dann machte der doch prompt auch einen auf Banknotenzähl-Finger, wirbelte von Bibelstelle zu Bibelstelle und bewies mir im Nu, dass der Heilige Geist auch heute noch aktiv sein sollte und die anderen Jungs halt ein bisschen geistliche Schwachmaten seien.

«Die meinen es zwar gut, und Gott in seiner Gnade lässt zu, dass sie sich auch irgendwie in den Himmel wursteln, aber eben ohne Saft und Kraft. Alles klar?»

«Ach, was weiß ich schon? Spinnen die Römer, oder habt ihr alle einen an der Waffel? Wen kann ich da jetzt noch ernst nehmen? Kann ich die Bibel ernst nehmen, wenn sich diese Bibelexperten gegenseitig so anpissen? Gott, soll ich jetzt zu den Schwachmaten, zu den Spinnern, zum Papst, oder hast du noch einen anderen Klub zur Hand?»

15. Der Legionär

Solche Fragen diskutierte ich ausgiebig mit Claude. Zum Beispiel während wir, nur wenige Tage vor meiner Abreise nach Südamerika, wie die Irren durch ganz Frankreich rasten, um in der Nähe von Toulouse einen alten Schulfreund von Claude namens Attila aus der Fremdenlegion zu befreien.

Das war ein ganz spezieller Vogel. Der erzählte uns, dass er Probleme mit dem bulgarischen Geheimdienst habe und für eine Weile untertauchen müsse. Wir hingegen glaubten, dass er Probleme mit seiner Schizophrenie hatte und für eine Weile in eine Klinik sollte. Claude war zwar schon etwas mulmig zumute, als er Attilas ganz offensichtlich durchsuchte und auseinandergenommene Wohnung sah. Doch die hätte Attila in einem Anfall ja auch selber demolieren können.

Plötzlich war Attila wie vom Erdboden verschluckt.

Ein paar Monate später meldete er sich wieder bei Claude. Er habe eine neue Identität gebraucht und sei jetzt bei der Fremdenlegion. Nun habe er seinen neuen Pass bekommen, aber am Montag würden sie nach Afrika verschifft – worauf er natürlich keinen Bock hatte. Und für Leute, die abhauen, haben die bei der Legion bekanntlich gar keinen Humor.

Mit öffentlichen Verkehrsmitteln wäre ein Glatzkopf in Uniform etwas gar auffällig. Claude solle ihn deshalb doch bitte schnell abholen. Am Samstagabend zwischen 20 und 22 Uhr müsse er in Castelnaudary bei der «Salle des Fêtes», der Festhalle, erscheinen. Dort würde ihm ein Kontaktmann, der sich durch ein Codewort identifizieren würde, weitere Instruktionen geben.

Während wir also mit meinem alten Mazda und dem Gaspedal am Anschlag durch Frankreich bretterten, diskutierten wir so lustige Sachen wie beispielsweise, ob wir Gott jetzt wirklich um Hilfe für dieses Abenteuer bitten könnten, wo wir doch immer noch rauchten und zu schnell fuhren.

Na ja, und auch sonst waren wir nicht ganz sauber, aber ein Blick auf die Uhr und ein paar Berechnungen über die verbleibende Distanz sagten uns, dass wir Gottes Hilfe unbedingt brauchten. Wir waren nämlich zu spät dran und sahen keine Chance, vor 22 Uhr dort zu sein.

Außerdem hatten wir keine Ahnung, wie wir dort diese Salle des Fêtes finden sollten, denn es gab noch keine Navis, und wir hatten auch keine Karte von dem Kaff. Und wir hatten zu wenig Kohle dabei, denn wir hatten vergessen, dass man in Frankreich noch Autobahngebühren bezahlte, und auch nicht bedacht, dass mein alter Mazda extrem viel mehr säuft, wenn man die ganze Reise über mit Bleifuß fährt.

Damals funktionierten unsere Bankkarten nur in der Schweiz, und Kreditkarten hatten wir noch nicht. So waren wir nicht sicher, ob wir überhaupt in Castelnaudary ankommen würden. Und ob wir es schaffen könnten, den ganzen Weg dorthin zu rasen, ohne von den Bullen gestoppt zu werden.

Und selbst wenn wir dort knapp an Geld, Benzin und Zeit ankommen würden, musste Attila unbedingt mit Kohle abhauen, denn sonst säßen wir nur blöd da – mit einem entflohenen Legionär, ohne Benzin und ohne Plan.

Also versprachen wir Gott, dass wir uns viel mehr Mühe geben wollten, wenn er uns hilft, mit Attila wieder nach Hause zu kommen. Und wir baten ihn um Verständnis, dass wir bei dieser Aufregung nicht auch noch gleich hier und jetzt mit dem Rauchen aufhören konnten. Ein bisschen Hoffnung hatten wir, dass Gott in seiner Gnade trotz unserer Schwachheiten mit uns sein würde.

Wir rasten weiter, während wir diskutierten, ob wir nun total bescheuert waren – oder ob vielleicht eher die konservativen Schwachmaten und die charismatischen Spinner einen an der Waffel hatten. Es war echt verwirrend mit diesen Christen, denn wir spürten eigentlich auf beiden Seiten, dass sie Jesus ehrlich liebten und ihm nach bestem Wissen und Gewissen nachfolgen wollten. Trotzdem hielten sie die jeweils anderen für ziemlich daneben.

Später, als ich dann auch noch viele andere Denominationen kennen lernte, wurde die Verwirrung und Enttäuschung nur noch größer. Da hat man das Gefühl, dass man mit Jesus aus der riesigen Auswahl an Religionen, Philosophien und Ideologien endlich den richtigen Weg gefunden hat – und dann veranstaltet sein Bodenpersonal ein solches Chaos und zeichnet sich vor allem durch penetrantes Besserwissertum aus …

Eigentlich heißt es in der Bibel, dass die Welt Gott an der Liebe unter seinen Jüngern erkennen wird. Doch viele benehmen sich, als würde man wahre Frömmigkeit daran erkennen, wer mit mehr Wohlstand gesegnet wird, in allem besser Bescheid weiß und die meisten Nachbeter in seinem Klub versammeln kann.

Da sah ich auf einmal ein Schild, auf dem «40 km/h» stand. Die 100er- oder 80er-, ja sogar die 60er-Schilder hatten wir bislang gar nicht beachtet, sondern rasten, was die Kiste hergab. Doch 40?

Claude war gerade am Steuer, und ich sah bei ihm auf dem Tacho 180 km/h.

Noch bevor ich weiter darüber nachdenken konnte, schrie ich plötzlich wie von der Tarantel gestochen: «Auf die Klötze!»

Claude erschrak und stieg in die Eisen. Es quietschte, und das Auto fing schon an, leicht zu schleudern, da kam hinter einer leichten Biegung, wo Hecken die Sicht versperrten, eine 90-Grad-Kurve, die wir nur noch ganz knapp mit kreischenden Reifen und gefährlicher Neigung schafften.

Nur ein paar Meter außerhalb der Kurve sahen wir ein ausgebranntes Auto auf dem Dach liegen. Wir rasten weiter und waren sicher, dass nur Gottes Gnade uns in dieser Kurve drin gehalten hatte.

Doch als es langsam dunkel wurde und die vielen Mücken, die an der Windschutzscheibe klebten, von den letzten Tropfen Scheibenwischwasser so verschmiert wurden, dass ich gar nichts mehr sah, war ich wieder nicht sicher, ob Gott noch mit uns war. Und als es auch noch zu regnen begann, fing ich wieder an, mich bei ihm zu beklagen. Da schüttete es einen derart krassen Platzregen runter, dass wir nicht einmal mehr 80 km/h fahren konnten.

Wir waren gerade dabei, die Hoffnung ganz zu verlieren, als der Platzregen nach nur einer Minute aufhörte und unsere Windschutzscheibe wieder sauber und die Straße vor uns immer noch trocken war. Wir gaben wieder Gas. Mit einem «Halleluja» auf den Lippen – und einem «Sorry, dass wir gemeckert haben!».

Wir kamen tatsächlich heil in Castelnaudary an. Doch wir hatten das Zeitfenster um zehn Minuten verpasst.

Attilas Kamerad war bereits zurück in der Kaserne und sagte ihm, dass seine Kumpels nicht gekommen seien. Da standen wir also wie bestellt und nicht abgeholt mit viel zu wenig Benzin und den letzten paar Francs in den Taschen auf dem Parkplatz vor der Salle des Fêtes.

«Oh Herr, das kannst du jetzt nicht bringen. Wie kommen wir wieder nach Hause? Du musst jetzt den Typen zu uns bringen. Der muss jetzt einfach kommen. Und er muss Cash dabei haben. Bitte!»

Zu genau dem Zeitpunkt sagte Attila in der Kaserne zu seinem Kameraden, er spüre, dass wir jetzt da seien. Sein Kamerad wollte es ihm nicht glauben, doch Attila blieb hartnäckig.

Nach ein paar bangen Minuten machte sich bei uns die Ratlosigkeit breit. Doch dann löste sich ein Schatten aus der Dunkelheit – ein Legionär kam auf uns zu. Er fragte nach Feuer und nannte das Codewort. Während wir ihm Feuer gaben, sagte er diskret, wir sollten uns wieder in unser Auto setzen und auf ihn warten.

Und weg war er.

Wir fühlten uns gleich, als hätte man uns in einen James-Bond-Film gebeamt.

Nach weiteren Minuten hatte der Kamerad eine Runde um den Parkplatz gedreht und gecheckt, ob er verfolgt wurde. Dann huschte er geduckt zwischen den Autos zu unserem Mazda, stieg ein und wies uns an, sofort loszufahren. Er zeigte uns den Weg zur Kaserne und um den Übungsplatz herum. Wir sollten uns den Weg merken und in einer halben Stunde denselben Weg wieder fahren, und wenn sie nicht an einer bestimmten Ecke aus dem Busch hüpfen würden, sollten wir zwanzig Minuten später dasselbe nochmals tun. Wenn sie dann wieder nicht aus dem Busch springen würden, hätten sie es eben leider nicht geschafft.

Wir ließen ihn wissen, dass sie es *unbedingt* schaffen müssten und gefälligst Kohle mitbringen sollten. Denn wir würden uns jetzt in dieser halben Stunde mit unseren letzten Kröten ein Sandwich und ein Bier reinhauen, und das wär's dann gewesen mit unseren finanziellen Mitteln.

Als wir uns in der Bar ein Baguette mit Schinken und ein Bierchen gönnten, kamen zwei Typen von der Militärpolizei und musterten uns mit scharfem Blick. Das Sandwich blieb uns im Hals stecken, wir kriegten Schweißausbrüche. Gleich würden sie uns verhaften.

Als die Typen sich dann zur Bar drehten und Bier bestellten, hatten wir leider kein Geld mehr für den doppelten Whisky, den wir nach dieser Aufregung gebraucht hätten.

Und um uns noch mehr schwitzen zu lassen, sprangen Attila und sein Kamerad erst bei der zweiten Runde aus den Büschen, und wir düsten dann mit zwei flüchtenden Legionären ab.

Attila erzählte gleich die wildesten Geschichten vom Training in Französisch-Guyana und geheimen Operationen in Brasilien, wo sie nach einer wilden Schießerei ein Kokainlabor in die Luft gejagt hätten.

Ich glaubte ihm kein Wort, worauf er uns beim nächsten Tankstopp die Narben an der Schulter zeigte, die man effektiv als Eintritts- und Austrittswunde eines Durchschusses interpretieren konnte. Auch sein Kamerad bestätigte die Geschichte – soweit wir sein bulgarisches «Frenglish» verstehen konnten.

Nach dem Tankstopp übernahm Claude das Steuer, und ich döste auf dem Beifahrersitz ein.

Wie so oft meldeten sich beim Eindösen meine Dämonen wieder:

– Du glaubst, Gott würde ausgerechnet euch Idioten helfen?

Der Platzregen, der im richtigen Moment die Scheibe putzte und dann sofort wieder aufhörte?

– Das war reiner Zufall.

Und dass wir die 90-Grad-Kurve überlebt haben?

– War einfach Glück.

Und dass wir tausend Kilometer mit andauernd massiv überhöhter Geschwindigkeit durch die Gegend brettern und dabei nicht erwischt werden?

– Ist auch Glück.

Dass wir es trotz unserer Fehleinschätzung der Kosten erleben durften, dass das Geld genau gereicht hat – auch Zufall?

– Aber ja: völliger Zufall!

Dass Attila glaubte, ganz genau zu spüren, dass wir zwar leicht zu spät, aber letzten Endes eben doch da waren, und dass der Kamerad, nachdem er zwei Stunden umsonst auf uns gewartet hatte, tatsächlich nochmals raus ging, na, was war das?

– Pure Verzweiflung.

Ach was, halt's Maul! So viel Glück und Zufall an einem Tag gibt's doch gar nicht. Und wie war das noch mal mit dem Kartenlegen?

Und mit dem Rauchi im Knast? Und mit all den erfüllten Prophezeiungen? Und die Geschichte mit Karen? Eine dieser Storys alleine oder auch zwei davon kann man meinetwegen als Zufall verkaufen – doch die Summe von allen zusammen? Da muss man schon krampfhaft versuchen, *nicht* zu glauben.

Die Tatsache, dass Gott sich bei uns gemeldet hatte, jetzt mit abstrusen Theorien erklären zu wollen, die noch viel weniger plausibel, geschweige denn beweisbar waren, machte wenig Sinn. Auch die Enttäuschungen mit den Christen änderten nichts daran.

Als ich wieder aufwachte, fuhr Claude nur noch mit 100 km/h.

«Wieso fährst du auf einmal so langsam?»

«Die Kiste wird immer langsamer. Ich glaube, die gibt jetzt dann gleich den Geist auf.»

Bei der nächsten Raststätte fuhren wir raus. Attilas Kamerad beschied uns, dass er Automechaniker sei und wir die Motorhaube öffnen sollten. Es war dunkel, und er hatte kein Werkzeug, aber schon rüttelte er am Luftfilter herum und riss ihn mit bloßen Händen aus der Verankerung.

Na großartig. Mitten in der Nacht, irgendwo in Frankreich, standen wir da und schauten zu, wie ein entflohener Fremdenlegionär mit bloßen Händen mein Auto auseinandernahm. Er hämmerte den Luftfilter gegen den Randstein, pustete rein, drückte ihn wieder auf die Halterung und schlug mit der Faust so lange drauf, bis das Teil wieder an seinem Platz war. Dann meinte er trocken, wir könnten jetzt weiterfahren.

Und tatsächlich, die Kiste lief wieder wie geschmiert. Wahrscheinlich wollte sie kein zweites Mal von einem Legionär repariert werden.

Zuhause angekommen, hatten wir mit Gott ja abgemacht, uns jetzt aber richtig Mühe zu geben und endlich aufzuhören mit dem Kiffen und Koksen. Oh, das habe ich wohl noch gar nicht erwähnt: Die Kokserei hatte in der Zwischenzeit auch angefangen.

Und dann wollten wir ja noch herausfinden, welches jetzt wirklich der richtige Jesus-Klub war. Dazu mussten wir wohl zuerst selber die Bibel studieren und diesen dicken Wälzer besser verstehen, damit man uns nicht immer Bibelverse um die Ohren haute und wir nichts mehr zu erwidern wüssten.

Doch zuerst war es Zeit, meinen neuen Rucksack zu packen. Die Südamerikareise mit Massimo stand an. Da wir sechs Monate unterwegs sein würden und ich viel studieren wollte, stopfte ich neben der Bibel noch etwa zwanzig weitere Bücher rein. Allesamt zu spirituellen und philosophischen Themen, denn ich wollte wirklich Bescheid wissen über alle möglichen geistlichen Aspekte – und zur Sicherheit auch nochmals die anderen Religionen checken. Denn obwohl ich von Jesus Christus ziemlich überzeugt war, war ich von den meisten Christen, die wir bis dahin erlebt hatten, überhaupt nicht überzeugt.

16. Südamerika

Am allerwenigsten überzeugten als Christen aber zwei andere: Massimo und ich. Obwohl wir uns bis zur Reise immer super verstanden hatten, stritten wir unterwegs die ganze Zeit. Beim Bibellesen ging uns auf, wie korrumpiert und verdreht die Gesellschaft geworden ist. Es wurde uns klar, wie sehr das auf uns abgefärbt hatte, und wir sahen immer mehr Fehler an uns. Also, vor allem sahen wir sie beim anderen, was wir einander natürlich freundlicherweise auch mitteilen mussten. Und so kritisierten wir munter drauflos und gingen uns gegenseitig fürchterlich auf den Sack.

Damals wussten wir noch nicht, dass der Name «Satan» auf Deutsch Widersacher und Ankläger bedeutet. Genauso wie Menschen früher aufgrund dessen, was sie den ganzen Tag so taten, ihre Nachnamen erhielten – zum Beispiel «Schneider», «Müller» oder «Schmied» –, haben die gefallenen Engel ihre Namen zugeteilt bekommen. Teufel kann man mit «Durcheinanderwerfer» oder «Irreführer» übersetzen.

Normalerweise hat man einigermaßen Ruhe vor dem Teufel, solange man eh in der geistlichen Finsternis ist. Da er nicht wie Gott allgegenwärtig ist, kommt er – oder einer seiner Dämonen – nur ab und zu vorbei, inspiriert uns zu irgendeinem Scheiß und geht dann wieder weiter zu den Leuten, die für seine Pläne strategisch wichtig sind. Er hat die Welt und sämtliche Medien bereits so weit infiltriert, dass wir auch ganz gut ohne seine Hilfe viel versauen.

Doch wenn man Christ wird, bekommt man von ihm wieder etwas mehr Aufmerksamkeit. Und was tut er am liebsten? Er sorgt dafür, dass wir vor allem mit uns selbst beschäftigt sind. Er liefert uns die ganze Zeit Verdächtigungen, Anklagen, Lügen und Fehlinterpretationen zu all dem, was wir in unserem Umfeld sehen und erleben. Jesus sagt zwar, dass wir nicht richten sollen. Doch leider richten nicht wenige Christen mit einer Leidenschaft, die Leiden schafft. Egal ob auf der individuellen Beziehungsebene oder auf Gemeindeebene.

Es ist unglaublich, wie die Christenheit, die man ja wie erwähnt an der Liebe untereinander erkennen sollte, in sich gespalten, zerstritten und verbittert ist, voller Anklagen, Selbstgerechtigkeit und Hochmut. Das Zeugnis der Gegenwart und Liebe Gottes wird auf diese Weise derart versaut, dass es kein Wunder ist, wenn Christen von der Welt nicht ernst genommen werden.

Immerhin stritten Massimo und ich uns in einem fantastischen Ambiente. Zuerst in Argentinien: das beste Fleisch der Welt. Und wir kamen in der bestmöglichen Zeit für uns an. 1990 grassierte dort gerade eine Hyperinflation. Wir wechselten zwanzig Dollar, bekamen einen Stapel Scheine und konnten damit eine Woche lang in Saus und Braus leben. Mit jeder weiteren 20-Dollar-Note erhielten wir einen noch größeren Stapel Scheine und ernährten uns ausschließlich von gegrilltem Rindsfilet.

Zugegeben, für die Argentinier war es eine beschissene Zeit. Trotzdem waren sie ausgesprochen gastfreundlich – und die meisten Frauen sahen aus wie frisch von der «Vogue»-Titelseite. Das machte es auch nicht einfacher, Sibylle wenigstens auf dieser Reise treu zu bleiben.

Endlich hatte ich unheimlich viel Zeit, den Strand zu genießen, viel zu lesen und nachzudenken. Wie gesagt, hatte ich Bücher zu spirituellen und philosophischen Themen dabei. Da ich solche Mühe hatte mit meinem Christsein, wollte ich prüfen, ob es wirklich keine besseren Antworten gibt, vielleicht im Buddhismus, im Islam oder in verschiedenen esoterischen Richtungen und alten magischen Praktiken. Schließlich sagen viele Leute, dass alle Wege nach Rom führen und es gar nicht drauf ankommt, welchem Weg man folgt.

Aber nach Rom wollte ich ja gar nicht. Und nix von all dem wirkte anziehend auf mich, wenn ich mit derselben kritischen Einstellung darüber nachdachte, mit der ich vorher Jesus hinterfragt hatte. Es blieb für mich dabei: Jesus schien immer noch der Boss zu sein, und die Bibel empfand ich immer noch als das glaubwürdigste Dokument göttlicher Offenbarung. Trotz all der Probleme, die ich mit ihr hatte.

Es heißt, dass Gott über drei Kanäle zu einem spricht. Erstens durch die Bibel, das geschriebene Wort, wie zum Beispiel bei dieser Szene mit Karen, wo ich irgendwo das Buch aufschlug und mich jener Vers ansprang, der genau zu der Situation passte. Das kam nicht immer vor, aber doch ab und zu mal. Doch je nach der Herzenshaltung, mit der man die Bibel liest, und je nach dem Verständnis von dem zeitlichen und kulturellen Kontext und anderen Zusammenhängen, kann man das Teil auch ganz schön missverstehen.

Durch meine vorgefassten Meinungen und meine Unkenntnis über gewisse Zusammenhänge, aber vor allem auch durch meine extrem rebellische Herzenshaltung, verstand ich vieles falsch. Oder gar nicht. So bekam ich mit der Bibel voll die Krise. Manchmal wurde ich beim Lesen sogar richtig wütend.

Ich fand einige Stellen, die auf mich widersprüchlich wirkten. Zudem empfand ich Gott als einen zornigen und ungerechten Despoten. Manchmal war ich beim Lesen so angepisst, dass ich zu Gott sagte: «Hey, Chef, wenn du so drauf bist, dann kann ich ja gleich einen Deal mit dem Teufel eingehen. Ich weiß nicht, wer von euch beiden schlimmer drauf ist.» Dann wieder fürchtete ich, dass mich gleich der Blitz treffen würde.

Es gibt eine zweite Art, wie Gott mit den Menschen kommuniziert: Er spricht durch seinen Heiligen Geist direkt in deinen Geist hinein. Dies vor allem dann, wenn du betest und Zeiten der Stille hast. Das Problem ist, dass Leute, die so wie ich damals tausend Stimmen im Kopf haben, ziemlich Mühe haben, zu unterscheiden, welches wirklich Gottes Stimme ist in diesem riesigen Gewimmel von Gedanken. Denn seine Stimme hört sich auf Anhieb nicht viel anders an als deine eigenen Gedanken.

Deshalb ist es gut – ach was: entscheidend! –, dass du die Bibel bestens kennst. Denn der Heilige Geist wird ihr nie widersprechen und erinnert dich oft an Verse, die du vielleicht schon vor zehn Jahren gelesen hast, die aber plötzlich in die jetzige Situation passen. Oder die Verse, an die du dich auf einmal erinnerst, widersprechen einem Gedanken, den du für die Stimme Gottes hieltest, oder einer Aussage von jemandem, der dir – scheinbar in Gottes Namen – etwas weismachen will.

Schließlich gibt es die dritte Art, wie Gott zu uns redet: nämlich durch Begegnungen mit anderen Leuten, die von Gottes Geist geleitet werden. Wie bei mir zum Beispiel der Typ am «Central» oder der damalige Prediger der FEG. Gott gebraucht des Öfteren alle drei Arten zusammen, weil auch der beste Prophet mal einen schlechten Tag haben kann und dann anstatt aus dem Geist aus seiner Erfahrung, seinem Wunschdenken oder aus seiner vorgefassten Meinung heraus spricht. Oder du hast die Bibel wieder mal komplett falsch verstanden, und das, was du als das Reden des Heiligen Geistes empfunden hast, kann genauso gut auch dein eigenes fromm getarntes Wunschdenken sein.

Deshalb ist es bei wichtigen Lebensfragen immer wieder der bestmögliche Weg, einen Einklang zu haben zwischen dem, was die Bibel dir sagt, was geistliche Leute dir sagen und was du im Herzen als Gottes Stimme vernimmst. Wenn das der Fall ist und du seinen Frieden spürst, dann kannst du die Art von Glauben erfassen, die Berge versetzt. Wenn eines dieser drei Elemente nicht im Einklang ist und du eine innere Unruhe verspürst, dann ist die Wahrscheinlichkeit hoch, dass etwas faul ist und du noch nicht die richtige Antwort gefunden hast.

Meine Zwiesprache mit Gott funktionierte damals aber meistens noch so, dass ich mich zuerst bei ihm entschuldigte für alles, was ich meiner Meinung nach vor ihm verkackt hatte. Vor allem für die Rubrik «Mord und Totschlag» und andere krankhafte Ausschweifungen in meinem Kopf. Dann motzte und klagte ich über alle meine Probleme mit ihm, fragte nach Zeichen für meine Zweifel, nach Antworten zu meinen Fragen, und bat um Hilfe, mich verändern zu können und all den Dreck aus meinem Kopf zu kriegen.

Wenn ich dann still auf eine Antwort wartete, musste innerhalb von Sekunden etwas kommen, denn sonst schweifte ich gleich wieder in meine Fantasiewelten ab. Und wenn etwas kam, dann stellte ich es oft gleich in Frage. So fühlte ich mich meist verflucht und verloren und hatte immer wieder extrem große Mühe mit Gott.

Eines Abends wollte Massimo ausgehen, während ich müde, schlecht gelaunt und verkatert eine Pause einlegen wollte. Anstatt einfach ohne mich zu gehen, insistierte er so lange, bis ich endlich auch mitkam.

Kaum im Zentrum des Städtchens angekommen, sahen wir eine Gruppe junger Leute ein Theater aufführen, bei dem es um Jesus ging. Ich fragte mich, ob Gott wohl deswegen Massi so lange nerven ließ. Kaum war die Aufführung vorbei, kommt wie aus der Pistole geschossen ein Mädel auf mich zu und fängt an, mich vollzulabern. Sie war wunderschön, mit einem bezaubernden Lächeln, aber ich war beschissen drauf und machte einen auf «No entiendo, kein Espanisch, yo Suisso und so, quatsch doch einen anderen voll.»

«Alles klar, Suisso.» Und schon steht ihre Kollegin aus der Schweiz da und will mir etwas von der Liebe Gottes erzählen.

«Ehrlich, Baby, ich bin gerade gar nicht gut zu sprechen auf Gott. Im Gegenteil. Diesem Gott würde ich gerne mal ...» – und dann ging es los. Das Mädel kriegte eine volle Breitseite ab von meinem gesammelten Zorn, meiner Bitterkeit, meinen Depressionen und was sich sonst so alles aufgestaut hatte. Ich goss eine Riesentirade über Gottes vermeintliche Ungerechtigkeiten und die angeblichen Widersprüche der Bibel über ihr aus.

Erstaunlicherweise blieb sie ganz locker und hörte einfach zu.

Als ich mich ausgekotzt hatte, sagte sie, dass sie keine Theologin sei und mir auf all meine Fragen keine Antwort geben könne, aber sie spüre, dass der Heilige Geist ihr zwei Dinge für mich sage. Das erste war eine Bibelstelle:

«Der Gottlose lasse von seinem Wege und der Übeltäter von seinen Gedanken und bekehre sich zum Herrn, *so wird er sich seiner erbarmen, und zu unserm Gott, denn bei ihm ist viel Vergebung. Denn meine Gedanken sind nicht eure Gedanken, und eure Wege sind nicht meine Wege, spricht der* Herr, *sondern so viel der Himmel höher ist als die Erde, so sind auch meine Wege höher als eure Wege und meine Gedanken als eure Gedanken.»*[9]

Gut, ich bin also ein kleiner Depp, der sich anmaßt, Gottes Gedanken zu beurteilen. Das war nicht das, was ich hören wollte, und es half nicht gerade, meine Stimmung zu heben. Aber ich spürte, dass es wahr ist und dass ich wahrscheinlich einiges verkehrt sah.

Das zweite, was sie mir mitgab, war die Empfehlung, dass ich alle meine Punkte aufschreiben und diese dann mit jemandem anschauen sollte, der das besser versteht als sie.

Das war eine gute Idee. Ich hatte im Nu 23 Punkte zusammengeschrieben. Dann verstaute ich die Bibel und die Bücher zuunterst in meinem Rucksack und legte die Liste obendrauf. Ich hatte erst mal fertig mit Gott. Die Liste hielt ich Gott hin und sagte ihm:

«Zuerst klären wir das mal, Chef, und dann schauen wir weiter. Bis es so weit ist, lassen wir uns in Ruhe.»

Tja, und so war es dann auch. Den Rest der Reise, über Brasilien und Venezuela bis in die Dominikanische Republik, ließen wir uns wieder voll gehen, nach den altbekannten Mustern. Massi und ich hatten von da an plötzlich auch keinen Streit mehr und waren wieder ein Herz und eine Seele. Stan, der nach einem Heroinentzug etwas später zu uns gestoßen war, meinte:

«Euch zwei kann ich echt nicht begreifen. Als ihr noch die Bibel gelesen und über Gott gesprochen habt, hattet ihr jeden Tag Krach.

---

[9] Jesaja 55,7–9 (Lutherbibel 1984)

Seit ihr das Ding wieder versorgt habt und herumsaut wie früher, seid ihr wieder die besten Freunde. Euch tut das Christentum irgendwie nicht gut.»

Ja, das war ziemlich peinlich, doch der Teufel ließ uns jetzt zufrieden in Ruhe – und wir beklagten uns auch nicht mehr.

17. Die Superbösen

Wieder zuhause, wollte ich meine Protest- und Zweifelliste bald einmal mit einem Bibelprofi besprechen, aber ja, gewiss. Doch zuerst musste ich einmal verkraften, dass Sibylle mir den Laufpass gab.

Na ja, ich hatte es kommen sehen und eigentlich schon längst verdient. Schließlich hatte ich sie nicht nur ein Mal betrogen und war wohl auch sonst für nicht viel mehr als im Bett zu gebrauchen. Doch Eitelkeit und Stolz sind sehr verletzliche Wesenszüge und wollten zuerst bei ein paar anderen Mädels getröstet werden. Und mein geliebtes Zürich hatte ich auch sehr vermisst. So lösten sich die ersten Monate nach meiner Rückkehr erst mal in süßlichem Rauch auf.

Bis ich herausfinden würde, ob ich demnächst wieder eine größere Reise machen oder bald eine spezifische Karriere verfolgen wollte, nahm ich einen temporären Büro-Job an, der für damalige Verhältnisse auch ganz gut bezahlt wurde. Es war der langweiligste Job auf Erden. Ich hatte nur für etwa zwei Stunden täglich Arbeit, doch der Chef meinte, ich müsse während den Bürozeiten präsent sein. Und wenn er etwas wollte, dann sofort. Da sie mich pro Stunde bezahlten, saß ich halt die Stunden ab.

So unvorstellbar, wie sich das heute anhört: Es gab weder Facebook noch YouTube noch Online-Zeitungen, mit denen man sich die Zeit hätte totschlagen können. So nutzte ich die ruhigen Phasen, um noch mehr Bücher zu lesen. Nach all dem Spirituellen war jetzt etwas Politik an der Reihe. Mir rutschte nämlich ein Buch in die Finger, das mich sehr ansprach: «Wer regiert die Welt?» von Des

Griffin, mit dem Pyramidensymbol auf der Ein-Dollar-Note als Buchcover.

Was ich in dem Buch zu lesen bekam, war atemberaubend, unglaublich, ungeheuerlich, faszinierend, beängstigend und auch irgendwie fast überzeugend. Wenn das alles stimmte, was der schrieb, dann würde mein Weltbild gleich nochmals total auf den Kopf gestellt werden.

Griffin behauptet, dass es eine Gruppe von Familien-Clans geben soll, die seit Generationen nichts weniger als die absolute Weltherrschaft anstreben. Dazu sei ihnen jedes Mittel recht, und Mittel haben sie ohne Ende. Weil solche Pläne in der Öffentlichkeit natürlich schlecht ankommen, arbeiten sie im Geheimen. Sie sollen den größten Teil des Weltkapitals, sämtliche Massenmedien und viele Top-Politiker, inklusive amerikanischer, russischer, französischer, britischer und sonstiger Präsidenten und Premierminister unter Kontrolle haben.

Sie hätten, so Griffin, schon im vorletzten Jahrhundert den Ersten, Zweiten und Dritten Weltkrieg geplant. Ja, an fast jedem Krieg seit der Französischen Revolution seien sie schuld. Dabei hätten sie immer beide Seiten gegeneinander ausgespielt, finanziert und bewaffnet. Egal, wer den Konflikt gewinnt, alle haben dann Schulden bei ihnen. Während alles in Schutt und Asche gelegt wird, wird ihr Besitz verschont, und beim Wiederaufbau kriegen sie dann die besten Deals.

So werden sie mit jedem Krieg und jeder Krise nicht nur mächtiger, sondern die Völker auch immer ärmer. Dies tun sie, um alle Nationen so weit in Not, Elend und totale Verschuldung zu stürzen, bis alle Völker so sehr die Nase voll davon haben, dass sie sich, dem Frieden und der Sicherheit zuliebe, der neuen Weltregierung unterordnen. UNO, EU und alle anderen supranationalen Institutionen seien von ihnen initiierte und kontrollierte Prototypen der globalen Regierung.

Hörte sich wie der totale Wahnsinn an. Konnte man das ernst nehmen?

Da ich ja einen Haufen bezahlter Zeit hatte und das Thema faszinierend war, drückte ich mir also auch noch rund ein Dutzend Bücher zum selben Thema in den Kopf. Wo ich konnte, überprüfte ich gewisse Aussagen auch. Es gab nämlich ein paar Autoren, die sich richtig Mühe gaben, Beweise zu bringen, so dass manchmal fast das halbe Buch aus Quellennachweisen bestand, damit man nachprüfen konnte, dass der Autor sich das alles nicht einfach aus den Fingern gesogen hatte.

Die Rothschilds zum Beispiel werden bei solchen Autoren immer wieder als einer der Spitzen-Clans in dem Konstrukt um die sogenannten «Illuminati» genannt und sollen laut Des Griffin & Co. über Reichtümer verfügen, angesichts derer sich sogar Bill Gates mickrig vorkommt. Tja …

Ich gab das Buch also weiter an Claude und fragte ihn, ob er diesen Clan mal abchecken kann. Er arbeitete damals noch auf einer Privatbank und prüfte Bilanzen, Besitzverhältnisse und Bonitäten für die ganz großen Kredite. Ich wollte wissen, was denen alles so gehört und ob die wirklich so unheimlich mächtig sind. Bis dahin hatte ich ja noch nie von denen gehört. Google gab es auch noch nicht, und ich hätte auch sonst keine Ahnung gehabt, wie ich das prüfen konnte.

Doch Claude hatte von seinem Job her Zugang zu solchen Infos und wollte das mal recherchieren. Nach ein paar Wochen fragte ich ihn wieder nach dem Resultat. Er meinte:

«Mann, ich musste aufhören damit. Erstens wirst du niemals fertig damit, und zweitens kriegt man richtig Angst. Was denen gehört, ist der absolut helle Wahnsinn!»

Wenn ich das Freunden erzählte, hielten sie mich jetzt erst recht für einen Spinner. Sie hatten schon Mühe, wenn ich von Jesus sprach, aber das hier war ihnen dann definitiv zu viel Fantasie. Skrupellose Superbösewichte mit Weltbeherrschungsgelüsten, neben denen selbst Mafia-Bosse nur Kleinkriminelle sind, gibt es bekanntlich nur in James-Bond-Filmen.

Ich glaubte ja auch, dass nur ein Drittel bis vielleicht die Hälfte von dem, was jeweils in so einem Buch steht, tatsächliche Fakten sind. Der Rest besteht dann aus Interpretationen dieser Fakten oder aus persönlichen Schlussfolgerungen des jeweiligen Autors. Diese Interpretationen und Schlussfolgerungen sind natürlich stark geprägt vom Weltbild der Autoren und dem gerade aktuellen Zeitgeschehen.

Da Griffin & Co. auch keine Hellseher sind, treffen ihre Interpretationen und Analysen natürlich nur zum kleinen Teil ins Schwarze, und zum großen Teil schlussfolgern sie eben voll daneben.

Für Schreiberlinge aus der linken Ecke zum Beispiel ist das Ganze eine neoliberale kapitalistische Verschwörung, während Schreiberlinge aus der bürgerlichen Ecke (vor allem während des Kalten Krieges) darin eine kommunistische Verschwörung sahen. Dann gibt es die Autoren von noch weiter rechts, die eine jüdische respektive zionistische Verschwörung aufdecken wollen, weil die meisten der involvierten Clans jüdische Dynastien seien. Autoren aus der christlichen Ecke wiederum sind sich sicher, dass Satanisten dahinterstecken, welche im Hintergrund dem in der Bibel prophezeiten Antichristen die Bühne bereiten. Wieder andere sehen als oberstes Gremium dieser verschiedenen Geheimgesellschaften die Jesuiten. Diese sollen den Papst sowohl geistlich wie eben auch weltlich wieder als Boss der Bosse installieren wollen. Immerhin wurden die Illuminati von einem Jesuiten gegründet! ... Dann sind da noch die völlig Abgedrehten, die hinter solchen Geschichten Außerirdische erkennen wollen. Und die wirklich voll Durchgeknallten behaupten, dass wir die Erde mit als Menschen getarnten Reptiloiden teilen. Vor allem in den europäischen Königshäusern sollen diese in menschlicher Gestalt herumwandelnden Viecher gut vertreten sein. Ja, echt. Es gibt nicht wenige, die tatsächlich sogar an so was glauben. Und bei fast jedem dieser Autoren spielt die Freimaurerei eine wichtige Rolle, die sozusagen die Geheimreligion der Eliten sei.

An dem, was diese Autoren alles falsch in die Fakten hineininterpretieren und schlussfolgern, werden sie dann aufgehängt und als dümmliche Verschwörungstheoretiker belächelt. Einige der Bücher wurden auch verboten, weil sie als antisemitisch galten. Denn auch die Nazis bezogen sich auf solche Schriften, um ihren Judenhass zu rechtfertigen. Dabei haben wohl über 99,99% aller Juden überhaupt gar nichts mit diesen Typen zu tun. Zumindest nicht bewusst. Gerade Christen sollten sehr gut prüfen, wie weit sie sich überhaupt mit dem Thema beschäftigen sollen. Denn es weckt eine Faszination des Bösen, und man verdächtigt und richtet vielleicht die falschen Leute. Weil neben all dem richtig Entdeckten eben auch viel fehlinterpretiert, gelogen und aufgebauscht wird, riskiert man, in heiliger Ernsthaftigkeit Lügen und Blödsinn zu verbreiten und sich zum frommen Komplizen des Ur-Anklägers und Verleumders zu machen.

Da selbst die intelligentesten Durchblicker kaum einen Plan haben, was wirklich abgeht, haben die Leute meist auch keinen Bock, sich von Verschwörungstheoretikern belehren zu lassen, die gern noch mit einer arroganten «Ich bin hier der Checker, und du bist das blöde Schaf»-Haltung daherkommen. Nicht nur, weil es so unbequem, beängstigend und unglaublich ist, sondern weil zu all dem Halbwissen noch so viel Bullshit hinzugemischt wird, wird das Ganze noch lange als Theorie-Konvolut von Spinnern angesehen werden.

Bei mir war trotz aller Skepsis die Faszination und Neugier größer als die Angst davor. Wahrscheinlich darum, weil ich schon einmal so einen nach ultimativer Wahrheit suchenden Prozess hinter mir hatte, der mein Leben auf den Kopf gestellt hatte. Dieser Aspekt hier war für mich wohl ein weiterer Teil der Wahrheit, den es zu erforschen galt. Abgesehen davon, dass es auch unheimlich spannend war.

Doch wollte mir dann, außer Claude, sonst noch irgendwer meine Beweisführung für die große Verschwörung abnehmen, in die ich mich damals auch eher etwas holprig hineingesteigert hatte?

Natürlich nicht.

Jetzt war ich nicht nur ein Jesus Freak, sondern auch noch ein Verschwörungstheoretiker. Ich galt voll als der Spinner, weil ich solche Dinge nur schon in Betracht zog.

Außer bei Attila. Der erzählte, dass er mitgekriegt habe, wie finstere Typen bei der Fremdenlegion ganze Bataillone für geheime

Operationen mieten konnten und er selber bei so einem Einsatz dabei war, wo er sogar angeschossen wurde. Doch Attila konnte ich irgendwie, trotz seiner Narben, nicht wirklich ernst nehmen.

Aber nein, gutgetan hat mir das Forschen über die möglichen Finsterlinge nicht. Ich hatte schon einen Gott, den ich nicht wirklich mochte, und wurde jetzt auch noch mit abgrundtief bösen Superfaschisten konfrontiert, die nichts weniger als die Herrschaft über die Welt übernehmen wollten. Dieses Wissen – oder besser gesagt: Halbwissen – förderte nur mein Hadern mit Gott und meine Depressionen.

Auch wenn ich das Thema wieder vergessen wollte, erinnerten mich die Nachrichten immer wieder daran. In einem dieser Bücher stand nämlich nicht nur, dass die Typen alle drei Weltkriege geplant haben sollen, sondern auch, *wie* sie den dritten vom Zaun reißen wollen.

Geschrieben wurde das in einer Zeit, als wir noch Angst hatten, dass die Russen Atombomben schmeißen könnten. Osama bin Laden spielte da noch im Sandkasten, und von Islamisten hatte man noch kaum was gehört. Probleme mit Muslimen waren damals eher selten.

Doch in dem Buch stand, dass man die muslimische Welt gegen den Westen aufstacheln wird, indem man den Westen offiziell ihre Diktatoren und Israel unterstützen lässt und dann Gelegenheiten zur militärischen Intervention herbeimanipuliert. Heimlich finanziere man in den muslimischen Ländern extremistische Kreise und fülle wütende Arbeitslose mit Hass und extremistischem Gedankengut, in welchem immer Israel und der Westen die Bösen und an allem schuld seien.

Im Westen hingegen würde man die Angst vor den Extremisten schüren, die man selber produziert, ausgebildet und finanziert hat, sowie Terrorzellen installieren. Diese würden mit ihren Anschlägen nicht nur Wut und Hass fördern, sondern auch noch genug Angst erzeugen, dass die westlichen Völker ihre Freiheiten und ihre Privatsphäre zu Gunsten von mehr Sicherheit und Überwachung aufgeben werden.

Noch viel mehr solcher Details standen da drin, wie zum Beispiel die geplante Flüchtlingswelle zur Destabilisierung von Europa. So konnte ich zu meinem großen Schrecken und meiner übermäßigen Frustration beobachten, wie in den letzten zwanzig Jahren die Umsetzung dieses so beschriebenen Plans Schritt für Schritt vonstattenging. Das Buch, welches die geopolitische Entwicklung der folgenden Jahre so genau beschrieb, erinnerte mich in Zeiten des Zweifels immer wieder daran, dass womöglich doch irgendetwas dran sein muss. Und es machte mich wütend, traurig, trotzig und sonst wie beschissen drauf.

Meine Bibelkenntnisse waren in der Zwischenzeit jedoch schon so weit gediehen, dass ich wusste, dass so etwas ja sowieso zu erwarten war. Denn vor dem Schlussgong prophezeit die Bibel, dass ein Führer kommen wird, welcher der Welt Frieden und Sicherheit verkaufen und sich mit falschen Zeichen und Wundern und vielen Lügen die Weltherrschaft unter den Nagel reißen wird. Er wird eine Weltregierung, eine Weltreligion und eine Weltökonomie installieren. Also eigentlich genau das, was gemäß Des Griffin & Co. die Rothschilds, Rockefellers, Soros' und Konsorten schon seit Generationen vorzubereiten scheinen.

Wie auch immer: Selbst wenn ich mit all den fiesen Ränkespielen hinter unserem Rücken überhaupt nicht einverstanden war und mit diesen Entwicklungen Riesenmühe hatte, merkte ich einmal mehr, dass die Bibel trotz all meiner Vorbehalte und Kritikpunkte sehr wohl Recht zu haben scheint und auch ganz aktuell und treffend in die heutige Zeit hineinredet.

Apropos Kritikpunkte an der Bibel: Es wurde Zeit, endlich meine Protest- und Zweifelliste hervorzukramen und die Angelegenheit mit Gott zu regeln. Denn viel wichtiger, als end- und uferlos zu erforschen, was irgendwelche Finsterlinge mit uns vorhaben könnten und wie berechtigt die Vorwürfe und Unterstellungen ihnen gegenüber tatsächlich sind, wäre ja wohl herauszufinden, was *mit Gott* so läuft.

18. Also gut, einen Versuch noch

Ich vereinbarte einen Termin mit jenem Prediger in Effretikon, und erschien dort mit meiner Liste.

«Also, Meister, hier lese ich dies, aber es steht im Widerspruch zu jenem.»

«Aber nein, du kannst diesen Vers doch nicht aus dem Kontext nehmen. Schau mal, hier gehört der rein, und er bezieht sich auf das da. Und jenes wiederum ist vor dem Hintergrund von diesem hier zu verstehen.»

Zu jedem Punkt wirbelten seine Finger von Bibelstelle zu Bibelstelle, und ein Widerspruch nach dem anderen löste sich in Luft auf. Auch für Dinge, die ich unfair oder unlogisch fand, hatte er sehr gute Erklärungen.

Nur bei der Frage nach dem Teufel selbst und dem Sinn all des Leidens hatte er keine für mich befriedigende Antwort.

Erst viele Jahre später, als nicht nur mein Kopf, sondern auch mein Herz endlich mit Gott versöhnt waren und ich die Stimme seines Heiligen Geistes immer besser hörte, bekam ich auch darauf eine Antwort.

Wenn wir den ewigen Gott schon wegen dem Leid in der Welt fragen wollen, dann müssen wir auch den «Ewigkeitsaspekt» in die Frage miteinbeziehen. Im Vergleich zum Rest der Ewigkeit sind unsere Lebensjahre auf diesem Planeten ja nur ein Augenblick.

Auch die paar tausend Jahre, in denen er das Böse zulässt, sind nur eine kurze Zeit im Vergleich. Egal, wer wie viel leidet – wenn die Menschheit danach ihre Lektionen gelernt hat, einem die Schuld vergeben wurde und man das ewige Leben in der Gemeinschaft mit Gottes Liebe genießen kann, dann sind die paar Jahre Not und Elend nicht viel schlimmer als ein Schnupfen. Bei Impfungen injiziert der Doktor eine kleine Dosis von den Krankheitserregern, damit unser Immunsystem Antikörper bildet und unser Körper gegen diese Krankheit immun wird. In manchen Fällen führt dies für ein paar Tage zu Fieber und Übelkeit. So könnte man sagen, dass Gott das Böse in unserem Universum deshalb für eine relativ kurze Zeit zulässt, um uns dagegen zu impfen.

Die Menschheit hat ein paar tausend Jahre Zeit, um das Böse in allen seinen Facetten und Konsequenzen kennen zu lernen und gegen dessen Verführungskünste und Betrügereien immun zu werden. Als Individuen jedoch, welche von diesem Bösen infiziert wurden, haben wir Gottes Medizin zur Verfügung: Jesu Blut, vergossen am Kreuz.

So etwas Ähnliches hatte mir der Prediger damals auch gesagt. Doch in mir rebellierte es einmal mehr, und ich fand das eine billige Vertröstung aufs Jenseits, mit der man schon immer die dumme religiöse Masse ruhigstellen konnte. Man ließ sich vom König von Gottes Gnaden ausbeuten, und die Kirche konnte dem Volk jahrhundertelang sogar Ablasssteuern abknöpfen. Mit solchem Scheiß stellten die Herrscher doch sicher, dass das dumme Volk die Fresse hielt und treu bezahlte, um es wenigstens in der Ewigkeit dann einstmals gut zu haben. Da sind wir doch heute schlauer geworden.

Aber nur, weil gewisse Eliten die Verheißung Gottes, in der Ewigkeit für jeden von uns das gerechte Gericht zu schaffen, für ihre eigenen Zwecke missbraucht haben, ist diese Verheißung nicht weniger gültig. Doch bis ich bereit war, mich mit diesem Gott zu versöhnen und in allem an seine absolute Gerechtigkeit zu glauben, musste ich wohl vorher noch ein paar Dämonen loswerden. Und vor allem musste ich noch mehr von der Liebe Gottes selber erleben.

Vorläufig aber verließ ich das Treffen mit dem Prediger mit gemischten Gefühlen. Es hatten sich genug Widersprüche aufgelöst, um zu wissen, dass es anmaßend war, so zu tun, als wäre Gott mir Rechenschaft schuldig. Ich lag voll daneben, von Gott zu verlangen, dass er mir jetzt alles und jedes bis ins hinterletzte Detail erklären und beweisen müsste, bevor ich ihm endlich gehorchen würde.

Gehorchen?

Was für ein Scheißwort.

Ich war allergisch auf dieses Wort.

Andererseits: Gehorche ich nicht sowieso immer irgendwem

oder irgendetwas? Wenn nicht Gott, dann meinen Ängsten, Begierden, Süchten, Neurosen, Eitelkeiten und natürlich meinem Schwanz. Außerdem gehorchen wir meistens auch noch allen möglichen gesetzlichen, finanziellen, gesellschaftlichen, wirtschaftlichen und sonstigen Zwängen. Also, warum nicht lieber Gott gehorchen?

Während vieles in mir noch rebellierte, war mir aber irgendwie klargeworden, dass der Prediger Recht hatte. Ich spürte, dass ich irgendwann auch noch den Rest kapieren würde. Also nahm ich nochmals einen Anlauf, dieses Christenleben zu versuchen.

Und oh Wunder, diesmal funktionierte es wunderprächtig ... – Nein, natürlich nicht. Es war wieder dasselbe Debakel wie vor dem Südamerika-Trip. Sonntag: in der Kirche mit der üblichen «Sorry, tut mir leid»-Nummer. Montag: Kampf. Dienstag: Krampf. Mittwoch: Verzweiflung und Befriedigung der Süchte. Donnerstag: Resignation und Befriedigung der Süchte. Freitag: Party und Befriedigung der Süchte. Samstag dito. Sonntag: Reset, und alles nochmals von vorne.

Natürlich spiegelte sich das in meiner Stimmung wider, und ich war einfach nicht mehr ernst zu nehmen. Denn nebst meinen Eskapaden wollte ich die Leute in meinem Umfeld von der Liebe Gottes und von Jesus überzeugen. Schließlich hatte Jesus ja gesagt, dass wir hingehen und alle Nationen zu Jüngern machen sollen. Doch mit meinen Krämpfen war ich nicht gerade ein attraktives Beispiel dafür, wie ein geisterfülltes Leben im Segen und Frieden Gottes aussehen könnte.

Da nützten mir weder die guten Argumente noch die Beispiele meiner übernatürlichen Erlebnisse etwas. Die Leute hatten schon genug eigene Probleme. Da brauchten sie nicht auch noch meine.

Als ich wieder einmal Streit mit meiner Mutter hatte, meinte sie: «Jetzt redest du die ganze Zeit über die Liebe Gottes, aber du bist immer noch dasselbe Arschloch.» Tja, das saß. Es war wohl Zeit für mich, die Fresse zu halten – und bei einer Tüte nochmals darüber nachzudenken.

Die einzige Veränderung bei mir war, dass ich nicht mehr bewusst log. Irgendwie schnallte ich: Wenn Satan der Vater der Lüge ist und man folglich mit Lügen dessen Kinder austrägt, dann hat er dich genudelt.

Vorher war ich ein fast schon pathologischer Lügner gewesen. Ich konnte den ganzen Tag Scheiße erzählen und am laufenden Band die wildesten Geschichten erfinden. Doch mir wurde klar, dass die Lüge die Hauptwaffe des Teufels ist, und eines unserer Hauptprobleme besteht darin, dass wir uns lieber mit Lügen beschäftigen als mit dem, was Gott sagt.

Zu lügen bedeutet also, Satans Macht der Manipulation zu nutzen. Und wozu nutzen wir sie? Oft nicht einmal, um jemanden zu betrügen oder zu übervorteilen. Vielmehr nutzen wir diese Macht der Finsternis aus reiner Bequemlichkeit und für banalste Kleinigkeiten. Wir lügen schon, wenn wir zum Beispiel keine Lust haben, uns zu erklären. Also geben wir die Antwort, welche die andere Person hören will, damit sie Ruhe gibt.

Was auf den ersten Blick harmlos erscheint, entpuppt sich bei tieferer Analyse als etwa gleich dramatisch wie der Gebrauch von schwarzer Magie. Man nutzt die Macht des Teufels, um Menschen ein bestimmtes Verhalten aufzudrängen. Damit bringen wir uns in die Schuld des Teufels. Und bei ihm gibt es nichts gratis.

Wenn du die dunkle Seite der Macht brauchst, um deine Ziele zu verfolgen, dann schuldest du ihm etwas, und es wird Konsequenzen haben. Egal, wie harmlos es dir scheint. Und es ist ihm auch wurscht, ob du dabei an ihn glaubst oder nicht. Je banaler und harmloser die Sache ist, für die du lügst, desto dümmer ist es, dich dafür mit der Macht der Finsternis einzulassen. Seit mir das klarwurde, lüge ich fast nie mehr bewusst.

Doch bei Gesellschaftsspielen habe ich manchmal immer noch den Drang zum Tricksen. Aber kaum mache ich das, ohne erwischt zu werden, muss ich es den anderen aus einem inneren Impuls heraus sofort sagen und die Runde von vorne beginnen.

Die negative Auswirkung des Lügens war aber auch die einzige Einsicht, bei der die Erkenntnis alleine schon gereicht hatte, um mich zu verändern. Bei allem anderen war es ein konstanter Kampf mit ständigen Rückfällen.

Die Situation wurde durch meinen unbändigen Drang nach Bestätigung verschärft, welchen ich vor allem über den Erfolg bei den Mädels zu sättigen versuchte. Dies und meine Pornosucht standen natürlich im Konflikt mit dem, was die Bibel zu dem Thema zu sagen hat.

Das war wahrscheinlich einer der Haupttreiber meiner Auflehnung gegen Gott: Was war sein Problem mit der Sexualität? War nicht diese Prüderie und Unterdrückung der Sexualität eines der Hauptprobleme der Christen, was in der Konsequenz zu so viel Heuchelei und falschen Schuld- und Schamgefühlen führte? Ist monogam zu leben und zu lieben heutzutage überhaupt noch möglich?

Zu anderen Themen schwieg Gott oft jahrelang. Wahrscheinlich musste ich zuerst noch vorgelagerte Fragen und Probleme lösen, bevor ich eine Antwort bekam. Doch zu diesem Thema spürte ich schon bald, was mir sein Geist dazu zu sagen hatte.

Natürlich hatte Gott nie ein Problem mit Sexualität. Schließlich hat er sie ja erfunden und uns als wunderbares Geschenk mitgegeben. Und nein, nicht nur, um Kinder zu kriegen. Wir dürfen sie durchaus auch ausgiebig genießen. Es gibt in der Bibel sogar die Empfehlung, dass sich Mann und Frau einander nicht entziehen sollen, damit der Satan sie nicht versuchen kann.[10]

Das Problem ist nur, dass Sexualität eben sehr viel mehr ist als nur das geile Zusammenstöpseln von Körperteilen und der Austausch von Körperflüssigkeiten. Jesus sprach gerne in Gleichnissen, die sogar Jahrtausende später noch für sämtliche Kulturen ihren tieferen Sinn vermitteln. Der Heilige Geist zeigte mir als Gleichnis das Feuer. Feuer ist ein Segen und gibt beispielsweise unserem Essen eine viel breitere Vielfalt an Geschmack – ein guter «Born to Grill»-Maestro weiß, wovon ich rede! Vor allem aber spendet es uns

[10] 1. Korinther 7,5

seit Jahrtausenden Licht, Wärme und Energie. Ohne Feuer hätte es auch keine industrielle Revolution gegeben, da von der Dampfmaschine bis zum Auto, von der Lokomotive bis hin zum Flugzeug, alles mit Verbrennungsmotoren funktioniert. Ohne Feuer gäbe es auch keine verarbeiteten Metalle für Maschinen, die alternative Energien nutzen. Kurz: Ohne die Beherrschung des Feuers gäbe es keine moderne Zivilisation. Doch um ein Segen zu sein, muss das Feuer kontrolliert werden. Außerhalb des Ofens, der Feuerstelle oder der Maschine kann dem Feuer auch eine zerstörerische Kraft innewohnen, die nicht nur Leben und Häuser zerstört, sondern ganze Landstriche verheeren kann. Feuer kann auch eine böse Waffe sein.

Feuer brennt.

Sexualität auch.

Gott hat sie uns als ein kostbares Geschenk auf den Weg gegeben. Schon ganz zu Beginn der Menschheitsgeschichte sagt Gott: Wenn Mann und Frau zusammenkommen, sollen sie ein Fleisch und ein Geist werden. Mit dem Sexualakt, der körperlicher Ausdruck gegenseitiger Hingabe und Liebe sein sollte, entsteht auch eine geistliche Verbindung. Deshalb kann daraus neues Leben entstehen, welches auch geistliche Eigenheiten von beiden Partnern in sich trägt. Nach diesem Verständnis gibt es gar keinen Geschlechtsverkehr vor der Ehe, denn der erste Akt ist gleichzeitig auch der Vollzug der Ehe. Jede weitere sexuelle Beziehung ist dann ein neuer Ehebruch.

Sexualität außerhalb dieses von Gott geschützten und gesegneten Rahmens ist ein Missbrauch dieses Geschenks, der ganz viele dramatische Probleme mit sich bringt. Die Sexuelle Revolution brachte neben der vermeintlichen Befreiung auch einen sprunghaften Anstieg von zerstörten Familien, gebrochenen Herzen und daraus folgenden Alkohol- und Drogenproblemen. Und mit auf der Liste: Abtreibungen, uneheliche Kinder, explodierende Scheidungsraten, alleinerziehende Elternteile, Geschlechtskrankheiten, Armut aufgrund von Scheidung, Menschenhandel, Selbstmord, Sklaverei,

Perversionen, Missbrauch, Vergewaltigung, Mord und Totschlag wegen Eifersucht.

Nicht zu vergessen die Explosion der damit zusammenhängenden psychischen Probleme. Natürlich gab es all diese Probleme früher auch, aber die Übersexualisierung der Gesellschaft und die konstante Bombardierung unserer Gedanken mit den entsprechenden Reizen haben zu einem massiven Anstieg von all dem geführt.

Doch trotz aller Argumente für den biblischen Umgang mit der Sexualität waren der Trieb und der Trotz in mir immer wieder stärker als alle meine Erkenntnisse und als mein höchst schwacher und komplett instabiler Wille, sauber zu bleiben.

Ich hörte von gewissen Christen, dass sie von Gott derart massiv befreit wurden, dass sie inzwischen einen ganz freien und entspannten Umgang mit der Sexualität hatten und völlig zufrieden mit dem Sex waren, den sie exklusiv mit ihrem Ehepartner genießen. Es gab sogar Jungs, die mir erzählten, dass sie keine Probleme hätten, mit dem Sex bis zur Hochzeit zu warten. Ich fragte mich, ob die mich wohl verarschten oder ob sie Eunuchen waren – oder ob ich irgendwie eben doch eine besonders verdorbene Sau war.

19. Ohne Kraft kein Saft

Konnte ich solchen Berichten glauben? Ich spürte bei mir noch herzlich wenig Befreiung …

Waren die verändernde Kraft Gottes, seine Liebe und seine Gegenwart wirklich spürbar unter den Christen? Diejenigen, die ich in unseren Breitengraden erlebte, waren nicht wirklich die Sorte von Leuten, die man in so einem frommen Haufen von Jesus-Nachfolgern erwarten würde. Es fühlte sich mehr wie ein Klub von netten Leuten an, unter denen sich viele dem Rest der Welt gegenüber als moralisch überlegen empfanden. Aber sobald man sie näher kannte, merkte man, dass die meisten auch nicht weniger Probleme hatten als die Ungläubigen. Sie waren genauso in allen möglichen Zwängen und Ängsten gefangen wie alle anderen auch.

Was dort gepredigt wurde, hörte sich zwar alles wunderbar an, nur spiegelte es nicht wirklich deren Realität wider. Da predigte man zum Beispiel über Aussagen von Jesus wie: «Das sage ich euch, damit meine Freude in euch bleibe und eure Freude vollkommen werde.» Nur war von dieser vollkommenen Freude außerhalb des Gottesdienstes nicht wirklich viel zu spüren.

Auch die Scheidungsraten sind bei christlichen Ehen inzwischen fast genauso hoch wie bei allen anderen.

Und nicht nur bei mir war der Anfängerbonus bezüglich Gebetserhörungen erst einmal aufgebraucht. Bei den anderen funktionierten die Gebete oft auch nicht viel weiter über das hinaus, was man gemeinhin noch als Placebo-Effekt wegrationalisieren könnte.

Mir fehlte der übernatürliche Aspekt in der Geschichte immer mehr. Schließlich bezeugt die Bibel solche Sachen wie: «... *aber ihr werdet die Kraft des Heiligen Geistes empfangen, der auf euch kommen wird, und werdet meine Zeugen sein [...] bis an das Ende der Erde.*»[11] Ja, wo war sie denn nun, diese Kraft? Geschichten erzählen und moralisieren – das können alle. Aber waren es nicht seine Auferstehung von den Toten, seine Wunder, seine Heilungen und die dramatischen Veränderungen der Menschen, die ihm und später den Aposteln begegnet sind, die alle umgehauen haben? *Das* war es doch, was sie nicht zu Verkäufern oder Erklärern, sondern eben zu Zeugen seiner Kraft machte.

In der Bibel steht: *«Denn das Reich Gottes steht nicht in Worten, sondern in Kraft.»*[12] Genau, Boss. Dann könnte ich mir das meist mühsame und fruchtlose Gelaber, Diskutieren, Überzeugen und Erklären sparen. Ohne Kraft kein Saft in der Geschichte. Ist doch logisch. Auch bei Paulus ging es nicht anders:

---

[11] Apostelgeschichte 1,8 (Lutherbibel 2017)

[12] 1. Korinther 4,20 (Lutherbibel 2017)

«*… in der Kraft von Zeichen und Wundern und in der Kraft des Geistes Gottes. So habe ich von Jerusalem aus ringsumher bis nach Illyrien das Evangelium Christi voll ausgerichtet.*»[13]

Ich konnte mir auch nicht vorstellen, wie sich das Christentum denn sonst hätte ausbreiten können trotz Verfolgung, Diskriminierung, Enteignung, Folter, Tod und Zerstörung, wenn nicht durch Zeichen und Wunder.

Bis auf Johannes wurden sämtliche Apostel abgemurkst, und er wurde auf eine einsame Insel verbannt. Die verschiedenen römischen Kaiser hatten Heerscharen von Christen gekreuzigt, verbrannt, den Löwen zum Fraß vorgeworfen, gevierteilt – und was ihnen sonst noch an kreativen Bosheiten einfiel. Wenn Christen dann trotz allem sagen konnten: «… ich bin erfüllt mit Trost; ich habe überschwängliche Freude in aller unsrer Bedrängnis», dann geht das ohne Zeichen und Wunder nicht einmal mehr für Spinner. Niemals aber könnte es eine Massenbewegung werden, die trotz all dem blutigen Widerstand das ganze Römische Reich umkrempelte und dessen Kultur so krass veränderte. Außerdem wird Jesus folgendermaßen zitiert:

«*Wahrlich, wahrlich, ich sage euch: Wer an mich glaubt, der wird die Werke auch tun, die ich tue, und er wird noch größere als diese tun.*»[14]

Oder: «*Wer an mich glaubt, wie die Schrift sagt, von dessen Leib werden Ströme lebendigen Wassers fließen.*»[15]

Wow! Also, was stimmt jetzt hier nicht? Wir sollten ansteckend sein wie Corona. Stattdessen muss man in der westlichen Welt von einer *nachchristlichen* Kultur sprechen. Es gibt auch in der Schweiz kaum mehr als drei Prozent, die sich selbst als wiedergeborene und im Heiligen Geist getaufte Christen bezeichnen würden – und auch bezeugen können, dass sie den Heiligen Geist wirklich erleben. Wir sind gesellschaftlich sozusagen irrelevant geworden, und ich fürch-

---

[13] Römer 15,19 (Lutherbibel 2017)
[14] Johannes 14,12 (Lutherbibel 1984)
[15] Johannes 7,38 (Lutherbibel 1984)

te, auf die westliche Christenheit trifft eher das folgende Zitat von Jesus zu:

«Ihr seid das Salz der Erde. Wenn nun das Salz nicht mehr salzt, womit soll man salzen? Es ist zu nichts mehr nütze, als dass man es wegschüttet und lässt es von den Leuten zertreten.»[16]

Ja, so kann die Welt getrost weiter auf allem, was sich christlich nennt, herumhacken. Wir haben es nicht besser verdient.

Trotzdem wollte ich mich taufen lassen. Ich hatte geschnallt, dass die Taufe als Kind nicht wirklich der Sinn der Sache sein kann. Schließlich waren es damals Erwachsene, die sich taufen ließen, und zwar dann, wenn sie die Entscheidung getroffen hatten, Jesus nachzufolgen. Beim Eintauchen ins Wasser identifiziert man sich mit dem Tod von Jesus Christus und bezeugt vor der sichtbaren und der unsichtbaren Welt, sein altes Leben in den Tod zu geben. Das Auftauchen aus dem Wasser signifiziert die Auferstehung von den Toten und bezeugt, dass man das neue Leben mit ihm lebt.

Von dem ganzen religiösen Brimborium, das man sonst wo sieht, hat Jesus eigentlich nur zwei Rituale für seine Nachfolger vorgesehen: die Taufe und das Abendmahl. Ersteres als Startschuss ins neue Leben und das Zweite als Erinnerung an den Kern der Sache. Mehr braucht's nicht. Also hoffte ich, nach dieser Übung vielleicht besser zu funktionieren, und war dabei.

Damals hatte ich noch nicht gecheckt, dass Wiedergeburt und Taufe nicht Ziel, sondern Start sind. Danach fängt der neue Mensch in Christus erst an, in einem zu wachsen – und der alte Mensch nimmt ab. Es ist ein Wachstum und eine Gestaltwerdung, die ihre Zeit braucht.

Ich aber war frustriert, dass ich irgendwie immer noch der gleiche Jugo aus Brüttisellen war.

Bald hatte ich die Schnauze wieder voll. Weder erlebte ich selbst diese Kraft, noch sah ich sie bei den anderen. Ich wollte einfach kein Heuchler sein, der am Sonntag einen auf Halleluja macht, ob-

---

[16] Matthäus 5,13 (Lutherbibel 1984)

wohl er genau weiß, dass er spätestens am Mittwoch wieder abstürzt. Also besuchte ich die Gottesdienste bald nicht mehr und war nahe daran, alles wieder aufzugeben.

Da erzählte mir einer aus jener Freikirche in Effretikon von einem Ort in Südafrika, wo auch heute die Christen noch so leben und wirken, wie wir es in der Apostelgeschichte lesen. Dort soll eine Erweckung geschehen sein, die Hunderttausende von Zulus überzeugt habe, Christen zu werden. Lahme gehen, Blinde sehen, Taube hören, Süchtige werden frei – das volle Programm an Zeichen und Wundern. Sogar Aids-Kranke sollen komplett geheilt worden sein.

Schöne Geschichte.

Das wollte ich selber sehen.

Da ich mich noch für keinen Karriereplan begeistern konnte und am Reisen Gefallen gefunden hatte, war als Nächstes eh wieder ein größerer Trip fällig. Warum also nicht Südafrika und dort nachforschen, ob es auch heute noch ein Christentum gibt, das so wie in der Bibel beschrieben funktioniert? Vielleicht werde ich dort verändert?

Da Stan in der Zwischenzeit auch wieder rückfällig wurde, war er bereit für eine erneute «Reise-Therapie» und ging in einen Entzug, um für den Südafrika-Trip frisch zu sein.

Gedacht, gebucht und gekündigt. Bevor ich den Job verließ, überreichte mir eine Kollegin im Büro noch eine Pferdezeitung mit dem Verweis auf ein Inserat.

«Schau dir mal dieses Inserat an. Eine Farm in der Dominikanischen Republik mit 158 Hektar unbebautem Land und zwölf Hektar Kaffee für nur 55 Riesen. Du warst doch mal dort. Muss traumhaft sein.»

Ich meinte, bei dem Preis sei es sicher nicht in der Nähe vom Meer, sondern am Arsch der Welt, und dann noch zehn Kilometer. Da sagte mir eine Stimme:

«Ganz genau: der perfekte Ort, um Drogentherapie und Entwicklungshilfe zu kombinieren.»

War das jetzt die Stimme des Heiligen Geistes oder wieder einmal eine meiner viel zu großen Ideen? Doch innerhalb einer Sekunde war mir das Konzept klar. Denn hier in der Schweiz konnten die Junkies während der Therapie einfach abhauen. Egal, wo in der Schweiz sie waren, es dauerte höchstens drei Stunden, und sie waren wieder auf dem Zürcher Platzspitz, dem Schweizer Drogenmekka.

Dort hingegen, mitten im Busch, müssten sie lernen, Krisen zu meistern. Durch den ungastlichen Busch abzuhauen und die nächste größere Stadt zu suchen, und das ganz ohne Geld, ohne Sprachkenntnisse und Kontakte, ist schon ein etwas gewagteres Risiko als das Ausbüxen in der Schweiz. Tja, das konnte ein richtig geniales Projekt werden, wo ich meine Junkie-Freunde hinschicken könnte. Denn hier starben sie weiter vor sich hin und brachen dauernd ihre Therapien ab.

Doch fast in derselben Sekunde sagte eine andere Stimme: «Spinn nicht rum. Du hast weder 55 Riesen noch eine Ahnung, wie man so ein Projekt durchzieht. Weder farmtechnisch noch therapeutisch hast du einen Plan. Und außerdem fliegst du jetzt nach Südafrika, weil du selber noch tausend Probleme hast.»

Stimmt.

Also wollte ich es gleich wieder vergessen. Aber nur für den Fall der Fälle, dass die erste Stimme doch von Gott gewesen wäre, riss ich das Inserat heraus und behielt es bei mir zuhause in einer Schublade.

20. Es funktioniert doch?

Ich landete also, nur ein halbes Jahr nach Südamerika, mit Stan in Durban. Ziel Kwasizabantu, irgendwo im Zulu-Land, etwa drei Stunden nördlich von Durban. Durban erinnerte mit über einer Million Inder eher an Indien als an eine Stadt in Südafrika. Es war das Jahr, als sie gerade Nelson Mandela aus dem Gefängnis entließen, gegen Ende der Apartheid-Regierung.

Nach all dem, was ich von Südafrika gehört hatte, hatte ich bei meinen ersten Begegnungen mit den Einheimischen – sozusagen als potenzieller Repräsentant von weißem Kolonialismus – automatisch ein diffuses schlechtes Gewissen. Und bei jeder Begegnung mit weißen Südafrikanern fragte ich mich, ob diese auch so rassistische Buren-Nazi-Typen waren.

Ich lernte jedoch schnell, dass alles irgendwie ganz anders war, als man es gemäß Medienberichterstattung erwarten würde. Sogar Zulus erzählten mir, dass sie den Tag fürchteten, an dem die Weißen die Macht abgeben würden. Die Führung des ANC bestehe vor allem aus von Sowjets finanzierten und bewaffneten Kommunisten. Trotz all der Probleme mit den weißen Kolonialisten und der Ausbeutung sei doch jedes afrikanische Land in Krieg, Not, Elend und Chaos versunken, sobald die Weißen die Zügel aus der Hand gegeben hätten. Ein politisch wohl gar nicht korrektes Statement. Aber wenn es dir von einem Zulu gesagt wird, dann gibt einem das hinterher schon einiges zu überdenken.

Nun ja, gemäß meinem damaligen, schon wieder überarbeiteten Weltbild überraschte es mich ja nicht mehr wirklich, dass sich die Situation vor Ort ganz anders und sehr viel komplexer darstellte, als sie von den Medien übermittelt wurde. Hier die Bösen, die wir mit Sanktionen strafen, und da die Guten, für die wir spenden sollen. Das wird der Realität fast nie gerecht.

Verschwörungstheorien waren unter Südafrikanern offenbar auch sehr beliebte Diskussionsthemen, und mir kamen weitere Bücher zum Thema in die Finger. Dazu passte natürlich der Start des ersten Golfkrieges mit der Rede von Bush Senior, wo er fröhlich den Beginn der neuen Weltordnung verkündete.

Und Jugoslawien brach auseinander. Als ich ein «Time Magazine» in die Finger bekam, in dem über die ersten Schüsse in Slowenien berichtet wurde, konnte ich die Tränen nicht zurückhalten. Ich konnte nicht fassen, wie das im Land der sozialistischen Glückseligkeit möglich war. Ich war natürlich gleich überzeugt, dass die Unruhen auf ein Komplott von so Illuminatentypen oder so was Ähnlichem zurückzuführen waren. Und dann machte ich mir fürchterlich Sorgen um meine jugoslawischen Verwandten und Bekannten.

Doch zurück nach Südafrika. Damals hätte ich wohl auch über Facebook verbreitet, was ich dort alles zu sehen bekam. Doch das gab es ja noch nicht. Es hatte sogar noch kaum jemand eine E-Mail-Adresse. Einen Laptop hatte ich auch nicht dabei. So schrieb ich den Leuten von Hand. Das war mühsam. Vor allem wenn man glaubt, viel zu erzählen zu haben, und es vielen erzählen will. Nach sechs Wochen kopierte ich also einen langen Brief und versandte ihn an alle möglichen Freunde, Verwandten und Bekannten. Die wichtigsten Passagen des Briefes hörten sich so an:

Ich bin hier also auf der Missionsstation Kwasizabantu (Deutsch: der Ort, wo Menschen geholfen wird). Alle, die hierherkommen, kriegen einen Schlafplatz und zu essen. Auch Kranke werden hier versorgt, ohne dass irgendwer von irgendwem Geld dafür verlangt. Obwohl hier um die tausend Personen täglich drei Mal essen und dieses Missionswerk weder von Staat noch Kirche getragen wird, werden hier keine Sammlungen veranstaltet oder wird sonst wie um Geld gebettelt. Die Leute, die hier sind, beten einfach und vertrauen Gott, dass er für die Versorgung sorgt. Offensichtlich funktioniert das seit zwanzig Jahren so. Einige, welche länger hierbleiben, helfen bei irgendwelchen Arbeiten mit, andere spenden etwas. Es gibt auch solche, die weder arbeiten noch spenden, aber keiner wird sie deswegen verachten. Man ist hier der Meinung, dass jeder selbst mit sich und Gott ausmachen soll, ob und wie viel er arbeiten oder spenden soll. So lebt man hier zwar nicht im Überfluss, aber irgendwie kommt immer gerade genug zusammen, so dass keiner hungrig übrigbleibt.

Es gibt wohl kaum ein Land, über das bei uns so viel gelogen und von der Presse desinformiert wird. Es geht hier nämlich um etwas ganz anderes als um Apartheid – was ich auch von vielen Schwarzen höre.

Südafrika ist ein Land in ständiger Gefahr, in einem Blutbad zu ertrinken. Voll von ethischem und politischem Chaos und Hass. Die Zulus haben seit Jahrhunderten Krieg mit den Xhosas.

Der ANC und die Inkatha Freedom Party IFP terrorisieren sich gegenseitig. Innerhalb der Zulus gibt es noch Stammeskriege, Fehden zwischen einzelnen Sippen und immer wieder mal Mord und Totschlag zwischen Einzelnen. Die Zulus und Xhosas werden von dem Gesetz der Blutrache regiert und greifen bei kleinsten Anlässen zur Waffe. So kann es vorkommen, dass einer den anderen beim Streit um eine Kuh erschlägt, worauf dann die Blutrache bis zu einem Stammeskrieg eskalieren kann. So sind dann beide Familien ausgerottet, und die Kuh versteht die Welt nicht mehr. Auch unter den vielen Indern gibt es immer wieder Tote bei Zusammenstößen zwischen Moslems und Hindus.

Als Ende 60er Jahre «Onkel Erlo» (man nennt hier alle älteren Leute Onkel oder Tante) während einem dieser «Alle gegen alle»-Gemetzel in die Gegend von Natal nach Maphumulo kam, um von der Liebe Gottes und über Vergebung zu predigen, klang dies wie ein schlechter Witz. Man führte ihn in eine Scheune, die gefüllt war mit Leichen, und sagte ihm etwas spöttisch, dass sein Gott aber schnell ein Wunder tun müsse, um das Massaker zu stoppen. Sonst brauche er hier gar nicht erst anzufangen. Das Wunder ließ vorerst auf sich warten, und die Kirche wurde statt immer voller leider immer leerer. Die Leute gingen viel lieber zu den Buschdoktoren, um sich anhand deren magischer Rituale helfen zu lassen. So kamen Erlo Stegen und sein Team in eine tiefe Krise. Obwohl er damals schon zwölf Jahre lang Prediger war, funktionierte gar nichts. Keine Gebete wurden erhört, keine Leute bekehrten sich, und er glaubte schon selbst fast nicht mehr, was er da erzählte.

In dieser Not verkroch er sich mit seinem Team in eine Scheune, um ganz von vorne anzufangen und herauszufinden, wo der Haken lag. Sie vergaßen nun ihr Theologiestudium und alle liberalen, modernen, textkritischen und sonstigen Auslegungen. Sie nahmen die Bibel wieder ernst. Ohne Vorurteile, Entschuldigungen und sonstige Verdrehungen wollten sie einen Neustart wagen.

Da erkannten sie, dass das Problem nicht bei Gott lag, der nicht helfen wollte. Es lag auch nicht an den Leuten, die zu böse wären. Auch der Teufel war nicht zu mächtig dort. Sondern sie erkannten, dass sie selber das Problem darstellten. Gott zeigte ihnen, dass er nicht gewillt ist, für Pseudochristen besonders viel zu machen. Mit Heuchlern, die das eine predigen und das andere leben, hat er wenig zu tun. Und die, die sein Wort immer neu zu interpretieren versuchen und neue Theorien zusammenbasteln, nur um ihre eigenen Verhaltensweisen zu rechtfertigen, sind auch nicht zu gebrauchen. Er verträgt auch keine Halbchristen, die ein bisschen fromm tun und den Anschein der Gottseligkeit vor sich hertragen, deren Kraft aber durch ihr tatsächliches Leben verleugnen.

Als sie das alles erkannten und sahen, wie viel Dreck und Bosheit noch in ihrem eigenen Leben ist, haben sie Buße getan. Biblische Buße bedeutet Umdenken und Umkehren. Da nun aller Dreck aus ihren Herzen geräumt war, nahm Gott seinen Platz dort ein und begann zu arbeiten.

Während sie an einem Abend in der Scheune beteten, kamen von überall her Leute aus dem Busch. Niemand hatte sie gerufen. Keine Plakate, Kirchenglocken, Einladungen, kein gar nichts. Sie kamen einfach. In den folgenden drei Tagen erlebte Erlos Team mehr als in den ganzen 12 Jahren zuvor. Viele, die kamen, waren Zauberer und Hexen, die eine Vision hatten, dorthin zu gehen. Auch ein Zulu-König war darunter. Es geschah auch, dass die Leute von allen möglichen dämonischen Gebundenheiten frei wurden. Ja, sogar Blinde und Lahme wurden gesund – ich habe es selbst gesehen. Das sprach sich natürlich herum. So dass Tausende kamen und ihr Leben mit Gott in Ordnung bringen wollten.

Das hatte weittragende Folgen. Viele Zulus bekehrten sich radikal. In den folgenden Tagen waren alle damit beschäftigt, gestohlene Ware zurückzubringen, Schaden gut zu machen, Frieden zu schließen und so weiter. Durch die Bekehrung des Zulu-Königs kam auch Friede in die Stämme. Seither hat diese echte Friedensbewegung angehalten. Im Umkreis von 100 Kilometern hat das Gemorde bis auf ein paar einzelne Zwischenfälle aufgehört, und auch in der weiteren Umgebung ist es ruhiger geworden. Heute sitzen hier Zulu, Xhosa, Inder, Weiße und sonstige an einem Tisch.

Ich selbst war skeptisch als ich diese Geschichte hörte. Doch auch wenn man all den krassen Berichten aus der Vergangenheit nicht glaubt und alles als Lügen abtun will, hat man Beweis genug, wenn man hier ist und sieht, wie die Leute hier miteinander umgehen und was heute noch an Wundern geschieht. An diesem Ort sieht man, dass es tatsächlich einen lebendigen Gott gibt, der diejenigen, die ihm wirklich und von ganzem Herzen nachfolgen, reich beschenkt. Tausende in der Umgebung würden dies mit Freude bestätigen und eigene Geschichten über das Wirken Gottes in ihrem Leben hinzufügen. Es ist einfach nicht möglich, dass alle lügen. Und was sie sagen, ist zu extrem, um einfach Zufall oder Einbildung zu sein.

Nichts wünsche ich mir mehr, als dass auch wir in der Schweiz solches erleben dürfen. Wenn es hier nicht funktioniert, dann ist es weder Gottes noch des Teufels Schuld, sondern unsere. Die Gläubigen bei uns sind deswegen so unglaubwürdig, weil sie das Eine sagen, aber das Andere tun. Weil sie oft selbst nicht vertrauen, dass Gott auch tut, was er verspricht, und vor allem, weil sie Kompromisse eingehen mit Dingen, die Gott nicht haben will. Durch solche Sonntagschristen wird Gott seine Kraft nicht ausstrahlen. Selbstverständlich gibt es Ausnahmen. Bei dem laschen Vorbild, das wir Gläubige abgeben, inklusive mir, kann ich jeden, der einen solchen Glauben ablehnt, sehr gut verstehen. Deshalb hoffe und bete ich, ein besseres Vorbild zu werden, um selbst solche Dinge, auch zuhause, zu erleben.

Bei den Empfängern kam der Brief extrem unterschiedlich an. Einige waren danach definitiv fertig mit mir. Andere nannten mich einen Engel Gottes und sagten, der Brief habe ihr Leben verändert. Wieder andere schienen ihn verdrängt zu haben.

Na ja, heute würde ich das nicht mehr in diesem Ton schreiben. Die Pauschalverurteilung der gesamten restlichen Christenheit kommt wohl ziemlich arrogant rüber. In Südafrika war es natürlich nicht nur für mich ziemlich viel einfacher, sauber zu bleiben. Es gab im Umkreis von hundert Kilometern für Bleichgesichter keinerlei Zugang zu Drogen, ohne sich großen Gefahren auszusetzen. Pornografie gab es in Südafrika vor den Internet-Zeiten kaum. Geraucht und gesoffen hat auf der Missionsstation auch niemand, und die Mädels hielten ihren Abstand zu den Jungs. Wenn sich also an einem Ort, wo Zeichen und Wunder geschehen, alle als züchtig, lieb und nett erweisen und praktisch keine meiner üblichen Versuchungen sichtbar sind, dann ist es nicht so schwer, sich zu enthalten. Also, zumindest äußerlich. Denn der Dreck, der sich in meiner Fantasiewelt immer noch andauernd abspielte und der trotz der «heiligen Umgebung» nicht aus meinem Kopf wollte, ließ mich für meine Rückkehr Übles befürchten.

Es gab mit der Zeit aber auch viele Dinge, die ich dort mitkriegte, die mir wieder sehr verdächtig vorkamen. Denn die Frömmigkeit in Sizabantu hatte sich schon bald in eine den Pharisäern ähnliche Supergesetzlichkeit umgewandelt, welche zum Teil weit über das hinausgeht, was die Bibel sagt.

War es das jetzt wirklich: Sich einfach noch mehr anzustrengen, um vollkommen sauber zu bleiben? Und sich noch strenger von allem und jedem abzusondern, damit Gott sich so richtig bemerkbar machen kann? Gaben ihnen der Erfolg und die offenkundigen Zeichen, die Gott dort für alle erkennbar werden ließ, Recht? Wirkte Gott dort wirklich so heftig, *weil* die so drauf waren – oder eher, *obwohl* die so drauf waren?

Dass er dort krasse Dinge tat, war gar keine Frage. Denn neben all den faszinierenden Geschichten, die man mir dort erzählte, beeindruckte mich das, was ich dort selber erlebte, noch viel mehr. Unter anderem die Tatsache, dass auch nach Monaten niemals irgendjemand Geld von mir wollte, obwohl sie mir Kost und Logis gaben und ich jederzeit einen Termin bekam, wenn ich mit einem der Leiter dort sprechen wollte. In meinen sechs Monaten in Kwasizabantu sprachen sie nur ein einziges Mal über Geld. Sie sagten: Wenn sie uns jemals um Geld bitten würden, bräuchten wir nicht mehr zu kommen – denn dann wäre Gott gegangen. Sie würden nur ihn um die nötige Versorgung für ihr Werk bitten, und er sorge immer wieder auf neue, wundersame Weisen dafür, dass nicht nur alle alles haben, was sie brauchen, sondern auch noch genug übrigbleibt, um andere damit zu segnen.

An den Sonntagen kamen bis zu 5000 Leute in den Gottesdienst, und alle erhielten anschließend noch etwas zu essen. Manchmal beobachtete ich die großen Töpfe, aus denen sie schöpften. Egal, wie viele Leute noch in der Schlange standen, um Essen zu fassen, irgendwie waren die Töpfe erst leer, wenn auch der letzten Nase etwas geschöpft wurde. Na ja, Jesus hatte ja auch schon mit einer Handvoll Fische und ein paar Brötchen Tausende gefüttert. Aber auch wenn du selber dabei zuschaust, kannst du es immer noch kaum glauben.

Unter der Woche gab es außerdem jeden Abend eine Predigt im kleineren Versammlungsraum, der für etwa 500 Leute Platz bot und immer voll war. Eines Abends hagelte es so heftig auf das Wellblechdach, dass man sein eigenes Wort nicht mehr hörte. Ich dachte schon, heute wird nichts mit der Predigt, als der Bruder, der an jenem Abend predigen sollte, vorne hinstand und einmal kurz nach oben schaute. Als hätte er auf einen Knopf gedrückt, war es sofort still. Kein Hagel mehr, völlige Ruhe im Karton. Ein atemberaubender Zufall?

Nach der Predigt sangen wir zum Schluss noch ein Lied. Kaum war die letzte Strophe verklungen – also ohne Scheiß jetzt, ziemlich haargenau nach dem letzten Ton –, krachte wieder der Hagel aufs Dach. In dem Moment hatte dort einfach niemand mehr Zweifel, dass Gott für diese Predigt beim Hagel auf den Pausenknopf gedrückt hatte.

Sizabantu war auch der Ort, an welchem ich zum ersten Mal mit eigenen Augen sah, wie ein Gelähmter geheilt wurde und aus dem Rollstuhl aufstand.

Eines Tages kam Pieter an, ein kriegstraumatisierter Junkie aus

Johannesburg, dessen reißverschlussartige Narben an den Armen von einer langen Suchtgeschichte zeugten. Nach dem ersten Tag in Sizabantu kam er auf Entzug, und am Tag darauf wurde es dann richtig schlimm. Für diejenigen, die es nicht wissen: Ein Heroinentzug bedeutet zwei bis drei Wochen heftige Kopf-, Glieder-, Bauch- und Rückenschmerzen gleichzeitig, kombiniert mit ständiger Übelkeit und Erbrechen. Was es aber so richtig zur Hölle macht, ist die Schlaflosigkeit. Ohne starke Schlaf- und Schmerzmittel leidet man Tag und Nacht und dreht fast durch.

Als es bei ihm anfing, heftig zu werden, brachten sie ihn zu Onkel Erlo, dem Leiter der Station. Dieser legte ihm die Hände auf und befahl dem Teufel, ihn loszulassen. Pieter erzählte mir, dass er spürte, wie ein Blitz durch ihn fuhr und die Schmerzen sofort weg waren. Seine Beschreibung erinnerte mich wieder an Karen, die den Moment, als der Teufel aus ihr herausbefohlen wurde, fast genau gleich beschrieben hatte. Von Entzugserscheinungen war danach auf jeden Fall nichts mehr zu sehen.

Apropos Junkie: Einer meiner Freunde aus Effretikon kam ein paar Wochen nach uns auch nach Südafrika. Er war vorher in einer Entzugsklinik, um das Schlimmste unter ärztlicher Beaufsichtigung hinter sich zu bringen. Danach wollte er sehen, ob die Dinge stimmten, die er von dem Ort gehört hatte, und ähnlich wie Stan die Zeit dort als eine Art Drogentherapie nutzen. Kurz nachdem er ankam, reisten Stan und ich mit ihm und einem Südafrikaner während vier Wochen durch ganz Südafrika.

Kaum waren wir wieder in Sizabantu, fand er auf einmal, dass er jetzt sofort wieder nach Hause müsse, um einem Freund zu helfen, der «abgestürzt» sei. Ich riet ihm natürlich davon ab und sagte ihm, dass er eher wieder selber abstürze. Doch er behauptete, Gott hätte ihm gesagt, dass er heimkehren solle. Das war natürlich das Totschlagargument schlechthin.

Dort hatte es einige Leute, mit denen Gott dauernd zu reden schien, und sie erzählten immer von Dingen, die der Herr ihnen gesagt haben soll. Ich hatte ja auch schon Momente erlebt, wo ich sicher war, dass es Gottes Geist war, der zu mir sprach. Aber das kam bis dahin sehr selten vor, und ich zweifelte auch immer wieder daran. So waren mir Leute sehr suspekt, die dauernd seine Stimme hören wollten und das explizit auch jedem kundtaten.

Nun gut, es gab unter ihnen einige, die wirklich echte Prachtexemplare von Sanftmut, Freundlichkeit und Liebe waren. Wenn die beteten, dann merkte man irgendwie, dass die Atmosphäre im Raum sich veränderte, und man wusste, dass jetzt tatsächlich etwas passierte. Bei anderen wiederum war es offensichtlicher Bullshit, und dieses «Der Herr hat mir gesagt» war die fromme Version von «Ich habe keinen Bock, mit dir zu diskutieren, also halt jetzt die Fresse». Mein Kumpel gehörte eher in die zweite Kategorie. Ich hielt die Klappe, denn vielleicht hatte Gott ihm ja wirklich gesagt, er müsse jetzt sofort zurückfliegen. Wer wusste das schon?! ...

Doch an dem Freitag, an dem er hätte abfliegen sollen, lag er mit hohem Fieber und gelben Augen im Bett. Alles, was man ihm zu essen gab, brachte er entweder gar nicht runter oder kotzte es gleich wieder raus. Der Arzt auf der Missionsstation sagte, er vermute eine Hepatitis, aber das Labor öffne erst am Montag wieder. Das nächste Hospital war über hundert Kilometer entfernt. Der Kumpel meinte, das sei alles halb so wild, er wolle bis Montag warten.

Am Samstag war er dann im Delirium und lallte nur noch Schwachsinn.

Am Sonntag fiel er ins Koma. Als der Missionsarzt das hörte, befahl er, dass man ihn sofort ins Hospital nach Pietermaritzburg bringen solle. Die Ärzte im Spital machten ihre Tests und ließen mich wissen, dass seine Leber aufgehört habe zu funktionieren und er dadurch eine üble Blutvergiftung erlitten hatte. Er hänge jetzt an so einem Dialyse-Apparat, damit sein Blut gereinigt werde, doch wenn man nicht innert 48 Stunden eine Lebertransplantation machen könne, dann sei es vorbei. Eigentlich habe er auch mit einer neuen Leber nur etwa zwanzig Prozent Überlebenschance. Und dass er durch die schon fortgeschrittene Blutvergiftung bleibende Schäden im Gehirn habe, sei auch wahrscheinlich. Vor allem hätten sie aber keine Ahnung, wo sie so schnell eine passende Leber auftreiben sollten. Kurzum, eigentlich könne ich mich nur noch von ihm verabschieden.

Ich war erschüttert.

Als Nächstes teilte man mir mit, dass seine Mutter und sein Bruder, der auch ein Kumpel von mir war, bereits im Flugzeug säßen, und fragte mich, ob ich sie in Durban abholen wolle. Da drehte ich erst recht durch. Ich konnte mir einfach nicht vorstellen, seiner Mutter und seinem Bruder in die Augen sehen zu müssen und ihnen mitzuteilen, dass er stirbt. Schließlich war *ich* derjenige, der ihn dazu überredet hatte, nach Südafrika zu kommen, damit er sehen könne, wie Gott hier wirkt. Und jetzt sollte ich ihnen …

Nein! No way!

Ich schrie zu Gott: «Das kannst du jetzt echt nicht bringen! Wie soll ich denen in die Augen schauen? Was ist das auch bloß für ein Zeugnis für dich?»

Als ich nach einer Weile keine Worte und keine Tränen mehr hatte, nahm ich die Bibel zur Hand und schlug irgendwo auf. Mein Blick fiel auf Psalm 107,17–22:

«Die Toren litten wegen ihres gottlosen Weges und ihrem Trotz. Ihre Seele ekelte vor jeder Speise und sie fuhren an die Pforten des Todes. Dann aber schrien sie zum HERRN um Hilfe in ihrer Not: aus ihren Bedrängnissen rettete er sie. Er sandte sein Wort und heilte sie, er rettete sie aus ihren Gruben.»

Das war wieder so ein Moment wie in England, als ich die Bibel aufgeschlagen hatte und Gott mir zeigte, was mit Karen lief. Es konnte unmöglich ein Zufall sein, dass ich ausgerechnet diese Seite aufschlug und als Erstes auf genau diese Verse blickte, die so perfekt die Situation beschrieben. Er war tatsächlich töricht und trotzig gewesen und wollte seine eigenen Wege gehen. Bevor er ins Koma fiel, ekelte es ihn vor jeder Speise, und er war definitiv an den Pforten des Todes. Und ich war der, welcher gerade zu ebendiesem Herrn schrie. Und so, wie dort steht, «er sandte sein Wort», merkte ich jetzt: Ja, er sendet sein Wort.

Meine Angst wich einer absoluten Gewissheit, dass Gott ihn heilen wird. Mit einem unbeschreiblichen Gefühl von Frieden und Geborgenheit schlief ich ein. Als ich dann seiner Mutter und seinem Bruder entgegentrat, war ich an der Reihe, sagen zu dürfen: «Der Herr hat mir gesagt.»

Zwei Wochen später entließen sie ihn mit derselben alten Leber und ohne Hirnschäden aus dem Krankenhaus. Die Ärzte bestätigten, dass es ein Wunder gewesen sein musste. Gemäß ihrer Erfahrung hätte er tot sein müssen.

Ich war nicht der Einzige, der sich fragte, ob Gott dort wirklich so heftig wirkte, *weil* oder *obwohl* die Leute um Onkel Erlo so drauf waren. Es schien eben schon ein extrem gesetzlicher Haufen zu sein, der sich ständig vor dem Zorn Gottes fürchtete und den Aspekt seiner Liebe und Gnade fast vollständig ausblendete. Doch damals tendierte ich noch dazu, in Schemas zu denken, und war mir sicher, dass wir die Lösung hatten. So, wie *die* es machten, musste es funktionieren, denn sonst würde Gott doch keine Wunder tun.

Es dauerte noch viele Jahre, bis ich begriff, dass er sie nicht tut, weil wir alles richtig machen, sondern *obwohl* wir noch so viel falsch machen.

21. Esperanza

Sämi, ein Freund aus der Freikirche in Effretikon, kam auch zu Besuch in Sizabantu. Er war nur drei Wochen dort. Als wir eines Abends so über dies und jenes sprachen, erwähnte ich dieses Inserat von der Farm in der Dominikanischen Republik und dass es ein schöner Traum wäre, wenn man dort etwas aufbauen könnte. Vielleicht ein weiteres Sizabantu, wo Menschen geholfen wird und Gott Zeichen und Wunder tut.

Ich fabulierte von meinem Konzept so vor mich her, ohne wirklich zu glauben, dass jemals etwas daraus würde.

Doch Sämi war hellauf begeistert und meinte, dass Gott ihm eine Vision gegeben habe für genau so etwas. Als ich später nach Hause kam, erfuhr ich, dass er bei meinen Eltern vorbeigegangen war, das

Inserat geholt hatte, in die Dominikanische Republik geflogen war und das Ding mit zwei anderen Jungs tatsächlich gekauft hatte.

Jetzt erwartete er natürlich, dass ich da mitmachte. Das war ja alles meine Idee gewesen!

Der hatte Nerven. War er jetzt völlig durch den Wind, oder war das doch der Plan Gottes?

Ich musste zuerst einmal wieder etwas Kohle verdienen – und schauen, ob ich im Glauben meinen Job und meine Freizeitaktivitäten auf die Reihe bringen konnte, ohne gleich wieder abzustürzen. Ein bisschen Hoffnung hatte ich, denn immerhin war ich jetzt ja ein halbes Jahr lang ziemlich sauber unterwegs gewesen.

Bei der Jobsuche fiel mir ein Inserat der Encyclopedia Britannica auf. Ein Sales Representative, also ein Außendienstmitarbeiter, wurde gesucht, und von einem überdurchschnittlichen Verdienst war die Rede. Na ja, ich wusste nicht, ob ich wirklich Bock hatte, Verkäufer zu werden, aber «überdurchschnittlicher Verdienst» hörte sich ja schon mal gut an – und eine neue Erfahrung wäre sicher interessant.

Die erste Frage, die der Typ mir am Telefon stellte, war, wie alt ich sei. Als ich 21 sagte, erinnerte er mich daran, dass im Inserat als Referenzpunkt aber «über 25» stand.

Ich fragte ihn daraufhin, was denn die Jungs mit 25 können, das ich mit 21 nicht kann. Das hat ihm auch schon gereicht, um mir den Job sofort zu geben. Die wollten weder meine Zeugnisse noch meinen Lebenslauf sehen. Selbstvertrauen und Schlagfertigkeit hatten für den Job gereicht. Na gut, es war ein Job, der voll auf Provisionsbasis bezahlt wurde. Also gingen sie mit mir auch kein großes Risiko ein.

Bei der Einarbeitung erzählte mir der Chef, dass ich acht bis neun Riesen im Monat verdienen könne. Das war damals etwa das Doppelte von dem, was die Jungs in meinem Alter sonst so verdienten – ich dachte, der würde mich verarschen oder ich müsste Leute verarschen. Doch sie überzeugten mich, dass ich den besten Englischkurs der Welt verkaufte.

Mit dieser Überzeugung legte ich also los. Schon in den ersten zwei Wochen verdiente ich neun Riesen. Als es sich später bei etwa zehn Riesen im Monat einpendelte, war das nicht nur überdurchschnittlich, sondern spektakulär. Es fühlte sich auch besser an, als mit Hasch zu dealen, und es war erst noch legal. Da ich nach der Reise wieder bei meinen Eltern wohnte, hatte ich in kürzester Zeit so viel Kohle auf der Seite wie noch nie. Ich entschied mich also, doch einmal in die Dominikanische Republik rüber zu düsen, um zu schauen, wie Sämi und die Jungs dort so vorankamen.

In Santo Domingo angekommen, erzählten sie mir, dass sie zuerst überhaupt nicht vorangekommen seien. Denn der Container mit ihren zwei Autos, ihren ganzen Möbeln und allem Hausrat steckte monatelang im Zollfreilager fest. Offensichtlich hatten sie nicht herausgefunden, wem sie einen braunen Umschlag mit Scheinen zuschieben sollten, damit sich der unmögliche Papierkram plötzlich wie von selbst erledigte.

Doch eines Morgens, als sie von der Busstation Richtung Zollfreilager gingen, stoppte ein Wagen neben ihnen, und ein uniformierter Mann fragte sie, ob sie Schweizer seien. Es stellte sich heraus, dass er nicht nur der Polizeichef von Santo Domingo war, sondern auch zu den Leuten gehörte, die glauben, dass Gott mit ihnen redet. Er forderte sie auf, in sein Auto einzusteigen, und erzählte ihnen, dass Gott ihm gesagt habe, er solle heute zwei Schweizern helfen. So fragte er sie, ob sie denn ein Problem hätten, bei dem er helfen könne.

Natürlich schilderten sie ihm begeistert, dass er die Erhörung ihrer Gebete sein musste, denn sie wüssten nicht, wie sie den Container aus dem Zollfreilager bekämen, ohne jemanden schmieren zu müssen. Richtig, du ahnst es schon: Das Problem war null Komma plötzlich gelöst und der Container draußen. Nach dem, was ich in Südafrika gesehen hatte, fiel es mir nun nicht mehr schwer zu glauben, dass dieses Projekt hier tatsächlich von Gott geführt war.

Mit dem aus dem Container befreiten Nissan Pathfinder fuhren wir nun in Richtung Farm. Sie war etwa drei Stunden von Santo Domingo entfernt, im Landesinnern, nahe der haitianischen Grenze. Je weiter wir fuhren, desto ärmer sah die Gegend aus. Ganze Dörfer bestanden zu 90 Prozent aus kleinen Holzhütten, in denen Familien sich zwei kleine Räume teilten. Einen Raum, um zu kochen, mit einem Tisch und ein paar Stühlen auf dem Lehmboden. Der zweite Raum diente als Schlafplatz, wo auf dem Lehmboden einige Decken ausgelegt waren und ein paar Kleidungsstücke in einer Ecke lagen. Außer diesen zwei Räumen und der Wäsche, die noch draußen an der Wäscheleine zum Trocknen hing, besaßen die Leute noch genau das, was sie anhatten. Es gab kein Bad, kein WC, nichts.

Vor jedem Dorf saß der Dorfpolizist auf einem alten Scooter und winkte uns heraus. Er behauptete jeweils, dass wir zu schnell gefahren seien, was er aber nicht belegen konnte, und wir behaupteten, dass das nicht möglich sei und wir *nie* zu schnell fuhren. Dann laberte er uns so lange die Kappe voll, bis wir ihm ein paar Scheine zuschoben.

Das wurde uns nach dem dritten Dorf zu blöd. Sobald der nächste Dorfpolizist aufstand, um uns rauszuwinken, zeigte ich nach links, und alle im Auto schauten nach links. Auch der Polizist schaute in die Richtung und wunderte sich, was wir dort wohl gesehen hatten. Da waren wir schon an ihm vorbei und taten so, als hätten wir ihn gar nicht gesehen.

Es war den Polizisten wohl zu mühsam, uns mit dem alten Moped für ein Trinkgeld nachzujagen – also winkten sie eben den Nächsten heraus.

Unterwegs erzählte mir Sämi, dass die zwölf Hektar Kaffee des Vorbesitzers nur gerade die Kosten deckten, dass sie aber 25 Hektar vom Buschgebiet daneben roden und Passionsfrüchte anbauen wollten. Nach drei bis vier Jahren sollten diese, konservativ geschätzt, pro Jahr um die 200 Riesen Profit abwerfen. Das war für dominikanische Verhältnisse ein Vermögen. Wir könnten außerdem in christlichen Gemeinden unser Projekt vorstellen und Spenden bekommen, die helfen sollten, den Start zu überbrücken.

Zudem zahlten damals die Sozialämter der Heimatgemeinden von Junkies Tagessätze zwischen 250 bis 400 Franken an die Therapiehäuser. Wenn wir erst einmal entsprechende Konzepte von erfolgreichen Therapiehäusern kopierten, dann könnten wir mit 150

Franken pro Tag pro Person der Therapie-Discounter sein. Das wäre immer noch eine Wahnsinnskohle im Verhältnis zu den Kosten, die wir dort hätten.

Die Farm selbst war zum Zeitpunkt meines Besuchs noch eine Baustelle. Doch die Aussicht war gigantisch. Wir waren von drei Hügelketten umgeben, und auf jeder Seite reichte unser Grundstück bis zur Anhöhe hinauf. Beim Blick in die Weite sah man ein paar Kilometer entfernt einen kleinen Hügel mit einem großen Baum, der über alle anderen hinausragte. Sämi sagte, bis dorthin reiche unser Grundstück. Von der Mitte aus gesehen gehöre alles uns, so weit das Auge reichte.

Wow! Ich sah mich schon als Ranchero mit Pferd und so – als Großgrundbesitzer, der hier ein kleines Dorf aus dem Boden stampft, Junkies therapiert und das Evangelium inklusive Wohlstand verbreitet. Gott wird Wunder tun, Kranke werden geheilt, Junkies befreit, Blinde sehend, Lahme hüpfend, Heerscharen gerettet, Hallelujzinationen und so.

Ich war voll dabei.

Das Projekt erzeugte nicht nur viel Arbeit für die Jungs, sondern kostete auch noch viel Geld. Für mich war klar, dass Gott mich jetzt so plötzlich derart viel Kohle verdienen ließ, damit ich sie Sämi rüberschicken konnte. So könnten wir dort gleich durchstarten, bis ich das mit den Spenden, Konzepten, Sozialämtern und den Junkies organisiert hätte. Oder bis die Passionsfrüchte Erträge abwarfen. Als Erstes müsste aber das Haus fertig werden, denn wir konnten die Junkies ja nicht in den Holzhütten der Arbeiter schlafen lassen.

Ich war ehrlich gesagt ganz froh darüber, dass ich in der Schweiz die Kohle anschaffen konnte. Solange das Haus nämlich nicht fertig war, hatte ich eher wenig Bock auf Moskitos und bewunderte die Jungs für ihren Einsatz vor Ort.

Wir nannten das Projekt «Esperanza». Das heißt auf Spanisch: Hoffnung. Der Name passte perfekt. Nicht nur, weil wir den Junkies und den armen Leuten dort Hoffnung geben wollten, sondern auch, weil ich extrem hoffte, dass das Ganze nicht in die Hosen gehen würde.

Das hoffte ich nicht nur wegen dem vielen Geld, das ich in den nächsten drei Jahren rüber senden sollte. Ich hoffte auch, dass ich endlich diese innere Zerrissenheit loswürde. Denn all die Wunder, die bisher geschehen waren, hatten nichts an meinem inneren Zustand verändert.

Ich war immer noch eine gespaltene Persönlichkeit. Einerseits begeistert von den Visionen und Möglichkeiten, für und mit Gott unterwegs zu sein und vielen Menschen zu helfen. Andererseits bis oben voll mit beißenden Zweifeln.

Ich haderte immer noch sehr oft mit Gott. Damals vor allem wegen dem Zerfall von Jugoslawien und weil er mich nicht so veränderte und heilte, wie ich es erwartete – aber am allermeisten, weil ich das Nonstop-Programm «Mord und Totschlag» und die Perversionen nicht aus meinem Kopf brachte und mir immer wieder Pornos reinziehen musste. Mit jeder Woche riss es mich stärker zurück in meine alten Muster.

Ich musste ziemlich kämpfen, dass ich das viele Geld jeweils schnell genug an Sämi überwies, bevor ich es wieder für Drogen verpulverte oder an die Glückspielautomaten verfütterte. Meine lieben Schweizer Glaubensgeschwister waren dabei auch nicht besonders hilfreich.

Neben denen, die dieselben Krämpfe hatten wie ich und schnell wieder aufgaben, traf ich auf viele, die sich so benahmen, als hätte Gott sich *zu ihnen* bekehrt. Sie gingen früher ihren eigenen Weg ohne Gott – und nach der Bekehrung gingen sie weiter ihren Weg mit Gott. Hast du es gemerkt? Es war immer noch *ihr eigener Weg*. Doch sie erwarteten, dass Gott sie auf ihrem eigenen Weg nun gefälligst segnet – wo sie doch jetzt an ihn glaubten. Ein bisschen Kirche, ein bisschen beten, ein bisschen spenden. Sich ein bisschen Mühe geben, nicht groß rumferkeln, aber ansonsten wenig nach Gott fragen. Ihre Hauptpriorität war ihr eigener Erfolg bzw. die christlich angestrichene Version von Selbstverwirklichung.

Okay, die Jungen unter ihnen waren meist noch selbstlos und enthusiastisch dabei und wollten jedem von Jesus und seiner Liebe erzählen. Die Älteren aber schienen dauernd mit neuen Programmen und Initiativen auf Trab gehalten werden zu müssen. Aber so Dinge wie Kraft, Vision, Friede, Freude, Dynamik, Gottes spürbare Gegenwart oder Heilungen gab es nur in ganz wenigen Einzelfällen. Also nur wenig mehr als in irgendeinem Turnverein. Aber ihrer Selbstgerechtigkeit tat dies keinen Abbruch.

Denen erzählte ich natürlich mit Leidenschaft von all dem, was ich in Südafrika erlebt hatte und warum ich glaubte, dass sie geistliche Schwachmaten seien. Damit machte ich mich entweder unbeliebt, oder ich weckte einen Hunger und eine Sehnsucht nach dieser Kraft Gottes, zu deren Erfüllung aber meine Rezepte weder bei mir selbst noch bei ihnen funktionierten und sie in dem gleichen beschissenen Zustand hängen ließen, in dem ich selber war.

Immerhin wurden die Glücksspielautomaten im Kanton Zürich verboten, was mir wohl ein Vermögen gerettet hat.

Dann waren da noch die anderen, die meinten, Vollgas zu geben. Die erzählten zwar auch andauernd von der Freiheit, die Gott und der Glaube einem geben sollten. Doch gleichzeitig stellten sie so viele Regeln und Gesetze auf, die man alle einhalten musste, um dabei zu sein, dass es einem fast die Luft abschnürte. Gott womöglich auch.

Dafür wurde dort umso mehr ein Gefühl moralischer Überlegenheit vermittelt, nicht nur gegenüber der schnöden Welt, sondern auch gegenüber anderen Christen. Und als ob wir mit unseren echten Sünden nicht schon genug zu kämpfen hätten, wurden aus Angst vor Gottes Strafe zusätzliche Kleidervorschriften und Benimmregeln aufgebaut, die nur noch von den Taliban getoppt werden.

Aber das war doch keine Freiheit.

Mir kam das eher vor wie der Versuch, mittels noch größerer Anstrengung und zusätzlicher Schutzmauern unser Ego mit seinen Begierden so weit im Zaum zu halten, dass wir das Heil nicht völlig verzocken. Wenn man das wirklich erfolgreich hinkriegt, dann hat man seine sündhafte Natur vielleicht etwas unter Kontrolle. Aber Freiheit ist doch etwas anderes.

Ich gab mir eine Weile lang echt Mühe bei denen, doch es schien sich einfach nichts zu ändern in mir. Also gab ich es wieder auf. Ich versuchte ansonsten einfach, wenigstens dem Esperanza-Projekt irgendwie treu zu bleiben, und schickte weiterhin Kohle nach Santo Domingo.

22. President's-Club

Als Claude einen längeren Englandaufenthalt genoss, besuchte ich ihn in London. Während wir dort wie üblich abstürzten, brachte ich es fertig, ihn wieder zu beeindrucken mit dem, was ich in Südafrika erlebt hatte. Es war generell ziemlich schizophren, wie ich mir immer wieder gleichzeitig die volle Dröhnung geben und dabei trotzdem von Gott labern konnte.

Bald darauf flog Claude selber für ein paar Wochen nach Südafrika. Im Gegensatz zu mir kam er tatsächlich verändert zurück. Er stürzte nicht mehr ab, schmiss schon bald seinen Banker-Job hin und fing an, für ein Missionswerk zu arbeiten. Dieses finanzierte sich über Spenden für die Mitarbeiter. Die Spenden kamen von Leuten, die einen spezifischen Mitarbeiter in diesem Dienst unterstützen wollten, also meist von Leuten aus dessen Kirchengemeinde.

Eigenartigerweise fanden die Leiter jener Freikirche, welche wir zu dem Zeitpunkt eigentlich als unsere Heimatgemeinde ansahen, dieses Missionswerk aber nicht cool. Sie meinten: «Wir glauben, dass es von Gott ist, dass *du* dort mitarbeitest, ja. Aber unterstützen wollen wir dich nicht.» Sie weigerten sich, Claude in einem Gottesdienst für diesen Einsatz zu segnen und offiziell auszusenden. Noch viel weniger wollten sie ihm die Adressliste der Gemeinde geben und verboten ihm, seine Rundbriefe an die Mitglieder der Gemeinde zu senden. Sie wollten nicht, dass jemand aus ihrer Gemeinde zu den Spendern für dieses Werk gehörte. Na ja, vielleicht war ihnen das Werk auch wurscht und sie fürchteten Konkurrenz für ihr eigenes Spendenbudget. Wie auch immer, wir waren ziemlich enttäuscht.

Dafür kam jemand, der ein Rennpferd hatte, auf Claude zu und sagte ihm, dass er zehn Prozent von dem, was der Galopper gewinnt, für seinen Dienst geben werde. Das Vollblut gewann dann tatsächlich – und zwar immer öfter. Als das Pferd einmal so krank wurde, dass die Tierärzte nicht weiterwussten, erlebte Claude sein erstes Heilungswunder, als er dem Tier die Hände auflegte. Danach bekam er sogar 50 Prozent der Gewinne. So finanzierte ein Rennpferd den Anfang von Claudes Dienst.

Bald schon düste er mit dem Leiter dieses Missionswerks in so speziellen Ländern rum wie Jemen, Nordkorea oder Russland.

Russland war kurz nach dem Fall des Eisernen Vorhangs noch etwas ganz Spezielles. Bei seinen Einsätzen in Sibirien füllten sich ganze Fußballstadien, da sie den Russen zum ersten Mal nach siebzig Jahren wieder das Evangelium predigen durften. Dabei geschahen haufenweise spektakuläre Heilungen.

Tja, während es also bei Claude mit persönlicher Veränderung, Kraft von oben sowie Zeichen und Wundern anfing zu funktionieren, schob ich bald schon wieder die nächste Glaubenskrise.

Vorher ging ich jedoch noch zum Chef meiner Lehrbude. Ich wollte mein Leben vor Gott wirklich in Ordnung bringen und Unrecht wiedergutmachen. Zumindest dort, wo ich konnte. Also kreuzte ich bei ihm auf, legte ihm ein paar Hunderter auf den Tisch und sagte mit einem Kloß im Hals:

«Herr Koch, ich habe während der Lehre ab und zu in die Kasse gegriffen und Sie beklaut. Ich weiß nicht mehr genau, wie oft und wie viel, aber ich schätze, es waren so um die 400 Franken. Das möchte ich wieder in Ordnung bringen.»

Da schaute er doch ziemlich perplex aus der Wäsche. Er hatte mich noch als frechen Lümmel in Erinnerung und wunderte sich deshalb wohl nicht, dass ich ihn auch noch beklaut hatte. Aber dass ich es, ohne erwischt worden zu sein, wiedergutmachen wollte, passte wohl in keines seiner Konzepte.

«Was hat Sie zu diesem Schritt bewogen?», fragte er sichtlich gerührt.

«Ich habe erlebt, dass es einen lebendigen Gott gibt, und ich weiß inzwischen, dass wir alle eines Tages Rechenschaft ablegen werden für das, was wir getan haben in diesem Leben.»

«Ich bin sicher, diese Erkenntnis wird gut sein für Ihr Leben. Und jetzt nehmen Sie das Geld zurück und spenden Sie es irgendwo.»

Auch andere Lausbuben haben erlebt, dass es die Leute umhaut, wenn man ihnen seine Schuld bekennt und sie um Vergebung bittet. Selbst wenn man den Schaden nicht wiedergutmachen kann, wird einem öfters vergeben, als man glauben würde. Nach anfänglichem Zögern tat es richtig gut, meinen Scheiß zu bereinigen, und ich schrieb sogar der Telefonistin aus der Lehrbude einen Brief, in welchem ich sie um Vergebung dafür bat, dass ich ihr immer in den Kaffee gespuckt hatte und ihr Auto zerkratzen ließ. Ich bot ihr auch an, die Kosten für die Neulackierung zu übernehmen.

Ich weiß nicht, ob der Brief angekommen ist. Sie meldete sich auf jeden Fall nicht.

Doch abgesehen von so ein paar wenigen Highlights, bei denen ich Gottes Gegenwart und Führung spürte, ging es geistlich ziemlich abwärts mit mir.

Dafür lief es aber im Geschäft wunderprächtig. Schon nach wenigen Monaten wurde ich zum Field Manager befördert und durfte selber ein Team von Verkäufern ausbilden und führen. Das gab dann zusätzlich Provisions-Kohle von deren Umsätzen.

Außerdem brauchten wir Telefonisten, um für uns Termine zu vereinbaren. An die Treffen mit den potenziellen Kunden zu gehen, war der spaßige Teil des Jobs. Wenn man aber am Telefon ein paar hundert Mal dieselbe Geschichte heruntergeleiert hat, um überhaupt erst einen Termin zu bekommen, dann war das der Killer für jegliche Motivation. Deshalb gaben wir gerne einen Teil unserer Provisionen an die Telefonisten ab. Doch auch die Besten unter ihnen, die im Schnitt durchaus über fünfzig Franken die Stunde verdienten, hatten spätestens nach ein paar Monaten die Schnauze voll. Die Schlechteren waren schon nach ein paar Tagen oder Wochen weg.

So hatten wir ein Dauerinserat für Telefonisten am Laufen. Fast jede Woche hatte ich deshalb Interviews und Schulungen mit Bewerbern. Meistens waren es junge Studentinnen, die neben der Uni noch etwas verdienen wollten. Früher, als ich noch richtig scharf darauf war, hielt sich mein Erfolg bei Frauen ziemlich in Grenzen. Doch jetzt, wo ich eigentlich auf die Richtige wartete, wollte auf einmal andauernd irgendeine bei mir landen. Als junger Chef mit fettem Verdienst stand man wohl automatisch höher in der Gunst der Damen.

Vielleicht war es auch mein durch den beruflichen Erfolg und zwei Bier stark gesteigertes Selbstvertrauen. Dazu kamen noch all die jungen Kundinnen, bei denen ich am Abend zuhause eine Präsentation veranstalten durfte. Da gab es einige, die mir plötzlich schöne Augen machten und mir die Konzentration für die Präsentation raubten. Bei dem Angebot nicht schwach zu werden, schien mir schwierig bis unmöglich.

Eine der Telefonistinnen hatte es mir besonders angetan. Sie hatte zwar einen Freund, und der Heilige Geist erinnerte mich auch sofort an das Gebot, dass man die Frau des Nächsten nicht begehren soll. Dass sie aber zu allem Überfluss mit ihrem Freund gerade eine Krise durchlebte und mich auch zu begehren schien, machte die Sache extrem kompliziert. Sie entsprach total meinem Idealbild der perfekten Frau, die ich heiraten würde. Es folgte ein kurzes, aber dramatisches Hin und Her – mit Leiden und gebrochenen Herzen für alle drei. Ich hätte ja gleich auf den Heiligen Geist hören und es gar nicht so weit kommen lassen können. Aber das hat man halt davon, wenn man dem eigenen trotzigen Herz folgt. Es brach – und so brach dann sogleich auch der innere Widerstand gegen die Drogen endgültig zusammen.

Bei den Kiffern unter unseren Kunden wurde schon während meiner Präsentation eine Tüte gedreht, und man ließ sie wie selbstverständlich zu mir rüberwachsen. Das wurden dann die sehr langen Termine, weil man dann alles mehrmals und im Kreis herum erklären musste und viel Zeit für Lachanfälle verlorenging. Aber die Kiffer unterschrieben immer sofort.

Überhaupt war meine Abschlussquote der helle Wahnsinn. Dicht gefolgt von meiner Absturzquote.

Ich qualifizierte mich sogar für den «President's Club». Viele internationale Läden feiern jährlich ihre besten Verkäufer mit einer Woche Extraferien, in der alles bezahlt wird. Da war ich nun also zum ersten Mal in so einem Fünfsternehotel. Als ich wegen irgendwas die Rezeption anrief, meldete sich der Typ mit:

«Good evening, Mr. Mitrovic. What can I do for you, Sir?»

Ich war sprachlos. Bisher wurde ich je nachdem mit «Schafskopf», «Kiffalobill», «Jesus Freak», «geile Siech»[17], «Vollidiot» oder so betitelt. «Sir» hatte mich noch keiner genannt. Das war ein geiles Gefühl: Sir!

Als wir wieder einmal ein Inserat für neue Sales Representatives veröffentlichten, rief ein Typ an, bei dem ich schon nach zwei Sätzen wusste, dass er mein neuer bester Freund sein wird. Als Pat das erste Mal im Büro aufkreuzte, ließ ich ihn Folgendes wissen:

«Wenn du hier Kohle verdienen willst, musst du Abschlüsse machen. Wenn du Abschlüsse machen willst, brauchst du Termine. Wenn du Termine haben willst, musst du telefonieren können. Wenn dich das Telefonieren nach einer Weile ankotzt, kannst du Telefonisten ausbilden. Doch dafür musst du erst selber telefonieren können. Bevor ich jetzt also Zeit in dich investiere, um dir das Produkt zu erklären und dich in der Präsentation zu schulen, hast du hier das Telefon, hier das Telefonbuch und hier das Script für die Terminierung. Zeig mir, dass du telefonieren kannst und heute noch einen Termin hinkriegst.»

Zehn Minuten später reichte er mir einen Termin. Der Termin war bei einem atemberaubenden Fräulein, das den Kurs kaufte und mich – na, lassen wir die Details.

Der Fall war klar. Der neue Teamkollege Pat bedeutete Spaß und Komplikationen. Er war zwar, wie erwartet, ein sehr talentierter Verkäufer und brachte mir ein paar Riesen extra ein. Er brachte aber

---

[17] Wird man in der Schweiz als «geile Siech» bezeichnet, ist das keine Beleidigung eines Aussätzigen, sondern ein Kompliment. Es bedeutet in etwa, dass jemand «der Hammer» ist.

auch öfters was zu kiffen mit ins Büro. Überhaupt ließ die Disziplin in dem Laden schlagartig nach.

Erwartet mich jemand irgendwo um eine spezifisch vereinbarte Zeit, dann bin ich in 99,95 Prozent aller Fälle pünktlich dort. Egal, wie früh ich aufstehen muss. No problem. Wenn es aber niemanden interessierte, dann galt bei mir nicht «Morgenstund hat Gold im Mund», sondern «Morgenstund hat Blei im Arsch».

Da ich wusste, dass es meinem Chef egal war, wann ich im Büro aufkreuzte, Hauptsache, ich lieferte meine Abschlüsse, kam ich meist erst um 10.30 Uhr ins Büro und trank dann erst mal Kaffee mit den Jungs. Wir plauderten über dies und jenes und hatten es immer saulustig bis zum Mittagessen. Zum Dessert gab es dann eine Tüte. So voll bekifft zurück ins Büro, das war dann doch nicht so cool. Also spielten wir Karten oder holten einen Film in der englischen Videothek um die Ecke. Immerhin vertieften wir so auch unser eigenes Englisch. Um 17 Uhr waren wir dann wieder im Büro, um Bewerber zu interviewen, die neuen Telefonisten ein bisschen zu schulen, mit den Mädels zu schäkern und die vereinbarten Termine einzusammeln. Zu den Terminen gingen wir um 18 oder 20 Uhr.

Da ich selber nicht mehr telefonieren mochte, hatte ich oft nur noch zwei bis drei Termine pro Woche. Eine von Pats Telefonistinnen hatte einen Dealer als Freund und schwärmte von seinen LSD-Trips. Da Pat die Idee ganz witzig fand, bestellten wir welche. Von da an kam eine Phase, in welcher ich in fast jeder Woche, wenn das Wetter schön war und ich keine Termine hatte, gar nicht erst im Büro erschien und stattdessen durch andere Bewusstseins-Dimensionen geisterte. Dank meiner unglaublichen Abschlussquote und dem Erfolg meiner Teammitglieder schneite es trotzdem noch mächtig Geld herein. Wir waren die überbezahltesten Siffköpfe, die ich je erlebt habe. Aber wir hatten Spaß, und es war schön.

Bis ich aus dem Büro raus oder vom Trip runter kam. Dann erschlugen mich wieder Gefühle von Schuld, Verdammnis, Versagen, Verzweiflung und Angst. Ich kam mir so vor wie einer dieser Heuchler, die ich doch so verachtete – und verachtete vor allem mich selbst. Ich nannte mich Christ, aber ich war so weit entfernt von dem, was mein Idealbild von einem Christen war. Was war ein Christ schon wieder? Ah ja, Claude jetzt – vielleicht. Und dann noch vielleicht die Leute in Südafrika, eventuell. Und höchstens noch dieser und jener, aber alle anderen? Alles Heuchler! Und ich bin der Schlimmste von allen!

Schon bald mochte ich wieder nicht mehr in den Gottesdienst gehen. Ich konnte einfach nicht einen auf Halleluja machen, wenn ich doch die meiste Zeit für mein Ego und meine Süchte lebte. Genau wie die ungläubigen Lausbuben auch. Trotzdem konnte ich es einfach nicht lassen, von Gott, meinen Erlebnissen und meinen diesbezüglichen Gedanken zu erzählen. Je nachdem, wie meine Tagesform war und wo meine Zuhörer in ihrem Leben selbst gerade standen, waren sie entweder tief beeindruckt oder konnten mich einfach nicht ernst nehmen.

Ich wollte den ganzen Glaubenskram aufgeben. Es war echt zu anstrengend, eine Moral zu haben, welche ich absolut nicht einhalten konnte. Aber ich wusste: Wenn ich Gott den Rücken ganz zukehrte, würde dies mein völliger Untergang sein. Das Böse in mir könnte sich dann so richtig schön entfalten, und meine kranken Gedanken würden sich wahrscheinlich bald in konkreten Taten manifestieren.

Ich würde sicher kriminell werden oder vielleicht sogar nach Jugoslawien in den Krieg ziehen. Auf jeden Fall total versaut und versifft in den Abgrund stürzen.

Aber gar nicht glauben? Nein, das konnte ich nicht mehr. Dazu hatte ich schon viel zu viel gesehen und erlebt. Auch die schlausten Köpfe hatten es nicht geschafft, mich in endlosen Diskussionen davon zu überzeugen, dass meine Erlebnisse und Studien nicht zu diesem Glaubensresultat führen müssen. *Doch, sie müssen.* Deshalb bekehrten sich trotz meinem lausigen Zustand immer wieder Leute wegen mir zu Jesus. Interessanterweise schien es für die meisten von ihnen besser mit ihm zu laufen als für mich.

Also raffte ich mich immer wieder auf und schaute bei dieser oder jener Gemeinschaft vorbei, um zu sehen, ob dort glaubwürdigere Christen waren, ob dort mehr Power war und ob dort wohl jemand zu finden wäre, der mir sagen konnte, warum ich einfach nicht frei wurde von all dem Dreck in mir drin. Hörte ich irgendwo von einer Konferenz, bei der bekannte Prediger oder Heilungsevangelisten oder sonstige Superchristen etwas erzählten – und wo Heilung und Befreiung geschehen sollte –, düste ich gleich hin. Wenn ich von einem Seelsorger hörte, von dem es hieß, dass er für hartnäckige Fälle wie mich Lösungen habe, dann schaute ich dort mal vorbei. Sie rieten mir dies und das und jenes. Sie beteten mal leise, mal so laut, dass die Erde bebte, mit oder ohne Handauflegen. Sie wussten zwar jeweils schon bald nicht weiter mit mir, aber immerhin ermutigten sie mich, indem sie mich darauf hinwiesen, dass ich wahrscheinlich viel zu hohe Ansprüche an mich selbst habe – höher, als Gott sie eigentlich hat.

Und überhaupt, so meinten sie, erwartete ich viel zu viel von Christen. Christen sind noch lange nicht Jesus. Sie glauben nur an ihn. Sie sind nicht besser als alle anderen, sondern sie sind von ihm begnadigt. Gott beruft nicht die Fähigen, sondern er befähigt die Berufenen. Und damit lässt er sich oft Zeit. Er hat sehr viel Geduld mit uns.

Sogar Mose musste vierzig Jahre seinen Charakter in der Wüste geschliffen kriegen, bis er endlich so weit war, dem brennenden Dornbusch zu begegnen und wirklich für Gottes Mission brauchbar zu sein. Gottes Timing und seine Wege sind fast immer ganz anders, als wir uns das vorstellen.

Ich fühlte mich jeweils kurz erfrischt und ermutigt. Im besten Fall hielt die Wirkung dieser Worte eine Woche an. Wenn so ein Seelsorger dann mit seinem Latein am Ende war, kam manch einer mit dem Vorwurf, dass ich deshalb nicht vorwärtskomme, weil ich mich ja gar nicht ändern wollte.

Ich fragte mich dann, wieso ich wohl gerade zum x-ten Mal fünfzig Kilometer für eine Session zu ihm hinausfahre, wenn ich doch angeblich gar nicht will? Weil ich sonst keine Kumpels habe oder mir langweilig ist? Was heißt schon: «Du *willst* nicht»? Dann wiederum war da ja durchaus ein Teil in mir, der immer noch absolut nicht wollte.

Es war zum Durchdrehen.

Jede Nacht waren meine letzten Gedanken: «Gott, sei mir Sünder gnädig. Ich habe wieder dies, das und jenes verkackt und traue mich gar nicht mehr, dich um irgendwas zu bitten, außer: Bitte verändere mich.»

Jeden Morgen betete ich als Erstes: «Oh Herr, danke für den neuen Tag. Und danke, dass deine Gnade jeden Morgen neu ist. Bitte hilf mir, dass ich heute nicht zu viel versaue. Ach ja, und was das Büro betrifft: Einen Verkaufs-Abschluss bräuchte ich auch wieder mal.»

Den Abschluss kriegte ich dann meistens auch. Vielleicht deshalb, weil ich treu meinen Zehnten spendete. Die Bibel sagt:

«Bringt aber die Zehnten in voller Höhe in mein Vorratshaus, auf dass in meinem Hause Speise sei, und prüft mich hiermit, spricht der HERR *Zebaoth, ob ich euch dann nicht des Himmels Fenster auftun werde und Segen herabschütten die Fülle.»*[18]

Nun gut. Man soll Gott ja nicht versuchen. Aber hier macht er offenbar eine Ausnahme und fordert uns heraus, ihn darin zu prüfen. Er garantiert hier sozusagen materiellen Überfluss, wenn wir ihm darin vertrauen und mit dem Zehnten treu sind. Bis heute hat das für mich funktioniert. Ich hatte tatsächlich immer Überfluss an Geld, für alles, was ich brauchte oder wollte. Es war sogar ein großer Überfluss. Vielleicht auch deshalb, weil ich Sämi treu den Überfluss an Kohle in die Dominikanische Republik überwies, wie ich es versprochen hatte. Ich hatte mein Wort gegeben, und das war mir heilig. Obwohl ich mich fragte, ob Gott wirklich ausgerechnet *mit mir* so ein Projekt durchziehen wollte.

Bald fragte ich mich, ob er es überhaupt mit irgendjemandem von uns durchziehen wollte. Denn ich hörte Dinge von den Jungs dort drüben, die auch nicht ganz vereinbar waren mit dem, was

---

[18] Maleachi 3,10 (Lutherbibel 1984)

man gemeinhin so predigt. Mir schwante, dass Übles auf das Projekt zukommen könnte.

23. Piccolo Giardino

In der Zwischenzeit war ich fast jeden Abend im «Piccolo Giardino». Das war ein Hells-Angels-Laden in der Nähe der Zürcher Langstraße. Dort konnte man mitten im Restaurant Tüten drehen und rauchen, ohne dass es jemanden gestört hätte.

Früher ging ich immer zum Jugendhaus in Dietlikon oder Effretikon. Doch nun mochte ich nicht mehr zu den Kumpels von früher zurück. Nicht nur, weil einige von ihnen in der Zwischenzeit abgekratzt, im Knast, in der Therapie oder in der Klapse gelandet waren. Nein, vor allem deshalb, weil es mir peinlich war, ihnen in diesem Zustand wieder zu begegnen. Schließlich hatte ich ihnen mit Jesus die Kappe vollgelabert, bevor ich nach Südafrika ging. Hatte groß verkündet, dass ich mein Leben ändern werde und, wenn ich zurückkomme, nicht mehr die ganze Zeit kiffe. Tja, der Plan ging voll in die Hosen, und ich hatte keinen Bock, mir ihre Sprüche anhören zu müssen. Also wurde das «Gärtli», wie die Stammgäste es nannten, mein neues Zuhause.

Der letzte Tisch in der Ecke war für die mittelgroßen Dealer und ihre Kleindealer reserviert. Es ging das Gerücht um, dass die Hells Angels einen Deal mit ein paar Bullen hatten und man die Kifferei und Hasch-Dealerei in ihrem Umfeld für ein paar Tipps und etwas Cash duldete. Es wurden ziemlich beeindruckende Mengen an Hasch verschoben. Fast jeden Tag spielte sich an dem Tisch folgender Dialog zwischen mir und einem der Dealer ab:

«Hey, ciao, lässt du mir ein Rauchi für einen Zehner raus?»

«Du schon wieder mit deinem Zehner, Mann. Kauf doch mal wenigstens für einen Lappen. Ehrlich, Mann, immer dieses Gekrümel mit dir.»

«Nein, wenn ich größere Mengen bei mir habe, dann kiffe ich viel zu viel, den ganzen Tag. Ich will nur heute Abend meine zwei Tüten rauchen und hoffe, dass ich morgen nicht mehr komme.»

«Ja, das hoffst du schon lange. Dich kann ich echt nicht ernst nehmen, Mann.»

«Ich kann mich selber nicht ernst nehmen. Rückst du jetzt ein Zehner-Rauchi raus?»

Meist saß ich dann am Tisch daneben, rauchte meine zwei Tüten und zockte Backgammon. Wenigstens mit meiner Spielsucht war es etwas besser geworden, seit eben diese Geldschluck-Kisten endlich verboten waren. Den immer wieder neuen Leuten, die sich zu mir an den Tisch gesellten, um bei zwei, drei Bier auch ein paar Tüten zu rauchen, erklärte ich leidenschaftlich gerne meine Verschwörungstheorien und warum im aktuellen Film nicht unbedingt die Serben die Bösen waren. Und die übernatürlichen Geschichten konnte ich auch nicht unerwähnt lassen.

Denn die übernatürlichen Erlebnisse gingen auch in diesem Zustand weiter. Da war zum Beispiel mein neuer Kumpel John. Mit dem ging ich manchmal auf diese großen Techno-Raves, die damals gerade aufkamen. Wir hauten uns dann jeweils das volle Programm rein. Ein paar Bierchen zum Warmwerden, ein paar Tüten als Flash-Grundierung, ein LSD-Trip für die Farben, für das extradimensionale Erlebnis und die telepathische Kommunikation, eine Ecstasy-Pille, um dabei glücklich und euphorisch zu bleiben, und ein paar Linien Koks, um nicht müde zu werden. Das waren krasse Partys, die regelmäßig ausarteten.

Eines Tages verließ ich gerade das Haus, als mir plötzlich eine Stimme mit ziemlicher Dringlichkeit sagte:

«Jetzt musst du John anrufen!»

Ich ging also wieder hinein und rief John an.

«Wow, das ist lustig, dass gerade du jetzt anrufst. Ich hatte die Kanone am Kopf und wollte gerade abdrücken, als das Telefon klingelte. Dann wunderte ich mich, wer das ausgerechnet in diesem Moment wohl sein könnte. War ja klar, dass du das sein musst.»

Ich überzeugte ihn, dass Gott mir gewiss nicht ohne Grund gesagt hatte, dass ich ihn genau jetzt anrufen muss – und dass er die Kanone doch nochmals versorgen solle.

Wir trafen uns im «Brüggli», einem anderen Hells-Laden, wo man kiffen konnte. John erzählte mir von seinen Problemen. Obwohl ich selber riesige Konflikte hatte, hatte ich plötzlich so eine Klarheit, dass ich das Muster seiner Probleme einfach sah und ihm einen Weg vorzeichnete, wie er sich aus seiner Scheiße hinausmanövrieren konnte. Wir vereinbarten einen Plan mit drei, vier Punkten, die er in den folgenden zwei Wochen erledigen sollte. Wir wollten uns dann wieder treffen, um die nächsten Schritte zu besprechen.

Zwei Wochen später erzählte mir der Junge hellauf begeistert, dass er seine Traumfrau gefunden und jetzt alles im Griff habe. Ich spürte sofort, dass dies eine Falle war. Später lernte ich, dass dies ein sehr typisches Muster ist. Praktisch jedes Mal, wenn Singles mit riesigen Problemen Gott erleben und du anfängst, mit ihnen zu arbeiten, damit sie aus ihren Problemen rauskommen, macht's «Tadaaa!», und plötzlich sind sie frisch verliebt, behaupten, alles sei bestens und unter Kontrolle, und haben plötzlich wieder ganz andere Prioritäten, als mit Gott ihre Probleme zu bewältigen.

Ich sagte zu John: «Sorry, Mann, das läuft so nicht. Entweder du hältst dich an den Plan, den wir vereinbart haben, oder es dauert genau sechs Monate, bis du wieder so weit bist, dass du dir die Knarre an den Kopf hältst. Nur, ich werde dann nicht mehr da sein, um dich anrufen zu können.»

Ich wunderte mich noch, woher ich diese Autorität in der Stimme hatte und mit welcher Sicherheit ich das einfach so behaupten konnte. Doch ganz genau sechs Monate später …

… jagte er sich eine Kugel in den Kopf.

Und wie vorausgesagt, war ich für längere Zeit nicht in der Gegend und konnte ihn auch nicht anrufen. John überlebte zwar, doch er ist seither blind.

Ich fragte mich, warum Gott ausgerechnet *mir* eine prophetische Gabe geben sollte, obwohl ich selbst mich in der Zwischenzeit als völligen Nichtsnutz sah. Also, geistlich zumindest. Ansonsten fand ich mich «cool von Beruf». Also, nur im Büro. Und wenn ich nicht gerade ziemlich fertig wieder im Piccolo Giardino vor mich hin qualmte. Manchmal dachte ich mir, dass Gott sich so viel Zeit damit ließ, mich zu verändern, weil den Leuten im «Gärtli» sonst niemand von Jesus erzählte. Die hatten ihn bitter nötig.

Im «Gärtli» war ich sozusagen der Märchenonkel vom Dienst, und es kamen einige immer wieder an meinen Tisch, um mehr von meinen Geschichten und Theorien zu hören. Manchmal, vor allem wenn ich schon am Nachmittag dort landete, fehlte den Jungs vom Dealer-Tisch noch ein vierter Mitspieler für einen Jass – Jassen ist immer noch der Volkssport Nr. 1 in der Schweiz –, oder jemand war auf der Suche nach einem Gegner für eine Partie Backgammon. Dann rief man mich rüber zum Mitspielen.

Mit der Zeit hatten sie sich so an mich gewöhnt, dass ich an ihrem Tisch geduldet wurde. Nach einer Weile vergaßen sie, dass ich gar nicht wirklich zu ihnen gehörte, und redeten frei von der Leber weg über ihre Drogengeschäfte. Sie fragten mich nach meiner Meinung zu ihren Deals, zu Preisen und Qualität. Sie erzählten, wem sie die Fresse polieren mussten, welche Waffen sie besaßen oder demnächst kaufen wollten, wie sie die Drogen in den Knast schmuggelten, wann sie wieder wie lange einsitzen müssten, wie sie den Richter nochmals überzeugen konnten, ihnen eine Bewährungsfrist zu geben, und allerlei sonstige Gangstergeschichten.

Wenn der Tisch voll war, dann saßen da so um die fünfzig Jahre Knast, fünf Kilo Hasch und ich, voll im falschen Film, mit meinem Zehner-Rauchi. Es war aber dann doch geiler, als «Tatort» zu schauen. Einmal schob mir der Typ neben mir auf der Bank seine Jacke rüber und fragte, ob ich kurz darauf aufpassen könne, während er aufs WC gehe. Ich spürte an meinem Schenkel etwas Hartes unter der Jacke und schaute kurz drunter. Da waren vier Kiloplatten Hasch unter der Jacke. Ich dachte für einen Moment: «Scheiße, Mann. Wenn jetzt die Bullen eine Razzia machen, dann glauben sie mir natürlich sofort, dass das nicht meine Ware ist. Und wenn ich noch meinen Namen mit der Endung ‹-vic› nenne, dann haben sie natürlich gar keine Fragen mehr.» Da war ich schon beruhigt, dass die Hells hier einen Deal mit den Bullen hatten und ich im «Gärtli» nie eine Razzia miterleben musste.

Doch eines Tages steckte an der Wand hinter dem Stammtisch eine Todesanzeige. Es nannten sich hier alle beim Spitznamen, also konnte ich mit dem bürgerlichen Namen auf der Anzeige nichts anfangen. Ich fragte einen der Jungs, ob er den gekannt habe. Der meinte:

«Ja, logisch haben wir den gekannt. Und den, der ihn erschossen hat, auch.»

Ich fand heraus, dass ich nur wenige Tage zuvor mit dem Täter noch den ganzen Abend Tüten geraucht hatte. Nichts hätte mich vermuten lassen, dass er keine Woche später drei Menschen töten würde. Da wusste ich, dass es definitiv wieder Zeit für einen neuen Freundeskreis war.

Außerdem hatte ich die Schnauze voll von Englischkursen. Der Bruder vom Chef kam mit einem neuen Geschäftsmodell daher, mit welchem man das Telekom-Monopol umgehen und billiges Telefonieren anbieten konnte. Das war noch vor der Liberalisierung des Telekommunikations-Marktes. Da verdiente man nicht so viel pro Abschluss, aber dafür ein paar Prozente für jeden Anruf. Da die Leute immer wieder telefonieren, würde das mit der Zeit ein gutes Passiveinkommen generieren, sofern man genug Kunden «anschaffte».

Passiveinkommen hörte sich gut an. Vielleicht könnte ich mich dann nach einer Weile voll auf das Esperanza-Projekt konzentrieren und selber mehr in der Dominikanischen Republik sein. Weg von den Drogen und den Abstürzen und dort den Jungs etwas auf die Finger schauen.

Da dieses Geschäft jedoch über so einen schneeballmäßigen Vertriebskanal lief, wollte ich direkt beim Anbieter als Agent angehängt sein und das Ding exklusiv für die Schweiz haben. Ich flog nach England, um den Laden zu checken und die Möglichkeiten mit dem Boss dort zu besprechen. Der war offenbar beeindruckt, dass ein keine 25 Jahre alter Typ einflog und derart selbstbewusste

Töne betreffend Exklusivrechten spuckte. Er machte mir prompt ein Angebot.

Derweil ging in der Dominikanischen Republik alles in die Hosen. Wie ich schon befürchtet hatte, schien Gott dann doch keine Lust mehr zu haben, ausgerechnet mit uns Idioten ein derart großes Projekt durchzuziehen. So, wie er vorher übernatürlich eingegriffen hatte, um das Projekt am Laufen zu halten, schien es, dass er uns jetzt übernatürlich auf den Deckel haute.

Da schickte ich zum Beispiel zehn Riesen rüber, damit wir einen Bulldozer samt Team mieten konnten, um ein vier Kilometer langes Stück der Zugangsstraße zur Farm zu sanieren. Nach dem Bulldozer wäre das Walzen nötig gewesen, und schlussendlich wäre noch der Kies draufgegeben worden. Danach müssten Gräben gezogen werden, so dass beim nächsten größeren Regen nicht alles sofort wieder kaputtging.

Genau zwischen Bulldozer und Walze kam der nächste Tropensturm, und alles sah wieder so aus wie vor dem Bulldozer. Die zehn Riesen waren buchstäblich in den Sand gesetzt worden.

Neben einer unglaublichen Serie von weiteren Problemen, die irgendwie alle auf einmal zusammenkamen, gab uns dann ein Pflanzenvirus den Rest. Dieses Virus vernichtete die Passionsfrucht-Plantage. Nicht nur die eine Ernte, nein, sondern die Bäumchen starben gleich ganz ab. Interessanterweise gab es in der Dominikanischen Republik zwei Sorten der Passionsfrucht. Rundherum hatten sie die andere.

Wir hatten die mit dem Virus.

Es war vorbei.

Ich hatte keinen Bock mehr, da nochmals so viel Geld zu investieren. Mit den Jungs dort klappte die Kommunikation auch nicht mehr. Wir gingen uns alle gegenseitig auf den Sack, das Vertrauen war weg, und die Luft war draußen.

Doch einfach so aufgeben, nachdem wir insgesamt drei Jahre und alle zusammen Hunderttausende von Franken reingebuttert hatten? Wir vereinbarten, dass wir das Projekt erst einmal ruhen lassen und die Farm einer Organisation schenken wollten, die mit einer ähnlichen Vision unterwegs war. Dann wäre zumindest nicht alles völlig umsonst gewesen, auch wenn die Farm nachher anderen gehörte.

So suchte ich einen Laden, der passen würde. Claude sagte, ich solle doch «Remar» genauer anschauen. Das ist eine spanische Organisation, die vor allem Junkies von der Straße holt und ihnen hilft, frei zu werden. Miguel Diez, ihr Gründer, soll dort Zeichen und Wunder am Laufmeter veranstalten.

Nun, nach Südafrika glaubte ich ja an solche Sachen. Andererseits waren mir solche Geschichten von großen Wundertätern auch wieder suspekt geworden. In der Zwischenzeit hatte ich einiges mitbekommen, was zum Beispiel bei amerikanischen Fernsehpredigern so abläuft bei ihren hysterischen Dauer-Spendenaufrufen. Da gab es Typen, die mit ihren Privatjets von Konferenz zu Konferenz düsten und – wie sie behaupteten, «im Namen Gottes» – manipulativ und rotzfrech, nein, eigentlich sogar kriminell sehr viel Scheiße erzählten, um den Leuten ihr Geld abzuknöpfen.

Man hörte von einem Typen, der von seinem Team hinter der Bühne die Ventilatoren in einem ganz spezifischen Augenblick auf die Maximalstufe hochbeamen ließ und der zehntausendköpfigen Menge in der Halle drin gleichzeitig befahl, die Hände in die Höhe zu halten, um jetzt mit geschlossenen Augen «das Wehen des Heiligen Geistes zu spüren». Er suggerierte dabei, dass der Heilige Geist exakt in dem Moment derart intensiv zu wehen begann, in welchem er, der Mega-Super-Redner, in sein Mikrofon blies. Dabei war es die Saalbelüftung …

Ein anderer hatte beim Eingang große Boxen hinstellen lassen, in welche die Leute ihre Gebetsanliegen deponierten, zusammen mit einer Spende. Dies in der Erwartung, dass jener «Mann Gottes» – wie von ihm versprochen – für diese Anliegen höchstpersönlich betet und Gott seinen Superman hoffentlich eher erhört. Oft suggerieren solche Gauner noch, dass die Chancen auf Erhörung viel höher sind, wenn man ein *echtes* Opfer bringt und nicht nur etwas vom Überfluss rüberkrümelt. – Nun, die Kohle nahm er sich dann raus und warf den Rest in den Müll, ohne für irgendwas gebetet zu haben. Absolut widerlich.

Jetzt war mir langsam klar, was jene Kollegen meinten, als sie mich vor falschen Propheten warnten. Eigentlich werden wir ja schon in der Bibel vor solchen Typen gewarnt:

«Doch schon damals hat es im Volk Israel falsche Propheten gegeben. Solche Leute werden auch bei euch auftreten und Lehren verbreiten, die euch ins Verderben stürzen sollen. Damit verleugnen sie Christus, den Herrn, der sie doch von ihren Sünden freigekauft hat […] Diese Leute bringen unseren Glauben, den wahren Weg zu Gott, in Verruf.»[19]

Ja, echt. Jedes Mal, wenn so etwas publik wird, gerät der Glaube in Verruf, so wie vorausgesagt. Damit wird es für die echten Propheten auch immer schwieriger, wegen all der Gauner, die «im Namen des Herrn» unterwegs sind. Deshalb sagt die Bibel ja zum Thema Propheten auch: «Prüfet alles, und das Gute behaltet.»

Während die einen also gar nichts prüfen und jeden Stuss glauben, verdrehen andere wiederum diesen Auftrag ins andere Extrem. Sie prüfen alles bis ins Detail, finden ein Haar in der Suppe und spülen dann auch das Gute. Sie erwarten von jedem Bibellehrer die absolute Perfektion und nehmen ihm nur so viel ab, wie sie eh schon glauben. Wenn sie etwas Neues dazu hören, schlucken sie es nur, wenn es ihnen zum eigenen Bibelverständnis logisch passend erscheint. Dabei ist ihr eigenes Verständnis das Maß aller Dinge. Wenn jemand in ein, zwei Punkten nicht mit ihrer eigenen Meinung übereinstimmt, drücken sie ihm den Irrlehrer-Stempel auf. Völlig blind für die Tatsache, dass auch Paulus sagte, dass unsere Erkenntnis nur Stückwerk ist.

Wir werden immer einen Anteil an Fehlinterpretation und Irrtum in unserem Bibel- und Gottesverständnis haben. Doch echte Demut sollte damit ja auch kein Problem haben.

Auf jeden Fall wollte ich diese Remeros erst mal checken, ob sie

---

[19] 2. Petrus 2,1–2 (Hoffnung für alle 2015)

wirklich so drauf waren, wie sie erzählten, oder ob deren «Chefe» nicht auch einer war, der sich auf Kosten der Elenden bereicherte oder sonst irgendwie spinnt. Sollten sie okay sein, würden wir ihnen die Farm schenken.

24. Remar

Die Remeros in Schwerzenbach machten schon mal einen sympathischen Eindruck. Bezüglich Farm sollte ich aber mit dem Boss in Madrid sprechen. Nun ja, genau dem wollte ich ja auf den Zahn fühlen, bevor wir ihnen einfach so die Farm vermachten.

Jetzt musste ich ja keine Kohle mehr in die Dominikanische Republik senden und hatte keinen Druck mehr, viel Geld verdienen zu müssen. Da Pat inzwischen auch genug von den Englischkursen hatte, gab ich ihm den Kontakt in England und meinte, dass er doch das Telekomgeschäft aufbauen solle und ich dann mal weg sei.

Miguel Diez war das Gegenteil von dem Bild, das ich von amerikanischen Fernsehpredigern hatte. Er nahm den Verzweifelten nicht ihre Kohle ab, sondern gab alles für sie. Nachdem er trotz Karriere und Wohlstand eine tiefe Lebenskrise durchlitten hatte, erlebten er und seine Frau, wie ihre Tochter von einer schweren Krankheit geheilt wurde – durch das Gebet einer Nachbarin, die sich vom Katholizismus abgewandt und der pfingstlerischen Lehre zugewandt hatte.

Nach harzigen Anfängen hatten er und seine Frau weitere tiefe Erfahrungen mit Jesus gemacht. Insbesondere die Tatsache, dass die ersten Christen all ihren Besitz miteinander geteilt hatten, wurde ihnen wichtig. Diese Art von «christlichem Kommunismus» schien ihnen gemäß den Darstellungen in der Apostelgeschichte, als der Heilige Geist ausgegossen wurde, die logische Folge von Pfingsten zu sein. Daher sollte ein persönliches Pfingsterlebnis auch eine ähnlich radikale Nachfolge mit sich bringen. Zusammen mit ein paar Freunden entschieden sie sich, ihren gesamten Besitz inklusive der Häuser zu verkaufen und gemeinschaftlich zu leben, alles zu teilen und ihr neues, größeres Haus für Bedürftige zu öffnen. Insbesondere die Randständigen schienen für dieses Evangelium einiges offener zu sein als ihr katholisch geprägtes Umfeld. Spanien ist nämlich katholischer als der Papst.

Ziemlich rasch füllte sich der Wohnsitz der Gemeinschaft mit Junkies, Alkoholikern und Prostituierten, denen Miguel durch die praktisch gelebte Nächstenliebe und die erlebbare Gegenwart Gottes eine neue Perspektive gab. Mit finanzieller Unterstützung von Gönnern kauften sie einen großen Bauernhof in der Nähe von Vitoria. Dort entstand dann das erste eigentliche Drogen-Rehabilitationszentrum der Gemeinschaft. Sie tauften es «Remar», was einerseits die Abkürzung von «Rehabilitación de marginados» (Rehabilitation von Randgruppen) ist und andererseits «rudern» bedeutet. Denn dort ist man definitiv dauernd am Rudern! ...

Viele jener Junkies hatten auch Erlebnisse übernatürlicher Art und wollten nach Abschluss der Therapie bei Remar bleiben. Die im Idealfall geistlich Reiferen unter ihnen wurden ausgesandt, um an anderen Orten neue Häuser zu eröffnen. Finanziert wurde das Ganze nur zum kleinsten Teil von Spenden. Meist bestanden Spenden aus gebrauchten Sachen für die «Brockenstuben» oder aus Lebensmitteln, deren Datum abgelaufen war.

Die Remeros starteten überall kleine Geschäfte: Umzüge, Räumungen, Malerarbeiten, Hühnerfangen, Putz- und Erntehilfen, das Betreiben von Brockenhäusern und einfach alles, was man ihnen zu tun gab. Da niemand bei Remar einen Lohn bezog, reichten die Einkünfte nicht nur für jedermanns Grundbedürfnisse, sondern auch für die Eröffnung neuer Zentren, um noch mehr Bedürftige von der Straße zu holen. Heute haben sie Hunderte von Zentren in über fünfzig Ländern und Zehntausende von Bedürftigen von der Straße geholt. In Entwicklungsländern wurden es dann klassische Missionswerke mit Nahrungs- und Entwicklungshilfe.

Ich wollte für ein halbes Jahr nach Madrid gehen, um dort als Freiwilliger mitzuarbeiten, ihren Jüngerschaftskurs mitzumachen und ihren Boss auf Herz und Nieren zu prüfen. Wenn sie sich dann als *echt* erwiesen, würden wir ihnen feierlich die Farm übergeben.

So zumindest versuchte ich es ihnen und mir selbst zu verkaufen. Genauso wahr ist, dass ich wohl selber eine Therapie nötig hatte, um wieder von den Drogen loszukommen und um vielleicht endlich meine bösartigen Fantasiewelten gesäubert zu kriegen.

Man stellte mich also Miguel vor. Sein Haus in einem Vorort von Madrid war zwar ein ganz nettes Haus, aber sicher keine Villa. Vor allem aber war es voll mit Leuten. Die Zimmer seiner Kinder waren voll mit Doppelstockbetten, und hier wohnten neben den eigenen Kindern auch noch adoptierte und betreute Kinder sowie sonstige Leute, die sie aufgenommen hatten.

Miguel und seine Frau hauten mich mit ihrer Ausstrahlung von Frieden, Freude und Herzlichkeit einfach um. Ich fühlte mich sofort wohl bei ihnen, auch wenn das, was folgte, die absolute Härte war.

Die Geschichte von meiner Farm interessierte Miguel nur am Rande. Er meinte, im Jüngerschaftskurs würde ich lernen, was es heißt, ein Jünger Jesu zu sein, und dann würden wir mal weiterschauen. In etwa fünf Monaten würde ein neues Zentrum in Miami eröffnet, und wenn ich mich im Kurs gut schlagen würde, könnte ich mit dem Gründerteam nach Miami reisen. Von dort aus würde dann der Leiter dieses Teams mit mir nach Santo Domingo fliegen und sich die Farm anschauen. Bis es so weit sei, wüssten wir, ob wir uns gegenseitig vertrauen könnten. Außerdem sei es viel billiger, von Miami aus kurz rüber zu hoppen.

Das hörte sich vernünftig an, und ich ließ mich zu dem Haus in Madrid verfrachten, wo der Kurs stattfand.

Ich stellte mir so eine Art Bibelschule vor, wo wir viel lesen sollten und gelehrt würden. Sofort fühlte ich mich aber zurückversetzt ins Militär. Man gab mir einen Platz in einem Doppelstockbett und eine Kleiderschrankhälfte in einem der drei Räume, in denen jeweils zwanzig bis dreißig Typen schliefen. Die Hälfte der Jungs waren im Kurs, die andere Hälfte bestand aus Therapieteilnehmern der zweiten Phase. In der ersten Phase ging es darum, den kalten Entzug durchzustehen, meist irgendwo weit weg von der Zivilisation. In der zweiten Phase galt es für die Therapieteilnehmer, in der Hausgemeinschaft wieder Selbstverantwortung im Arbeitsprozess einzuüben und mit externen Arbeiten wieder in die Gesellschaft eingegliedert zu werden. Kontakte mit Außenpersonen gab es jedoch nur nach Absprache.

Die Jungs, die am Jüngerschaftskurs teilnahmen, stellten sich alle als Ex-Junkies heraus, die die Therapie eigentlich abgeschlossen hatten, aber nicht zurück in ihre alte Welt wollten. Stattdessen wollten sie nun auch anderen helfen und die Leitung in einem der Zentren übernehmen oder im Gründerteam eines neuen Zentrums dabei sein. Um Verantwortung zugeteilt zu bekommen und befördert zu werden, mussten sie vorher also diesen Kurs absolvieren.

Das Motto des Kurses war die Aussage von Jesus: «Der Größte unter euch soll euer Diener sein.»[20] Es hieß, man mache diesen Kurs nicht, weil man den Chef spielen will, sondern weil man sich aufopfernd den Bedürftigen zuwenden will, um ihnen die Liebe Gottes näherzubringen. So wie es Jesus selber gemacht hat.

«Er, der in göttlicher Gestalt war, hielt es nicht für einen Raub, Gott gleich zu sein, sondern entäußerte sich selbst und nahm Knechtsgestalt an, ward den Menschen gleich und der Erscheinung nach als Mensch erkannt. Er erniedrigte sich selbst und ward gehorsam bis zum Tode, ja zum Tode am Kreuz. Darum hat ihn auch Gott erhöht und hat ihm den Namen gegeben, der über alle Namen ist.»[21]

Deshalb hatten wir als Basis dasselbe Arbeitspensum wie die Junkies. Aber die besonders mühsamen Jobs bekamen *wir.* Den Lehrteil absolvierten wir morgens von 6 bis 8 Uhr. Dann gab es Frühstück, und von 9 bis 14 Uhr wurde gearbeitet.

Ich wurde als Fahrer von klapprigen Lieferwagen eingeteilt, deren kaputte Rückspiegel für recht abenteuerliche Fahrspurwechsel auf den Madrider Autobahnen sorgten.

---

[20] Matthäus 23,11 (Lutherbibel 1984)

[21] Philipper 2,6–9 (Lutherbibel 1984)

Dann Mittagessen und die obligate Siesta bis um 16 Uhr, danach wurde wieder gearbeitet bis 20 Uhr, oft sogar bis 21 Uhr.

Für uns vom Jüngerschaftskurs war auch der Küchen- und Latrinendienst reserviert. Nach dem Abendessen war das Vorbereiten der Sandwiches angesagt, dann der Einsatz auf der Straße.

Wir verteilten den Junkies und Prostituierten die Sandwiches, redeten mit ihnen, beteten für sie, und wenn jemand so richtig fertig war und nicht mehr konnte, ließ er sich von uns zum Entzug in ein Haus der ersten Phase fahren.

Oft wurde es 2 Uhr, manchmal auch 4 Uhr in der Früh, bis wir im Bett waren. Um 6 Uhr ging es dann wieder los.

Als sie uns dann auch noch zu Spezialeinsätzen am Sonntag aufbieten wollten, erhob ich Einspruch und fand, dass das gar nicht gehe. Abgesehen davon, dass wir alle schon auf dem Zahnfleisch liefen, sagt doch auch die Bibel, dass man am siebten Tag ruhen solle. Sie meinten darauf, dass Jesus auch am Sabbat geheilt habe und dies eines der alttestamentlichen Gesetze sei, welches im Neuen Testament durch Jesus erfüllt und aufgehoben wurde.

Tatsächlich gibt es auch da unterschiedlichste Strömungen in der Christenheit. Die Extremen der einen Seite finden, dass Jesus alle Gesetze als nach wie vor gültig bestätigt habe und immer noch alles von A bis Z ganz präzis zu erfüllen sei, während die Extremen der Gegenseite finden, dass Jesus die Ära des Gesetzes erfüllt und aufgehoben habe und wir jetzt in der Ära der Gnade lebten. Daher seien sämtliche Gesetze aus dem Alten Testament nicht mehr gültig, und überhaupt seien fast alle Gesetze und Richtlinien auf ein absolutes Minimum reduziert. Und dann gibt es solche, die irgendwo dazwischen liegen.

Leider sind zu viele überzeugt davon, dass ihr Leiter der unbestreitbare Oberbibelversteher ist und die anderen schauen müssen, dass sie es mit Jesus nicht verzocken, wenn sie ihrem Chefe nicht glauben, dass er die Bibel am besten versteht. Ehrlich, Leute, das Schlimmste am Christentum sind wir Christen. Das größte Wunder ist, dass Christus uns trotzdem liebt und noch Nerven für uns hat.

Nun, wir hatten keine Nerven füreinander, und die Diskussion eskalierte. Ich warf ihnen vor, Sklaventreiber zu sein, mit einem regelrechten Wahn, alles und jeden sofort retten zu müssen, ohne zu merken, dass sie es in der eigenen Kraft tun und dabei die Leute «verbrennen». Sie seien Kleingläubige, sagte ich, die Gott nicht zutrauten, dass er seinen Job auch erledigt kriegt, wenn sie am Sonntag mal eine Pause einlegten.

Der Gruppenleiter hingegen warf mir vor, rebellisch zu sein, mich nicht unterordnen zu können, keine Autorität zu respektieren und Bibelverse zu verdrehen, um die anderen Jungs im Stich zu lassen und egoistisch auf der faulen Haut zu liegen.

Na ja, in den ersten drei Punkten hatte er wohl Recht. Auf jeden Fall waren sie total überzeugt, dass sie so handeln mussten und Gott uns übernatürlich die Kraft geben würde, auch ohne Pause weiter zu ackern. Sie hauten mir ihre Verse zum Thema so zackig um die Ohren, dass ich mit meinen Argumenten ins Schleudern geriet. Also schlug ich ein Time-out vor und stoppte die Diskussion, bevor es weiter ausartete und wir uns noch brüderlich in die Fresse hauten.

Ich wollte fasten und beten und die Bibel nochmals spezifisch zu dem Thema studieren, um zu checken, was jetzt wirklich Gottes Wille ist. Fasten soll ja helfen, Gottes Stimme besser zu hören.

Als ich mich dann am Abend, nach einem Tag ohne Essen, zurückzog und alle Bibelstellen zu dem Thema studiert hatte, war der Fall klar. Ich hatte natürlich Recht und war gewappnet, dem Leitbruder nochmal so richtig die volle Salbung zu pfeifen. Das würde ich auch Miguel melden: Wie seine Jungs hier die Bibel missachteten und welche Sklaventreiberei sie da veranstalteten, gehe ja auf keine Kuhhaut.

In dem Moment sagte mir der Heilige Geist, dass ich die Übung doch nochmals wiederholen sollte – mit einer spanischen Bibel. Ich ahnte sofort, dass dieser Wink meine Position erschüttern würde. Und tatsächlich: Als ich dieselben Bibelstellen nochmals auf Spanisch nachlas, konnte ich deren Sichtweise nachvollziehen.

Ich war platt. Gott, was soll denn das jetzt? Natürlich sagten diese Bibelstellen grundsätzlich dasselbe und stand nirgends etwas völlig anderes drin. Aber ihr wisst ja, wie das ist, wenn ihr in einem Wörterbuch ein Wort nachschlagt. Dann können, je nach Kontext, sehr viele Worte mit ganz verschiedenen Begriffen übersetzt werden. Der deutsche Übersetzer hat aus den sechs, sieben Möglichkeiten nach bestem Wissen und Gewissen etwas mehr nach links übersetzt, während der spanische Übersetzer genau dasselbe halt etwas mehr nach rechts übersetzt hat. Deshalb kommen also die spanische und die deutsche Christenheit, wahrscheinlich auch in anderen Themen, auf unterschiedliche Sichtweisen. So können sich die Ritter der absoluten Wahrheit wunderbar aufplustern und miteinander streiten.

«Ja, aber Gott, was soll jetzt der Scheiß? Ist die spanische oder die deutsche Christenheit auf dem Holzweg?» Im Geist hörte ich die Antwort, dass ihm das egal sei. Was ihn viel mehr ärgert, ist, wie wir deswegen miteinander umgehen. Und ich solle mal den Römerbrief, Kapitel 14 aufschlagen.

Ja, das tut der Heilige Geist manchmal auch. Er nennt einem einfach eine Bibelstelle, wo man nachschauen soll, und man staunt oft nicht schlecht, wenn diese Stelle dann tatsächlich zur Situation passt und man spürt – nein: weiß! –, dass man richtig hingehört hat. Dies war wieder so ein Moment. Ich las also Römer 14:

«Den Schwachen im Glauben nehmt an und streitet nicht über Meinungen. Der eine glaubt, er dürfe alles essen; wer aber schwach ist, der isst kein Fleisch. Wer isst, der verachte den nicht, der nicht isst; und wer nicht isst, der richte den nicht, der isst; denn Gott hat ihn angenommen. Wer bist du, dass du einen fremden Knecht richtest? Er steht oder fällt seinem Herrn. Er wird aber stehen bleiben; denn der Herr kann ihn aufrecht halten. Der eine hält einen Tag für höher als den andern; der andere aber hält alle Tage für gleich. Ein jeder sei in seiner Meinung gewiss. […] So wird nun jeder von uns für sich selbst Gott Rechenschaft geben. Darum lasst uns nicht mehr einer den andern richten; sondern richtet vielmehr darauf euren Sinn, dass niemand seinem Bruder einen Anstoß oder Ärgernis bereite.»[22]

Okay, Gott, schön. Aber was ist jetzt nun mit der Bibel? Wie kann ich mich auf sie verlassen?

«Du kannst dich auf *mich* verlassen. Auf meine Liebe zu dir.»

«Ja prima, aber dich verstehe ich oft nicht.»

«Logisch, ich bin ja auch Gott. Wie kommst du auf die Idee, mich jemals komplett erfassen oder verstehen zu können in diesem Leben? Willst du jetzt den totalen Durchblick haben mittels eines Buches? Selbst der allerbeste Bibelversteher wird zu gewissen Themen immer wieder falsch liegen. Genauso absolut, wie meine Wahrheit ist, so absolut ist auch die Unfähigkeit des Menschen, sie komplett zu erfassen. Waren nicht die Pharisäer und die Schriftgelehrten die ultimativen Bibelkenner ihrer Zeit? Und hatten nicht genau *sie* es verpasst, als ich dann vor ihnen stand?»

«Hm, also muss ich die Bibel jetzt doch nicht so ernst nehmen?»

«Ich würde dir raten, sie sogar sehr ernst zu nehmen.»

«Ah, ehrlich, Chef, ich dreh noch durch.»

«Die Bibel ist ein Licht, aber nicht die Sonne. Eher eine Laterne, die dir hilft, im dunklen Wald auf dem Weg zu bleiben. Ohne sie bist du total aufgeschmissen im Dunkeln. Natürlich hilft es, wenn du dich mit anderen zusammentust. Dann siehst du den Weg in ihrem Licht noch etwas besser. Doch das sture Rumreiten auf dem eigenen Verständnis von Versen oder Erfahrungen, bei gleichzeitiger Überheblichkeit dem gegenüber, der die Dinge anders versteht, ist ein großes Übel.»

Ich fing an zu kapieren:

«Nicht dass wir tüchtig sind von uns ***selber,*** *uns etwas zuzurechnen als von uns selber; sondern dass wir tüchtig sind, ist von Gott, der uns auch tüchtig gemacht hat zu Dienern des neuen Bundes, nicht des Buchstabens, sondern des Geistes. Denn der Buchstabe tötet, aber der Geist macht lebendig.»*[23]

Natürlich gibt es jetzt die, die deswegen die Bibel fast völlig ignorieren und sich dann supergeistlich fühlen, sobald sie ein bisschen etwas von Gott direkt gehört haben. Plötzlich ist jeder Gedanke eine

---

[22] Römer 14,1ff. (Lutherbibel 1984)

[23] 2. Korinther 3,5 (Lutherbibel 1984; Hervorhebung durch den Autor)

Eingebung. Die können sich dann wunderbar aufplustern und sich über jeden aufregen, der ihre neue geistliche Autorität nicht anerkennt.

Es braucht aber immer noch alle drei Elemente zusammen: das Licht von Gottes Wort, die Offenbarung seines Geistes und die Einheit unter seinen Kindern, bei der jeder den anderen höher achtet als sich selbst.

Während die «Geist»-Fraktionen und die «Wort»-Fraktionen sich darüber ereifern können, wer denn nun geistlicher und frömmer ist, tun sich alle miteinander vor allem mit der Einheit in Demut und Liebe schwer. Mehr von seinem Licht hast du aber nicht, wenn du durchs Band noch besser Bescheid weißt, sondern wenn du dich an Jesajas Rat hältst:

«Brich dem Hungrigen dein Brot, und die im Elend ohne Obdach sind, führe ins Haus! Wenn du einen nackt siehst, so kleide ihn, und entzieh dich nicht deinem Fleisch und Blut! Dann wird dein Licht hervorbrechen wie die Morgenröte, und deine Heilung wird schnell voranschreiten, und deine Gerechtigkeit wird vor dir hergehen, und die Herrlichkeit des HERRN *wird deinen Zug beschließen. Dann wirst du rufen und der* HERR *wird dir antworten. Wenn du schreist, wird er sagen: Siehe, hier bin ich. Wenn du in deiner Mitte niemand unterjochst und nicht mit Fingern zeigst und nicht übel redest, sondern den Hungrigen dein Herz finden lässt und den Elenden sättigst, dann wird dein Licht in der Finsternis aufgehen, und dein Dunkel wird sein wie der Mittag. Und der* HERR *wird dich immerdar führen und dich sättigen in der Dürre und dein Gebein stärken. Und du wirst sein wie ein bewässerter Garten und wie eine Wasserquelle, der es nie an Wasser fehlt. Und es soll durch dich wieder aufgebaut werden, was lange wüst gelegen hat, und du wirst wieder aufrichten, was vorzeiten gegründet ward; und du sollst heißen: ‹Der die Lücken zumauert und die Wege ausbessert, dass man da wohnen könne.›»*[24]

Gott war offenbar kein Paragrafenreiter. Barmherzigkeit und

---

[24] Jesaja 58,7–12 (Lutherbibel 1984)

Liebe sind ihm wichtiger als der völlige Durchblick. Er sieht in das Herz. Dort sieht er, dass in manchen Fällen zwei, die in einer bestimmten Sache jeweils das Gegenteil des anderen tun, es eigentlich beide im Bestreben und Glauben tun, Gott gehorsam zu sein. Und diese Herzenshaltung freut ihn offenbar. Ob jetzt die eine oder die andere Sichtweise immer – oder nur situativ – richtig oder falsch ist, spielt offensichtlich nicht immer die ganz große Rolle. Wenn er es wichtig findet, dann hat er ja jede Macht, um einzugreifen.

Okay, also gut. Es war wohl an der Zeit, mich bei dem Leiter zu entschuldigen und auch an Sonntagen Extra-Einsätze zu leisten. Denn nun war ich bei ihnen zu Gast und sollte ihnen gefälligst keine Probleme bereiten. So erzählte ich ihm, was Gott mir gesagt hatte, und bat ihn um Vergebung. Er meinte, dass dann ja alles bestens sei und es eine Woche Abwasch als Disziplinarmaßnahme gebe.

«Äh nein, du Vollidi…, ähh, Bruder, du müsstest jetzt kapiert haben, dass ich nach bestem Wissen und Gewissen gehandelt habe, und mir auch vergeben und in Zukunft … Ach, vergiss es, ich wasche ab.»

Schließlich war ich unter anderem ja auch hier, um Demut und Unterordnung zu lernen.

Wie bitte? *Was* mache ich hier?

Demut und Unterordnung?

Bin ich noch ganz bei Trost?

Die Antwort kam prompt.

25. Hühnerscheiße

Es war Zeit, Hühner zu fangen. Ja, genau, richtige Hühner. In der Gegend um Madrid gibt es viele Hühnerfarmen, und Remar kriegt immer wieder mal einen lausig bezahlten Auftrag, mit ihren Teilnehmern die alten Hennen aus den Legebatterien zu entfernen und diese mit den neuen Hennen zu füllen oder die Schlachthühner aus den Ställen in große Lastwagen zu verladen. Die Schlachthühner musste man nach Einbruch der Dunkelheit in die Lastwagen kriegen. Dann standen sie wenigstens so lange still da, bis man sie packte. Am Tag würden sie schon vorher aufgeregt rumflattern.

Man erklärte mir, wie ich das erste Huhn ganz unten am Bein mit dem kleinen Finger und dem Ringfinger schnappen sollte. Das nächste Huhn mit dem Mittelfinger und das dritte dann mit dem Zeigefinger. Dasselbe mit der anderen Hand. Dann rennt man mit sechs Hühnern raus zum Lastwagen und hält sie den Jungs hoch, die sie dir abnehmen und sie in die Käfige verfrachten.

Natürlich flattern die Viecher wild drauflos, sobald du sie gepackt hast. Sie wirbeln Tonnen von Staub und Scheiße auf, und mit den freien Beinen kratzen sie dir die Arme blutig. Wenn du sie dann hochhebst, um sie abzugeben, wirst du manchmal auch noch direkt angeschissen.

Kurz vor der totalen Erschöpfung hatten wir es im Morgengrauen geschafft. Wir gaben uns High Fives, als ob wir gerade ein Turnier gewonnen hätten. Da kamen mir wieder die Fragen. Wie bitte? Was mache ich hier? Spinnen die Römer? Stand bis vor kurzem nicht noch etwas von «Manager» auf meiner Visitenkarte, und verdiente ich nicht zehn Riesen im Monat?

Jetzt stand ich da mit zerkratzten Armen, roch wie ein Haufen Hühnerscheiße, sah aus wie ein Haufen Hühnerscheiße, fühlte mich wie ein Haufen Hühnerscheiße – und wurde nicht einmal bezahlt dafür.

Trotzdem hatte ich ein Lächeln im Gesicht. Alles klar. Jetzt ist es offiziell: Ich habe einen Knall. Voll durch bei Rot. In meinem inneren Ohr hörte ich den Chor aus dem Lied «The Trial» von Pink Floyd: «Craazyy, over the rainbow, I am craaaaazyyyyy».

Andererseits hatte ich Gott nicht einmal in Südafrika so intensiv erlebt wie bei den Remeros. In Valencia war ich dabei, als sie wieder einmal eine Veranstaltung im Park organisierten. Sie stellten eine Bühne auf, wo Miguels Kinder, alles begabte Musiker, anfingen zu spielen. Von den Therapiehäusern in der Umgebung karrten sie die Junkies heran. Die Menschentraube vor der Bühne zog dann weitere Leute an. Die Musik war ziemlich groovy und gut gespielt, und die Leute wunderten sich, dass es Anbetungslieder waren.

Die Junkies, die sich in der Zwischenzeit bekehrt hatten, hoben ihre Hände, beteten Gott an und tanzten. Die Reaktionen im Publikum schwankten von tief beeindruckt über vorsichtige Neugier und ungläubigem Staunen bis hin zu Spott und Hohn. Währenddessen verteilten die Remeros Sandwiches an die Junkies und Penner im Park. Ich reichte einem offensichtlich verwahrlosten Alkoholiker ein Sandwich und sprach ihn an. Er schaute mich an mit seinen gelben, matt glänzenden Augen – ein Hinweis auf eine kaputte Leber – und meinte:

«Ich nichts verstehen. Deutschland.»

Als er merkte, dass ich Deutsch spreche, fragte er mich, was hier abgeht. Er war erstaunt, dass ihn niemand verjagt hatte oder Kohle für den Eintritt wollte. Und jetzt gab man ihm auch noch ein Sandwich. Ich erklärte ihm, dass wir Christen seien, die Menschen wie ihm helfen wollten, da wir selber aus dem Elend gerettet worden waren. Er antwortete, dass es für ihn keine Rettung gebe. Er habe mitansehen müssen, wie ein Auto seine Frau und sein Kind gegen eine Wand schleuderte und wie sie beide starben. Seither saufe er und warte auf den Tod.

Das war einer jener Momente, in dem einem jedes weitere Wort im Hals steckenbleibt und man sich nur noch erschüttert hinzusetzen kann, um mitzuweinen.

Sobald genügend Leute vor der Bühne versammelt waren, verstummte die Musik, und Miguel fing an zu predigen. Und wie. Er drehte die Lautsprecher so auf, dass man ihn nicht nur im ganzen Park hörte, sondern aus den umliegenden Hochhäusern alle auf die Balkone hinaustraten, um zu sehen, was da im Park los war.

Miguel gab Vollgas. Er meinte zu spüren, dass der Dämonenfürst von Valencia besonders giftig über dieser Stadt herrschte, weil dort die Inquisition in Spanien am übelsten gewütet hatte. Tausende von Christen wurden dort von der katholischen Kirche ermordet, nur weil sie selber die Bibel lesen wollten. Diese Blutschuld bringe Flüche über die Stadt. Doch heute, so Miguel, sei der Tag des Heils, wo Gott Sünden vergeben und Menschen heilen will. Dann fing er an, ins Mikrofon zu schreien, dass er den Dämonenfürsten von Valencia binde und im Namen Jesu wegschicke. Er legte sich etwa fünf Minuten schreiend mit den Mächten der Finsternis an.

Ich starrte ihn genauso entsetzt an wie die Ungläubigen im Park und auf den Balkonen. Ich dachte mir: «Auch wenn das alles stimmen mag, was Miguel da predigt, er wird bestimmt gleich verhaftet und irgendwo eingeliefert werden.»

Doch nichts rührte sich, und egal, ob gläubig oder nicht, alle hörten gebannt zu, was er noch zu sagen hatte. Auch der deutsche Verwahrloste fragte mich, was denn jetzt wieder los sei. Da Miguel viel zu schnell predigte, als dass ich simultan hätte übersetzen können, predigte ich ihm halt selber die Worte, von denen ich glaubte, dass der Heilige Geist sie mir für ihn eingab.

Am Schluss rief Miguel in die Menge: «Wer von Jesus geheilt oder berührt werden will, soll jetzt nach vorne kommen!» Und tatsächlich strömten unglaublich viele Leute nach vorne. Miguel ging durch die Reihen, legte den Leuten die Hände auf und betete. Die Leute kippten reihenweise um und mussten von den hinteren Reihen aufgefangen werden.

Der Deutsche fragte mich, was das zu bedeuten habe. Ich hatte das schon ein paar Mal gesehen und erklärte ihm, dass die Kraft des Heiligen Geistes die Leute offenbar umhaue und dass sie nach ein paar Minuten wieder aufstehen und einige danach erzählen, dass sie Gott erlebt haben oder geheilt wurden.

Da sprang er auf und meinte, das brauche er jetzt auch. Ich hetzte ihm nach, um zu übersetzen.

Als Miguel zu ihm kam und ihn fragte, was sein Anliegen sei, rief ich Miguel zu, dass der Mann ihn nicht verstehe, aber er solle ihm in die Augen schauen, dann wisse er Bescheid.

Miguel legte los, und keine zehn Sekunden später lag auch der Deutsche auf dem Boden. Als er wieder aufstand, musste ich wieder weinen. Diesmal jedoch vor Rührung. Der eben noch kaputte, verlorene Säufer mit den matten gelben Augen hatte plötzlich die Ausstrahlung eines fröhlichen Kindes. Er lächelte noch etwas benommen und wusste nicht so recht, wie ihm geschah, aber seine Augen glänzten und waren weiß. Es sah aus, als hätte man ihm die alten Glupscher herausgenommen und neue reinmontiert.

Das waren die Momente, die ich bei den Remeros liebte. Gott griff immer wieder ein und machte sich bemerkbar. Es scheint, als hätte Gott eine Schwäche für die Fertigsten, Kaputtesten, Zerstörtesten. Ich war wirklich beeindruckt von ihrer Arbeit. Allein die Tatsache, dass es sie überhaupt noch gibt, ist ein Wunder. Diese Organisation kann nach menschlichem Ermessen unmöglich funktionieren. 90 Prozent des Kaders hat keine Ausbildung abgeschlossen und ist nach jahrelangem Alkohol- und Drogenkonsum gesundheitlich und oft auch psychisch angeschlagen.

Die meisten haben eine kriminelle Vergangenheit, und etwa die Hälfte hatte Aids.

Miguel hörte fast täglich Dinge wie: Jemand hat Jose wegen einer alten Geschichte verpfiffen, und er wurde verhaftet. Juanito ist gestorben. Carlos ist im Krankenhaus. Maria hatte einen Zusammenbruch. Jorge ist rückfällig geworden. Pedro ist spurlos verschwunden – und mit ihm die Tageskasse und ein Lieferwagen. Joao hat Klempner gespielt und das Haus unter Wasser gesetzt. Ein Kunde will uns verklagen, weil einer der Jungs seine Möbel ruiniert hat, und ein anderer will sein Geld für das Putzen zurück, da die Mädels nicht wirklich geputzt haben. Ricardo hat einen Unfall gebaut. Juanita ist plötzlich schwanger und will nicht wissen, von wem. Und so weiter, ohne Ende.

Hat jemand die Schnauze voll oder sonst eine Krise, dann heißt es über Nacht: Tschüss. Keine Kündigungsfrist und keine vorherige Einarbeitung eines Ersatzes. Apropos Ersatz: Da hast du ein Zentrum mit einem super Leiter voll göttlicher Weisheit und Liebe – und dann ist er plötzlich weg. Wie soll ein Inserat für den Ersatz aussehen? «Leiter gesucht für ein Haus voll mit Junkies und Problemen. Angewiesen auf Zeichen und Wunder. Es wird kein Lohn bezahlt»?

Vergiss es.

Dauernd mussten sie irgendjemanden ersetzen und hatten nur

die Auswahl unter ihren eigenen, oft erst halb rehabilitierten und nicht wirklich qualifizierten Teilnehmern. Sie konnten also wählen zwischen dem völlig Unfähigen, dem ohne Sozialkompetenz, dem Aidskranken und dem Traumatisierten. Oft mussten sie Personen Verantwortung übergeben, von denen sie wussten, dass sie ihre Verantwortung missbrauchen, die Leute nicht optimal betreuen, einen Haufen Probleme schaffen und lokal für einen schlechten Ruf sorgen werden. Doch was sollten sie sonst tun? Zwanzig oder dreißig Bedürftige wieder auf die Straße schicken, weil sie leider keinen geeigneten Leiter haben, der den Laden schmeißt?

Sie entschieden sich dazu, lieber schlecht als gar nicht weiterzumachen und Gott zu vertrauen, dass er sich in ihrer Schwäche stark macht. Und dass er ihnen neue Kraft gibt, wenn sie nicht mehr können. Denn viele von den Jungs arbeiten bis zur Erschöpfung und darüber hinaus. Da braucht es definitiv ein «Wunder-Abonnement», damit das trotz all dem auch nur ansatzweise funktioniert.

Es ist einfach nur gewaltig, was dieser Haufen mit bescheidensten Ressourcen und unter widrigsten Umständen alles leistet. Trotzdem kam die meiste Kritik an ihnen ausgerechnet wieder von unseren lieben Glaubensgeschwistern. Ich staune immer wieder über Brüder und Schwestern, die so gerne alles und jeden kritisieren, anstatt für die Kritisierten zu beten und Gott zu fragen, wie und wo sie selber helfen könnten.

An einem Leitertreffen kamen etwa 200 Leiter aus ganz Spanien zusammen. Daniel Del Vecchio erzählte, wie er die ersten Pfingstgemeinden in Spanien gegründet hatte, indem er sich anzog wie die katholischen Priester, sich als Wanderprediger vorstellte und fragte, ob er an der Messe predigen dürfe. Damals gab es nur Katholiken in Spanien. So kamen sie gar nicht auf die Idee, dass er nicht katholisch sein könnte, und ließen ihn gewähren. Dann legte er los, predigte den Menschen das Evangelium und rief sie auf zu Buße und Umkehr, damit sie wirklich Jesus und den Heiligen Geist empfangen konnten.

Die Leute kamen nach vorne, fingen an, in Zungen zu reden, es geschahen Heilungen, und das allgemeine Chaos brach aus. Als sie ihn dann rauswarfen, folgten ihm jene, die Gott erlebt hatten, und gründeten eine Pfingstgemeinde.

Plötzlich hielt er inne und meinte, dass ihm der Heilige Geist gerade sage, dass er genug Geschichten erzählt habe und wir jetzt alle eine Erfrischung vom Heiligen Geist brauchten. Wir seien alle großen Mühen, Strapazen und Angriffen ausgesetzt gewesen, und Gott wolle seine Salbung über uns erneuern.

Vielleicht meinte er das auch, weil er sah, dass viele schon eingeschlafen waren. Wir waren wirklich alle ziemlich am Anschlag.

Dann rief er uns auf, aufzustehen und in Zungen zu singen. Die einen legten gleich los, und die anderen zogen noch etwas zaghaft nach.

Zuerst war es wie in einem Irrenhaus, und ich dachte daran, wie Paulus gesagt hatte, dass man das mit dem Zungenreden in der öffentlichen Versammlung besser sein lasse. Doch das war ja keine öffentliche Versammlung, sondern hier waren alles Leiter. Nach kurzer Zeit fing das Gewirr von Stimmen und Rufen an, irgendwie harmonisch zu klingen. Ja, es klang tatsächlich immer schöner, obwohl jeder für sich irgendwelche Laute und Silben sang, über die er keine Kontrolle hatte.

Dann fühlte es sich an, wie wenn der Raum sich mit Wasser füllen würde. Ich fragte mich, ob es einen Rohrbruch gegeben hatte, und schaute runter. Aber da war nichts. Es fühlte sich weiter an, als würde das Wasser steigen, und ich bemerkte rund um mich herum, wie einer nach dem anderen anfing, verwirrt auf den Boden zu schauen.

Dann rief Daniel von der Bühne herunter: «Spürt ihr, wie sich der Raum mit der Salbung füllt?» Alle nickten und jauchzten. Es stieg immer höher, bis über die Finger der Hände, die wir in die Höhe hoben. Es war gewaltig. Die Präsenz im Raum war so stark, dass man sie mit Händen greifen konnte.

Daniel rief uns zu, wir sollten weitermachen, bis der Raum ganz voll sei. Dann schrie er plötzlich: «Empfangt jetzt die frische Salbung», und pustete ins Mikrofon. Als hätte eine Bombe eingeschlagen, kippten die ersten fünf Reihen vor der Bühne um. Ich stand ganz hinten und spürte eine Druckwelle, so dass es meine Arme nach hinten drückte.

Manche würden jetzt von Massenhypnose und Suggestion sprechen. Doch wir hatten alle gespürt, wie etwas Ähnliches wie Wasser den Raum füllte, noch bevor Daniel überhaupt etwas gesagt hatte. Und wie das Gewirr der Stimmen in eine schön orchestrierte harmonische Musik münden konnte, ohne dass jemand etwas dirigiert oder gelenkt hätte, müsste man mir dann auch noch erklären. Die Wirkung war jedenfalls der Hammer. Alle waren wieder voll motiviert, erfrischt im Glauben und erfüllt von der Liebe Gottes.

26. Miami und Vice

Nach fünf Monaten in Madrid war die Zeit gekommen, mit den Jungs nach Miami zu fliegen, um ihnen unter anderem unsere Farm zu zeigen. Sie hatten mich überzeugt, dass sie trotz all ihrer Schwächen, Fehler und Probleme das Herz am rechten Fleck hatten und Gott mit ihnen war.

Im Flieger fing ich an zu rechnen, was wir wohl für ein Budget zur Verfügung hatten, um dort eine neue Reha zu starten. Wir waren fünf Leute, brauchten ein Auto, ein größeres Haus, in welchem wir Leute aufnehmen und einen Secondhandshop eröffnen könnten, und einen Lieferwagen. Ich schätzte, dass es, selbst wenn alles gebraucht und billig war, mindestens fünfzig Riesen sein müssten.

Javi, der Team-Leader, meinte mit einem Lächeln im Gesicht, dass er ganze 5000 Dollar dabei habe. 5000 Dollar? Fünf Jungs machen mit fünf Riesen kaum eine Woche Ferien in Miami. Ich war froh, noch 700 Dollar in der Tasche zu haben. Die waren zwar eigentlich dafür bestimmt, ein Ticket für Javi und mich nach Santo Domingo zu kaufen, damit ich ihm die Farm zeigen konnte. Doch im Notfall würde es halt gebraucht, um den Heimflug umzubuchen und noch etwas zu essen.

Ich war, ehrlich gesagt, nicht mehr so sicher, ob ich nun eher glaubte, dass Javi eine Schraube locker hatte, oder dass Gott sich in den kommenden Wochen in einer ganz neuen Dimension bemerkbar machen würde.

Doch das tat er. Wir waren wie erwartet schon sehr bald pleite. Ich hatte meine 700 Dollar noch, doch das wusste nur Javi, und der wusste auch, wofür sie reserviert waren. Wir hatten das letzte Essen auf dem Tisch, und Javi betete: «Danke für dieses Essen, Vater, und dass du uns bis hierher gebracht hast. Ich weiß, dass du auch für das Abendessen sorgen wirst. Amen.»

Während ich an das Umbuchen dachte und ihnen den Rest meiner Dollar überlassen wollte, klopfte es an der Tür. Ich machte auf, und ein blonder, blauäugiger Typ stand mit einer großen Kiste da.

«Hey Guys, ich ziehe in den Mittleren Westen, und diese Kiste hier, die passt weder in den Truck noch in meinen Wagen. Es wäre einfach schade, das alles wegzuwerfen. Vielleicht könnt ihr das ja brauchen.»

Ich hatte ihn in der Nachbarschaft noch nie gesehen, und er passte da auch nicht hin. Wir waren direkt am Biscayne Boulevard, wo auf der einen Seite ein Latino-Viertel und auf der anderen ein Schwarzen-Viertel liegt. Ich fragte ihn, was denn in der Kiste sei, und er meinte:

«Food.»

Sein ganzer Vorrat.

Ich war so perplex, dass ich nur etwas stammelte wie: «Das können wir tatsächlich sehr gut gebrauchen.»

Er meinte, das sei ja super, schob die Kiste rüber und war schon wieder weg, bevor ich ihn noch was Weiteres fragen konnte. Zum Beispiel, warum er in diesem riesigen Miami ausgerechnet an *unserer* Haustüre klingelte. Wir hatten ja kein Schild draußen, das «Wir sind pleite und haben nichts mehr zu futtern» gesagt hätte. Auch unser Logo mit dem speziellen Schriftzug, das in Miami eh noch keiner kannte, hatten wir noch nicht ans Haus gemalt. Und das alles geschah genau jetzt, nachdem Javi dieses Gebet gesprochen hatte.

In der Kiste war Futter für eine Woche.

Es war einfach der Hammer.

Dann wurde einer der Jungs krank. Wir waren nicht versichert und hatten keine Kohle für einen Arzt. Also legte Javi ihm die Hände auf und sagte zu Gott, dass er ihn jetzt bitte entweder gleich heilen oder uns einen Arzt besorgen solle. Daraufhin ging der Kranke zurück ins Bett, und wir fuhren los, um unsere Arbeit zu verrichten.

Dort, wo wir eigentlich hinwollten, gab es aber keinen Parkplatz. Wir drehten immer größere und größere Kreise und konnten nicht fassen, dass es keine Möglichkeit zum Parken gab. Nach etwa vierzig Minuten Herumkurven fanden wir endlich einen Parkplatz. Wir gingen dann eine halbe Stunde zu Fuß.

In Miami gibt es auf den breiten Straßen und Trottoirs kaum Schatten. Bei über 40 Grad brannte uns die Sonne erbarmungslos auf den Pelz. Wir kamen schweißgebadet zurück zum Auto und fühlten uns weder von Gott geleitet noch gesegnet.

Da nimmt Javi eine Visitenkarte von der Windschutzscheibe, fängt an zu lachen und Gott zu preisen. Er hält sie mir vor die Nase. Und siehe da, es ist eine Karte von einem Arzt. Auf der Rückseite steht von Hand geschrieben, dass wir uns bei ihm melden dürfen, falls wir gratis medizinische Versorgung bräuchten.

Auch wenn wir uns in der Zwischenzeit an solche «Zufälle» gewöhnt haben mochten, waren wir ganz aus dem Häuschen. Wir riefen den Doc natürlich gleich an:

«Herzlichen Dank für die Karte. Wir wären tatsächlich sehr froh, wenn Sie sich einen unserer Jungs mal etwas genauer anschauen könnten. Doch wie in aller Welt kommt Ihre Visitenkarte ausgerechnet an unsere Windschutzscheibe?»

«Nun, ich hatte gerade im Radio gehört, dass Remar jetzt auch in Miami ein neues Zentrum aufmacht und wie ihr so funktioniert. Das hat mir gefallen. In diesen Minuten war euer Auto gerade vor meinem Haus geparkt. Da dachte ich, vielleicht kann ich auf diese Weise einen bescheidenen Beitrag leisten.»

Wir waren sprachlos. Radio? Welches Radio? Wir waren erst seit drei Wochen in Miami, wir hatten keine Medienmitteilung rausgegeben, und es hatte uns auch kein Journalist gefragt, wer wir waren und was wir dort taten. Und dieses Radio-Feature hörte der Arzt genau in den Minuten, wo wir unser Auto vor seinem Haus parkten, nachdem wir zuvor fast durchdrehten, weil wir nirgends sonst einen Parkplatz finden konnten! Hmm. Und das soll nicht Gott gelenkt haben?

Nach etwa drei Wochen besuchten uns ein paar Jungs von Remar Chicago. Sie kamen mit zwei Lieferwagen voll mit Möbeln und Kram aus ihrem Secondhandshop. Sie überließen uns die ganze Ware und einen der Lieferwagen als Starthilfe. Dazu kamen noch ein paar Jungs aus Chicago, Washington und Newark, die sie dort von der Straße geholt hatten oder die ihnen vom Richter zugewiesen worden waren.

Auch die Amis kennen solche «Therapie statt Strafe»-Programme für kriminell gewordene Junkies. Wir unsererseits gaben der Chicago Crew im Gegenzug auch immer wieder mal Jungs rüber, die wir in Miami aufgelesen hatten.

Das hatte System: In allen Ländern sandte Remar die Leute von der einen Ecke des Landes möglichst in eines ihrer Zentren an weit entfernten Orten. Vom Westen in den Osten und umgekehrt, vom Süden in den Norden und umgekehrt. Denn wenn der Junkie eine Krise hat und sich zu nahe bei seinem Umfeld aufhält, haut er sehr schnell ab. Wenn er aber erst mal ohne Geld eine große Reise unternehmen müsste und sich in einem gefährlichen Viertel befindet, wo er weder die Dealer noch sonstige Leute kennt, überlegt er es sich zweimal, ob er abhaut oder doch lieber lernt, Krisen zu überwinden.

Kaum hatten wir die Lieferwagen entladen, platzte in einer Ecke im Haus der Verputz von der Wand, und es sprudelte Wasser heraus. Rohrbruch. Schnell fand einer den Haupthahn, und es hörte sogleich auf zu spritzen. Wir begutachteten den Schaden. Ein Zwischenverbindungs-Eckstück des Rohres war durchgerostet.

«Sieht nach 1000 Dollar für den Klempner aus.»

Da sagte Marcos, einer der Jungs, die gerade aus Chicago gekommen waren, dass er gelernter Klempner sei.

Na ja, «Jungs» ist manchmal das falsche Wort. Einige unserer Klienten waren schon ziemlich alt. Marcos zum Beispiel war schon über fünfzig. Ein Vietnam-Veteran mexikanischer Abstammung. Für sein Alter und seine Geschichte sah er aber flott aus, fit wie ein Turnschuh. Mit seinem Bärtchen glich er Robert de Niro im Film «Heat».

«Ich brauche nur eine Klempnerzange und ein passendes Eckstück, dann habe ich das gleich gefixt.»

«Wo treiben wir so eins auf? Und was kostet das wohl?», fragte einer.

Da rief ein anderer ganz aufgeregt:

«Wartet mal! Beim Ausladen habe ich eine Kiste mit etwas in der Art gesehen.»

Er rannte raus und kam im Nu mit einer Klempnerzange und einem Eckstück zurückgerannt:

«Passt das? Ich hatte mich noch gewundert, welcher Idiot uns so ein Rohrverbinder-Eckstück reinpackt und was wir mit dem Krempel in der Kiste sollen.»

Wir hielten den Atem an, als Marcos damit in der Ecke herumhantierte.

«Gloria a Dios! Es passt!»

Sogar die Ungläubigen unter den Jungs murmelten ehrfürchtig: «Gloria a Dios». Gott wusste, dass das Rohr brechen würde und wir keine Kohle für den Klempner hatten. Also suchte er sich von all den Jungs in Chicago einen Klempner für das Miami-Team aus und legte noch das passende Eckstück und die Zange in eine der Kisten. Natürlich hätte er gleich verhindern können, dass das Rohr platzt, doch dann hätte ja wieder mal keiner von uns etwas von seiner Gegenwart gemerkt. So zeigte er uns ganz praktisch und handfest, dass er mit uns ist und den Seinen hilft, alles zu überwinden.

Und so ging es dort die ganze Zeit weiter. Ehrlich jetzt, ohne Scheiß: In nur vier Wochen hatten wir mit dem Mikro-Startkapital von 5000 Dollar und dem, was der Besuch aus Chicago brachte, das Haus, den Laden, die Möbel, das Auto, den Lieferwagen, unseren Doktor und erste Aufträge. Und wir holten Leute von der Straße. Jeden Abend hatten wir noch gar keinen Plan, wie wir den nächsten Tag auf die Reihe bringen sollten. Und doch funktionierte es.

Es war einfach nur gewaltig.

Während ich mit unseren Klienten aus Chicago diverse Arbeiten verrichtete, fiel mir auf, dass die Jungs einen extrem respektvollen Umgang miteinander pflegten. In der Schweiz sind wir es ja gewohnt, dass dauernd gestichelt wird und Sprüche geklopft werden. Doch hier gingen sie schon fast ehrfürchtig miteinander um. Wenn es doch mal Spannungen gab, kam Marcos oft noch schneller als wir vom Leiterteam hinzu, um die Situation zu beruhigen. Dabei achtete er immer darauf, dass keiner der Streithähne das Gesicht verlor. Er genoss offenbar den höchsten Respekt.

Marcos klärte mich auf, dass die Jungs nicht so nett waren miteinander, weil sie von Herzen viel netter wären als die Schweizer. Man erlaube sich die Sticheleien einfach nur unter guten Freunden. Außerhalb des engeren Freundeskreises könne ein falsches Wort schnell bis zu tödlicher Gewalt eskalieren. Ausnahmslos alle hatten Narben von Stich- oder Schusswunden neben ihren Tattoos.

Marcos war irgendwie sofort der gefühlte Chef im Haus, obwohl er sehr gut kooperierte und sich unserer Leiterschaft nie widersetzte. Doch es umgab ihn einfach diese Boss-Aura. Wahrscheinlich nicht nur, weil er aussah wie Robert de Niro und ein Vietnam-Veteran war. Eher, weil er neben seiner Karriere als Klempner auch Chef einer Straßengang in Chicago war. Immer wenn er mich erblickte, rief er lachend serbische Fluchworte. In seinem Viertel hatte es nur Mexikaner und Serben gegeben. Seine halbe Gang hatte serbische Wurzeln, und er meinte, wir Serben seien alles ganz lustige Typen, die man aber besser nicht anpisste.

So erzählte er mir während der Arbeit den ganzen Tag lang Geschichten von seinen traumatischen Erlebnissen in Vietnam und lustige Geschichten von den Serben in seiner Gang. Er wurde mit 18 nach Vietnam geschickt und sofort mit Drogen vollgepumpt. Alkohol und Methamphetamine gab es von den Offizieren, während Marihuana und Heroin vom Vietcong spendiert wurde. Als der Vietcong nämlich merkte, was die Drogen bei den Amis anrichteten, haben sie denen den Stoff nicht mehr verkauft, sondern geschenkt. In manchen Kompanien waren alle einfach dauernd zugedröhnt.

Er erzählte, wie sie eines Nachts hinter einem schweren Maschinengewehr Wache schoben. Völlig high kamen sie auf die Idee, mit dem Teil auf ein kleines Licht – mehrere hundert Meter weiter flussabwärts – zu schießen, und ballerten wie wild drauflos, bis das Licht aus war. Am nächsten Morgen stellten sie zutiefst erschüttert fest, dass ihr Ziel eine Laterne in einem kleinen Dörfchen aus Holzhütten war. Sie hatten ohne Absicht und aus purer Dummheit die halbe Dorfbevölkerung massakriert. Traumatisiert, auf Drogen, voller Schuldgefühle und ohne Aussicht auf einen Job, war der Weg in die Straßengang hier schon vorgezeichnet.

Die Gang ist die «heilige Familie», die den Ihren Schutz und Geborgenheit gibt, welche sie sonst nirgends kannten. Aus der Gang kommt man meist nur tot wieder raus. Landet man im Knast, hält man sich auch dort an seine Gang. Ferien von der Gang gibt es nur, wenn man in Therapie ist. Marcos sah seinen Aufenthalt bei uns also als Ferien an. Die Einzigen, die lebend aus der Gang kommen, sind Leute, die sich echt bekehren. Die gehen den anderen nämlich auf die Nerven, weil sie ihnen, statt jeden Scheiß mitzumachen, nun die Ohren mit Jesus volllabern und so deren sowieso schon schlechtes Gewissen noch schlechter machen.

Andererseits kennt man in der Gang auch den frischbekehrten Jesus Freak natürlich oft schon von klein auf, und er hat sie ja mit seiner Umkehr nicht wirklich so verraten, dass ihn deswegen jemand töten will. Daher werden Jesus Freaks mit der Zeit einfach immer mehr gemieden und entwickeln sich so aus der Gang heraus.

In Marcos' Viertel waren es interessanterweise eher die Mexikaner, die Jesus begegneten. Denn Marcos' heitere Geschichten von den Serben in der Gang endeten immer mit: «Er war ein lustiger Typ, ich mochte ihn sehr. Leider ist er tot.»

27. Ohne Geld vom Himmel versorgt

Ja, wir Serben sind tatsächlich ein lustiges Volk, das leider Fluch, Tod und Zerstörung anzuziehen scheint. Die Serben, die ich kenne, sind wirklich meist lustige Nasen und sehr großzügige Menschen.

Doch Tod und Verderben waren schon immer unsere ständigen Begleiter. Immer wollten fremde Mächte über unsere Region herrschen und überzogen sie mit Mord, Plünderung, Brandschatzung und Vergewaltigung. In jedem Jahrhundert, seit den Römern. Die slawischen Stämme untereinander, dann wieder die Byzantiner, die Albaner, dazwischen die Kreuzritter, auf der Durchreise sozusagen, und dann die Türken, welche besonders übel wüteten. Nach diesen wollten noch die Bulgaren, die Österreicher, die Ungarn, die Italiener, die Deutschen, die Sowjets und heute die Amis und die EU sagen, wer wo im Balkan den Boss spielen darf.

Prozentual haben im Ersten Weltkrieg die Serben am meisten geblutet und rund ein Drittel der gesamten Bevölkerung verloren. Im Zweiten Weltkrieg hatten die Nazis so nette Ideen wie: Für jeden toten Nazi sind hundert serbische Zivilisten zu erschießen.

Auch die Massaker und Massen-Pfählungen der Türken oder die Konzentrationslager der Kroaten haben wir nicht vergessen. Wahrscheinlich ist die kollektiv angesammelte Bitterkeit und Anklage aus dieser Geschichte auch der Grund, warum sich einige Serben in Monster verwandelt haben und sich dieselben Verbrechen erlauben. Mit der typischen «Ja, aber die anderen haben zuerst»-Ausrede merken sie in trügerischer Selbstgerechtigkeit gar nicht, wie sie uns trotzig noch mehr Fluch aufladen.

Obwohl ich in der Schweiz aufwuchs und die Schweiz von Herzen liebe, fühlte ich mich doch immer mit Serbien verbunden. Die Nachrichten von Kriegsgräueln trafen mich sehr. Egal, wer wen massakrierte. Das Thema verursachte wieder Depressionsschübe. Auch wenn es mit Gott gerade gut lief und er sich mit Zeichen und Wundern manifestierte, klagte mein Herz ihn wegen all dem Elend an. Auch wenn mich mein Kopf daran erinnerte, dass er uns als Menschen mit eigenem Willen und eigener Verantwortung geschaffen und uns ja gesagt hat, wie wir gut leben können und was wir besser nicht tun sollen. Natürlich ist es unser Problem, wenn wir nicht hören wollen. Aber hey, er könnte doch eingreifen, oder?!

Eigentlich tat er das ja auch immer wieder mal.

Halt nur nicht so, wie ich es wollte.

Vor allem, dass ausgerechnet die Serben die Bösen im Film sein sollen, schlug mir extrem aufs Gemüt. Nach meinen Studien über die dunklen Machenschaften der Mächtigen dieser Welt war ich eh überzeugt, dass das Auseinanderreißen Jugoslawiens ein finsterer Plot von diesen Weltbeherrscher-Typen sein musste und Jugoslawien einfach Pech hatte, in deren Visier geraten zu sein. Für mich stand fest: Weder Kroaten noch Serben noch Bosnier, sondern Jesuiten oder Illuminati oder sonst so ein scheiß Verein mussten dahinterstecken.

Heute wissen wir, dank Ex-CIA-Agent Robert Booker Baer: Die CIA trug entscheidend dazu bei, dass es dort krachte. Baer sagt: «Sie gaben uns Millionen, um Jugoslawien zu zerstückeln.» Er war selber daran beteiligt, Extremisten, Politiker und Pressevertreter auf allen Seiten zu bezahlen, anzustacheln und zu bewaffnen.

Wen immer es interessierte, dem erklärte ich diese Zusammenhänge, wie Kräfte von außen auch *unser* Land destabilisiert und in Krieg und Chaos gestürzt haben. Ich tat es immer mit Leidenschaft. Doch all das zu Papier zu bringen, ergäbe nochmals ein ganz anderes Buch.[25] Die Situation im Balkan machte mich jedenfalls immer wieder rasend vor Wut. In mir tobte ein hochtoxischer Mix aus Verzweiflung, Bitterkeit und Trauer. Vor allem nervte mich, wenn Leute alternative Informationen sofort als Verschwörungstheorien verwerfen, ohne zu merken, dass sie das nur tun, weil sie die Mainstream-Propaganda schon ungeprüft als Wahrheit gefressen haben.

---

[25] Für Interessierte empfehle ich auf YouTube: «Wie uns illegale Kriege schmackhaft gemacht werden – Sündenfall Kosovo 1999». Der Vortrag zeigt im ersten Teil, wie Kriegspropaganda heute funktioniert, und im zweiten Teil, was im Kosovo wirklich lief. / Und ebenfalls gut: Der Dokumentarfilm «The Weight of Chains» über die Zerstörung Jugoslawiens.

Wenn man die Infos von mehreren Seiten kritisch prüft, dann kommt man offensichtlich viel näher an die Wahrheit ran. Doch wem das zu mühsam ist, der schluckt einfach das als Wahrheit, womit man dauernd berieselt wird.

Heute passiert dieselbe Scheiße nach demselben Muster mit Syrien, der Ukraine, sowieso immer mit Israel, und wenn sie dort Pech haben, bald mit Venezuela. Während die Mainstream-Medien meist nur eine Seite dämonisieren, finden nur jene, die aktiv nach der Wahrheit suchen und verschiedene Quellen prüfen, heraus, dass alles ziemlich anders und vor allem viel komplexer ist.

Wobei diese Suche auch nicht immer gesund ist. Ohne Zugang zu Gottes Perspektive auf die Dinge und den Weltenlauf gerät man leicht in eine Paranoia über tatsächliche oder vermeintliche Verschwörungen.

Ich drehte jeweils fast durch, wenn ich wieder etwas über neue Verwicklungen herausfand. Doch immer, wenn es zu schlimm wurde, spürte ich auch wieder Gottes tröstende Gegenwart und wusste einfach, dass er alles wieder in Ordnung bringen wird. Sogar mich.

Und unsere Farm? Die wollten die Remeros nicht einmal geschenkt. Sie war ihnen zu weit weg vom Schuss. Mit demselben Geld, das es brauchte, um unsere Vision an diesem einen Ort zu erfüllen, konnte Remar an zwanzig anderen Orten gleichzeitig und viel schneller starten. Dafür eben etwas einfacher und chaotischer, als Schweizer das machen würden.

So beerdigten wir das Projekt Esperanza definitiv, und ich kehrte nach sechs Monaten Madrid und Miami wieder in die Schweiz zurück. Vorläufig wollte ich bei Remar bleiben, und man übertrug mir die Verantwortung, das Brockenhaus und das Büro in Zürich zu leiten.

Meine Verwandten und Bekannten wunderten sich natürlich und fragten sich, ob ich nun völlig den Verstand verloren hatte. Ohne Gehalt, dafür mit Junkies und Jesus und so zu leben. Immerhin war ich jetzt nicht mehr wie in Madrid mit zwanzig anderen in einem Zimmer, sondern hauste in einem Dreierzimmer. Da gab es schon fast wieder so etwas wie Privatsphäre.

Verheiratete Remeros bekamen übrigens eine Wohnung oder teilten sich ein Haus.

Ich war eigentlich ganz happy dort, denn Gott machte sich auch bei den Remeros in der Schweiz bemerkbar, und ich tat ja etwas Gutes. Es kam in der Zwischenzeit auch schon vor, dass bei Einzelnen zum Beispiel die Rückenschmerzen verschwanden und sich bei anderen die Entzugserscheinungen besserten oder gar komplett in nichts auflösten, wenn ich ihnen betend die Hände auflegte.

Es war immer wieder umwerfend, wenn plötzlich eine Person auftauchte und einem genau das brachte, was einem fehlte. Freude bereitete mir auch, wenn sie mich in den Gottesdiensten predigen ließen und anschließend manche meinten, dass sie dadurch sehr gesegnet wurden und Gott zu ihnen gesprochen habe.

Spektakulär war jeweils auch, wenn bei jemandem seine Dämonen ausflippten und anfingen, sich zu manifestieren. Dann konnten wir mit eigenen Augen Szenen beobachten, die man sonst in Horrorthrillern sieht. Nur dass es nicht wie im Film zu einem Massaker führte, sondern wir die Oberhand behielten und die Dämonen weichen mussten. Und nein, wir haben ihnen die Dämonen nicht rausgeprügelt und auch keine Exorzismen angeboten. Es geschah immer unerwartet.

Bei unserer Klientel waren ab und zu schwer belastete Leute dabei. Wenn man mit ihnen betete, passierte es manchmal ganz plötzlich, dass sich ihre Dämonen bemerkbar machten. Doch mit Jesus in uns müssen wir keine Angst haben. Diese Dämonen können nicht viel mehr als eine Show abziehen, während wir die Autorität haben, sie ganz einfach mit unseren Worten zu binden. Funktioniert auch ohne Geschrei und religiösem Brimborium – wenn man wirklich die Vollmacht hat. Ohne Jesu Vollmacht ist es aber ganz und gar nicht zu empfehlen, sich mit Dämonen anzulegen.

Wenn mir mal etwas fehlte, konnte ich mich auf Gott verlassen. Als zum Beispiel meine Cowboy-Lederstiefel mit stumpfer Spitze, für die ich 300 Franken bezahlt hatte, ausgelatscht waren, sagte ich zu Gott: «Herr, ich brauche neue Stiefel, und ich habe keine 300 Stutz mehr. Könntest du mir neue Stiefel besorgen?» Kurz darauf waren wir dabei, den Lieferwagen mit den Möbeln für das Brockenhaus zu entladen, als ich beim Reinschleppen über eine Schachtel stolperte und fast auf die Fresse fiel.

«Welcher Pendejo lässt hier mitten im Weg eine Schachtel liegen?»

Keiner fühlte sich angesprochen. Ich schaute also mal in die Schachtel hinein, und da waren sie.

«Stiefel! Genau die, die ich wollte. Gott, hast du mir jetzt wirklich …? Ist das meine Größe?»

Sie passten perfekt, und niemand sonst erhob Anspruch auf den Inhalt der Schachtel. «Danke für die Stiefel, himmlischer Vater – und das mit dem Pendejo war natürlich nicht so gemeint.»

Als ich etwas Cash brauchte, rammte jemand mein Auto leicht von der Seite und drückte mir eine kleine Beule in die Seitentür. Wir schauten uns den Schaden an, und ich dachte: «Pfff, die alte Karre gibt eh bald den Geist auf, was kratzt mich die Beule?»

Da meinte der etwas ältere Herr nervös: «Tut mir schrecklich leid. Können wir das unbürokratisch und ohne Polizei regeln? Ich kann ihnen hier gleich 400 Franken geben.»

Super! Dafür hätte er mir auch noch die andere Türe verbeulen dürfen. Etwas später gab die Karre dann tatsächlich den Geist auf, und es lohnte sich nicht mehr, sie zu reparieren.

«Tja, Herr, nochmals danke für die Stiefel. Ich weiß nicht, ob mein Glaube groß genug ist für ein Auto, aber du siehst, wie es aussieht.»

Nur wenige Tage später kam ein entfernter Verwandter zu mir ins Büro und löcherte mich mit Fragen. Er war sehr erstaunt zu hören, dass ich meinen super bezahlten Job hingeschmissen hatte, um ohne Lohn auf der Langstraße Brötchen zu verteilen und Junkies zusammenzulesen.

Ich kam ziemlich ins Schwitzen und überlegte mir jede Antwort sehr gut, denn ich fürchtete, dass er seine Meinung dann auch meinen Eltern kundtun würde. Die gaben mir so schon nicht gerade das Gefühl, dass sie das, was ich da tat, besonders gut fanden.

Nachdem er mich lange befragt hatte und ich mir fast wie in einem Verhör vorkam, zeigte er sich sichtlich beeindruckt vom Gehörten und sagte zum Abschied:

«Ich habe mir ein neues Auto gekauft und wollte gerade mein altes verkaufen. Doch nun habe ich den Eindruck, dass ich es dir schenken soll.»

Nie im Leben wäre es mir in den Sinn gekommen, ihn wissen zu lassen, dass mir gerade Kohle für ein Auto fehlte, oder ihn sonst um irgendwas zu bitten. Umso umwerfender war der Moment, als er das wie aus dem Nichts heraus sagte und mir den Autoschlüssel auf den Tisch legte. Ich platzte fast vor Freude und Erstaunen darüber, wie krass, konkret und schnell Gott meine Gebete erhörte.

28. Ein bitteres Ende

Also, zumindest die dringendsten Gebete – etwa wenn ich so richtig in der Scheiße saß, oder auch, wenn er gerade Lust hatte oder sich wieder mal melden wollte – ja, die erhörte Gott. Für anderes aber konnte er sich wiederum Jahre Zeit lassen, und ich bekam in dem Laden immer größere Probleme.

Ich war begeistert über die Dinge, die ich fast täglich erleben durfte. Aber trotzdem fühlte ich mich alles andere als frei. Schon bei den Drogen hatte ich so meine Zweifel, ob ich wirklich frei war. Solange ich 24 Stunden am Tag mit den Remeros zusammen war, ging es ganz gut. Doch wenn ich an einem Wochenende mal einen alten Kumpel besuchte und der eine Tüte drehte, dann kribbelte es schon wieder gewaltig in mir drin, und ich war überhaupt nicht sicher, ob ich draußen jemals sauber bleiben könnte.

Und bei jedem Besuch bei meinen Eltern oder sonst wo, meldete sich die Pornosucht mit voller Wucht zurück. Und auf dem Rückweg zog es mich dann in ein Sexkino oder in einen Shop mit Videokabinen. Damals war der Scheiß nicht nur einen Klick entfernt. Also doch, aber die Internetleitungen waren noch so langsam, dass einem, bis die Bilder geladen waren, die Lust vergangen war.

Es war immer noch so, dass es, sobald ich meinen Kopf nicht aktiv brauchte, sofort klick machte und ich wieder irgendwo in anderen Welten mit Mord, Totschlag und allerlei Perversionen beschäftigt war. Auch bei Remar konnte mir niemand helfen, meine Gedankenwelt gesäubert zu kriegen und wirklich frei zu werden von all dem, was ich nicht mehr in mir drin haben wollte und von dem ich wusste, dass Gott es Sünde nennt.

So schwankte meine Stimmung im Zwei-drei-Tage-Rhythmus zwischen himmelhochjauchzend und zu Tode betrübt. Warum tat Gott all diese Wunder um mich herum und immer öfters sogar durch mich, während er mich selbst mit meinen innersten Problemen zu ignorieren schien? Damit waren bis dahin alle Pastoren, Seelsorger, Apostel, Propheten und sogar Miguel überfordert. Sie versicherten mir aber alle, dass Gott, weil ich mit meinen Problemen so ehrlich sei und nicht heuchelte, mein Verlangen sehe und mich zum Ziel bringen werde.

Das war aber ein schwacher Trost. Ich mühte mich ab und fühlte mich von ihm auf minimalster Zuwendungsstufe gehalten. Wenn bei irgendwelchen größeren Veranstaltungen jemand wie Miguel den Leuten die Hände auflegte, dann kippten links und rechts von mir alle um. Nur ich stand wie ein Idiot da und fragte mich, warum Gottes Geist mich nicht umhaute. Spinnen die alle? Oder lassen sich viele einfach fallen, ohne dass was passiert ist? Oder was ist los mit mir? Jesus sagt doch: Wen der Sohn frei macht, der ist recht frei.

«Hallo, Chefe, ich bin nicht frei! Wann bin ich an der Reihe? Und warum haut dein Geist alle um außer mich? Was ist dein Problem mit mir?»

Und dann war da noch das bezaubernde Mädel, das mir wegen der Art und Weise, wie das mit den Beziehungen und Ehe-Anbahnungen bei Remar lief, den Rest gab. Sie war wieder einmal eines dieser extrem seltenen Exemplare von Frau, die meinem natürlich voll anmaßenden Superfrau-Idealbild entsprach – als ob *ich* das Superman-Idealbild abgegeben hätte.

Als die Remeros merkten, dass da zwischen uns etwas lief, wollten sie mich ein halbes Jahr nach Miami und die Lady ein halbes

Jahr nach Afrika senden. Wenn wir danach immer noch glaubten, dass Gott uns zusammenführen wolle, dann könnten wir heiraten.

Der Plan passte dann aber weder ihr noch mir.

Mit wachsender Depression verstärkten sich in meiner Wahrnehmung – trotz aller Zeichen und Wunder – die negativen Seiten von Remar, und sie bekamen gegenüber dem Positiven immer mehr Gewicht. In mir wucherten Anklagen und Bitterkeit, und ich haderte mit Gott. Es meldeten sich wieder Gedanken, die meinten:

«Ich wäre ein besserer Gott, wenn ich Gott wäre. Dann wären Jungs wie ich frei, und kein Virus hätte damals die Plantage zerstört. Jugoslawien wäre immer noch ein glückliches Land. Die Serben wären nicht die Bösen im Film. Die Illuminati und Konsorten wären ausgerottet. Die Gläubigen würden nicht spinnen. Und der Teufel wäre in Pension.»

Nach drei Jahren Remar war ich fertig. Kohle hatte ich auch keine mehr. Dafür meldeten sich alle meine dunklen Begierden mit voller Wucht zurück.

Es fand gerade eine christliche Großkonferenz in Basel statt, wo drei Tage lang Tausende von Christen zusammenkamen, um gemeinsam Gott anzubeten und sich von den aktuell angesagtesten Predigern und Wunderwirkern eine Botschaft anzuhören und gesegnet zu werden.

Wenn man so viele Leute auf einem Haufen sieht, die ihre Hände heben und Gott anbeten, dann weiß man vorübergehend wieder, dass man vermutlich doch nicht der einzige Spinner ist, sondern dass es ganz viele von der Art gibt. Das hatte etwas Tröstliches. Zudem boten sie neben den Hauptveranstaltungen viele verschiedene Workshops und Dienste in den Nebenräumen des Messegebäudes an. Darunter gab es auch ein Angebot für prophetische Seelsorge. Da wurde man also von Leuten mit einer prophetischen Gabe «beseelsorgt». Na gut. Vielleicht konnte mir ja einer mit Extradurchblick helfen.

Ich sitze also dort und beginne mein Klagelied über mein absolutes Versagen auf der ganzen Linie. Vor allem, wenn es darum geht, sauber zu bleiben und ein guter Christ zu sein. Wie ich mir trotz all den Wundern und Gebetserhörungen doch irgendwie von Gott ignoriert vorkomme und keine Ahnung habe, was ich jetzt als Nächstes tun soll.

Der Mann betete.

Wartete eine Weile still.

Und sagte dann:

«Also, ich nehme wahr, dass Gott dich überhaupt nicht als Versager sieht. Er ist sogar hoch erfreut über dich und schätzt deine Ehrlichkeit sehr. Ich sehe, dass er dir eine große Berufung gegeben hat und du noch ganz gewaltige Wunder mit ihm erleben und Nationen bewegen wirst.»

Ich dachte nur:

«Was laberst du da von ‹Nationen bewegen›? Ich weiß ja kaum, wohin ich meinen Arsch bewegen soll. Was für Pilze hattest du denn zum Frühstück? Willst du mich verarschen? Nationen bewegen? Große Berufung? Erzählst du hier jedem so einen Scheiß? Dich kann man doch nicht ernst nehmen.»

Er erzählte noch weiteres spektakuläres Zeug und meinte, dass Gott mich für all das jetzt zubereite und alle diese Probleme einfach zu meinem Läuterungsprozess und Lernweg gehören. Gott habe keine Eile.

Er brachte auch das Beispiel von Mose, der erst vierzig Jahre lang in der Wüste seinen Charakter geschliffen bekam, bis er so weit war, sein Volk aus Ägypten führen zu können, und Bla, Bla, Bla – so kam mir das rein.

«Ist ja gut, lieber Onkel, aber lassen wir das mal mit den großen Geschichten und den Nationen. Ich wäre eigentlich vorerst einfach mal nur froh, wenn ich frei wäre von dem Dreck in mir, und wenn ich wüsste, was ich nächste Woche tun soll.»

«Der Herr wird dich leiten», meinte er und gab mir noch ein paar ermutigende Bibelverse mit.

«Wir wissen aber, dass denen, die Gott lieben, alle Dinge zum Besten dienen, denen, die nach seinem Ratschluss berufen sind. ... Die er aber berufen hat, die hat er auch gerecht gemacht; die er aber gerecht gemacht hat, die hat er auch verherrlicht. Was wollen wir nun

hierzu sagen? Ist Gott für uns, wer kann wider uns sein? Der auch seinen eigenen Sohn nicht verschont hat, sondern hat ihn für uns alle dahingegeben – wie sollte er uns mit ihm nicht alles schenken? Wer will die Auserwählten Gottes beschuldigen? Gott ist hier, der gerecht macht. … Denn ich bin gewiss, dass weder Tod noch Leben, weder Engel noch Mächte noch Gewalten, weder Gegenwärtiges noch Zukünftiges, weder Hohes noch Tiefes noch eine andere Kreatur uns scheiden kann von der Liebe Gottes, die in Christus Jesus ist, unserm Herrn.»[26]

Na ja, schön. Wie auch immer. Ich brauchte jetzt zuerst einmal eine Bleibe und einen Job. Wieder bei den Eltern zu wohnen kam für mich, mit nun doch schon bald 27 Jahren, nicht mehr in Frage. Da traf es sich gut, dass mir jemand einen Job anbot und mir sogar eine Vorauszahlung auf den Lohn gab, damit ich mir eine Wohnung nehmen und schon mal etwas einrichten konnte, bis es dann losging.

Meine Schwester lieh mir auch ein paar Riesen. Dumm nur, dass das Projekt dann doch nicht zustande kam und der Typ die Kohle wieder zurückwollte. Jetzt hatte ich plötzlich Schulden. Ich ging zu Pat, der in der Zwischenzeit den Telekomladen tatsächlich aufgebaut hatte, um seine Dienstleistungen an Geschäftskunden zu verkaufen. Bei einem dieser potenziellen Kunden traf ich einen Freund, den ich aus der Zeit kannte, als ich noch öfters in jener Freikirche in Effretikon vorbeischaute. Ich will ihn hier Locke nennen. Locke verkaufte in jenen Tagen Versicherungen und Finanzprodukte und meinte, dass er am ultimativen Deal dran sei und es bald Kohle reinschneien werde ohne Ende. Außerdem habe er da noch etwas für mich.

29. Money makes the world go round

Locke erzählte, dass sein Geschäftspartner, ein ehemaliger Trader einer Deutschen Bank, so ein neues Ding habe, mit dem er an der

[26] Römer 8,28–39 (Lutherbibel 1984)

Börse viel schneller und viel günstiger handeln konnte. Er habe in Zürich die *F&O Finance,* eine Broker-Firma, eröffnet und wolle dieses System nun an kleinere Banken, Trader und Vermögensverwalter verkaufen. Wenn ich ihm Kunden bringe, würde ich an jeder Transaktion verdienen, welche diese über das F&O-System abwickelten.

«Danke, Locke, aber davon verstehe ich nicht allzu viel. Ich verkaufe lieber ‹Billiger telefonieren› für meinen Kumpel. Da verdiene ich dann auch an jedem Telefongespräch.»

«Ja, ein paar Rappen pro Anruf gehören dir. Hier jedoch gehören dir fünf Franken pro Transaktion. Die Vermögensverwalter machen täglich Hunderte von Transaktionen, und viel davon verstehen musst du auch nicht. Es reicht, wenn du ihnen sagst, dass sie über die Hälfte ihrer Transaktionskosten sparen und die Transaktion gleich selber viel schneller abwickeln können – direkt am Bildschirm. Wenn sie dann fragen, wie das läuft, lädst du sie an die Show der F&O Finance im Hotel Marriott ein. Es gibt Tausende von Händlern und Vermögensverwaltern, und das System ist konkurrenzlos.»

Eigentlich hatte ich gleich ein ungutes Gefühl und fragte mich, ob es mein natürliches Misstrauen war oder ob der Heilige Geist mich davor warnte, mich mit Locke einzulassen.

«Ich weiß nicht, Locke. Auch wenn ich mit Gott gerade eine Krise habe, will ich mich lieber darauf fokussieren, das mit ihm auf die Reihe zu bringen und ihm zu dienen. Du weißt ja, was Jesus über den Spagat-Versuch denkt, Gott und dem Mammon gleichzeitig dienen zu wollen.»

Doch Lockes Augen leuchteten, und er rechnete mir begeistert vor, dass ich demnächst zwischen 200 Riesen und einer halben Million verdienen würde. Im Monat!

«Da kannst du jetzt kurz Gas geben und damit dann deine Farm wiederbeleben, alles an die Armen verteilen und dir alle Zeit der Welt lassen, um was auch immer mit Gott auf die Reihe zu bringen. Denn die Transaktionen werden sie weiter machen, und du kriegst weiterhin deinen Fünfer pro Transaktion.»

«Aha, so geht das also.»

Da kriegte ich doch voll die nächsten Hallelujzinationen und träumte mit Dollarzeichen in meinen Augen, welche großartigen Sachen ich mit der Kohle für Gott und die Armen auf die Beine stellen könnte. Und ja, genau: Sagte da nicht neulich einer, ich würde Nationen bewegen? Das geht mit ein paar Millionen natürlich viel einfacher.

Pat meinte, dass ich das doch versuchen solle, und falls es in die Hosen gehe, könne ich ja später wieder bei ihm einsteigen.

Schnell war eine Liste von Treuhändern und Vermögensverwaltern ausgedruckt, und ich fing an zu telefonieren. Es interessierte sich in der Tat fast jeder für das System, und etwas über fünfzig Interessenten kamen zu der Präsentation im Marriott. Darunter tatsächlich solche, die von Hunderten von Transaktionen täglich sprachen; für sie waren die Transaktionskosten effektiv ein großes Thema.

Locke frohlockte und stellte mich dem Boss der F&O vor: «Darf ich vorstellen: Der beste Verkäufer, den ich je gesehen habe. Er ist eine Legende. Die halbe Show hat er dir im Alleingang gefüllt.»

Es folgten wild gestikulierend weitere Lobpreisungen der Superlative. Es war mir schon richtig peinlich, denn es war ja wirklich kein Kunststück gewesen. Schließlich hatte ich mich auf die Zielkunden mit dem größten Einsparpotenzial und die in der näheren Umgebung konzentriert. Für sie war es nur ein kleiner Umweg und schon fast selbstverständlich, dass sie etwas früher aus dem Büro gingen, um sich im Marriott unter ihresgleichen einen Apéro zu genehmigen und zu schauen, ob das Ding ihre Kosten wirklich so drastisch senken würde. Doch der F&O-Boss war auch begeistert und bot mir in seinem Laden gleich einen Job als Sales Manager an.

Nun ja, das konnte ich nicht einfach so ausschlagen. Eben noch Hühnerfänger mit Junkies und jetzt Sales Manager bei einem Broker? Hörte sich wieder nach Zeichen und Wundern an. Und war auch noch viel geiler als Englischkurse.

Erfreut stellte ich fest, dass die Leute von seiner Vorführung begeistert waren und mir ihre Visitenkarten zuschoben. Sie wollten einen Termin mit mir und dem Boss. Ja, klar doch. Diesen Job musste ich vor dem Bewegen von Nationen unbedingt noch schnell annehmen.

Kaum war ich eine Woche dort, hatten wir das erste Management-Meeting, und ich wurde als neuer Sales Manager vorgestellt. Da waren die Chefs von Marketing, Trading Desk, Finance, Risk Management, Compliance, Legal und IT anwesend. Und der Boss.

Jeder Manager fasste kurz zusammen, wie es in seinem Bereich lief, was es für Probleme gab und was der Boss am dringendsten regeln müsse. Ich schaute wohl drein wie eine verlorene Kuh im Wald, denn ich verstand fast gar nichts von dem, was die da laberten, und fragte mich, wie ich in diesen Raum kam. Also versuchte ich, keine Schweißausbrüche zu kriegen, bis ich an die Reihe kam, und achtete darauf, wer bei seinen Forderungen an den Boss von allen Anwesenden das allgemeine Kopfnicken und auch die Zustimmung des Chefs erntete.

Als ich dann an der Reihe war, stellte ich mich kurz vor, berichtete, dass ich noch keine Gelegenheit hatte, Probleme zu sehen, und wiederholte die Forderungen von den zwei Typen, die das allgemeine Kopfnicken erhalten hatten. – Puh, geschafft. Ich erntete ebenfalls das allgemeine Kopfnicken, und es schien niemand zu merken, dass ich höchstens ansatzweise eine Ahnung hatte, wovon ich da überhaupt laberte.

Die Solidarität mit dem Management und das Hochgefühl hielten genau bis zum ersten Treffen mit meinem Boss und einem meiner Interessenten. Da saß ich also in froher Erwartung, dass es jetzt zu meinem ersten Mega-Deal kommen würde. Der Boss erklärte das System noch einmal, und der Interessent war immer noch begeistert und rechnete vor, welche Unsummen er jeden Monat sparen würde.

Ich zappelte schon euphorisch auf dem Stuhl rum und berechnete meine spektakulären Provisionen.

Da sagte der Interessent:

«Das System finde ich super und würde am liebsten morgen gleich loslegen. Wie regeln Sie das mit der UBS?»

Darauf der Boss:

«Äh, mit der UBS? Gar nicht. Sie müssten neue Konten bei uns eröffnen, um mit diesem System zu unseren Konditionen handeln zu können.»

Das Lächeln des Interessenten sah jetzt eher etwas zynisch aus:

«Wie groß ist die Bilanzsumme Ihres Unternehmens?»

Meine Euphorie wandelte sich schlagartig in Bestürzung, als ich sah, wie der Boss nun plötzlich ohne Lächeln und mit gesenktem Blick rüberbröselte:

«15 Millionen.»

«Guter Mann, ich verwalte Kundengelder von etwa 300 Millionen, und Sie erwarten, dass ich die in einen Laden mit 15 Millionen bringe? Wenn Ihr Ding mit UBS oder Credit Suisse funktioniert, dann dürfen Sie mich gerne wieder anrufen.»

Tja, das war's dann wohl. Aus der Traum vom 300-Millionen-Deal. Mir war sofort klar, dass ich die anderen Interessenten auch vergessen konnte, denn die würden dasselbe Problem haben. Dass ich nicht vorher darauf gekommen war, konnte man mir wohl nicht anhängen. Was wusste ich schon von dem Business? Ich war gerade ins kalte Wasser gesprungen und lernte, zwischen den Haien zu schwimmen.

Überhaupt lernte ich in der Zeit dort einen Haufen Leute kennen, die wie Hyänen nur darauf lauerten, den Leuten ihr Geld abzunehmen. Sobald die mitgekriegt hatten, dass ich einen Vertrieb aufbauen sollte, schleimten sie sich bei mir ein und brachten Ideen, bei denen sie immer irgendein neues Pyramidensystem starten wollten, wo sie mit mir an der Spitze wären und über F&O die Kohle dann verschwinden lassen würden. Wenn sie spürten, dass ich nicht dafür zu begeistern war, konnten sie es nicht fassen, dass ein Jugo nicht genau dafür in so einem Laden war. Einige waren so überzeugt davon, dass mit mir eine Jugo-Betrugo-Geschichte laufen würde, dass sie es unter ihresgleichen schon rumerzählten und weitere Hyänen anzogen, bevor ich selber irgendwas davon wusste.

Es ging ziemlich schnell, bis mir klar war, dass ich nicht einmal entfernt mit solchen Machenschaften zu tun haben wollte.

In der Zwischenzeit war Lockes Super-Deal auch in die Hosen gegangen. Ein anderer Partner von ihm, für dessen Mega-Deal Locke verschiedenen Leuten schon etwa vier Millionen abgeschwatzt hatte, hatte das Geld über F&O irgendwo versickern lassen.

Doch Locke war nicht unterzukriegen: «Okay, es war wohl ein Fehler, uns auf diese Typen einzulassen. Doch jetzt starten wir an der Bahnhofstraße mit seriösen Leuten ein neues Geschäft. Wir bauen einen Strukturvertrieb[27] auf und verkaufen die genialsten Fonds und Lebensversicherungen.»

Dann schwadronierte er weiter über die sensationellsten, sichersten, mit Verlustschutz nach unten und Hebel nach oben versehenen Packages, alles unfehlbar und supergewaltig. Mir wurde fast schwindlig. «Dich lasse ich deinen eigenen Vertrieb starten, unter dem Namen deiner eigenen Firma. Ich nehme nur ein halbes Prozent. Die restlichen Prozente kannst du in deiner Organisation so verteilen, wie du willst. Ich helfe dir am Anfang und mache dir die Schulungen für deine Vertriebsmitarbeiter. Du kannst bei mir im Büro zur Untermiete sein, dein eigenes Büro haben, und wir teilen uns die Empfangs-Susi.»

Und weiter rechnete er uns wieder reich, und selbstverständlich machten wir das alles zur Ehre Gottes, für die Armen und selbstlos und nachhaltig und so. Was lag da näher, als meinen neuen Laden «Agape Finance» zu taufen? Agape ist eines der drei griechischen Wörter für Liebe. Und zwar die göttliche Liebe.

Diese Liebe würde ich also finanzieren.

Locke machte es möglich.

Meine Eltern liehen mir Geld für den Start. Jetzt hatte ich also erst einmal noch mehr Schulden. Und es lief alles sehr harzig und langsam. Meine Super-Idealfrau wollte mich dann irgendwie auch nicht mehr. Mein Herz brach zum zweiten Mal. Ich war am Boden zerstört, erinnerte mich an all die Dinge, die ich eh schon an Gott herumzustänkern hatte, und fügte noch eins mehr auf die Liste.

---

[27] Auch «Multilevel-Marketing» oder «Network-Marketing» genannt

Andererseits war mir irgendwie aber doch bewusst, dass das Problem eher *bei mir* liegen musste als bei ihm und ich wohl bei vielem einfach das erntete, was ich gesät hatte. Jeden Tag betete ich, dass Gott mich doch endlich von mir selbst befreien möge.

Was Frauen anging, gab ich meine Listen mit dem Anforderungsprofil für die perfekte Frau ab und bat Gott einfach darum, dass er mir doch eine geben möge, die mich einfach so liebt, wie ich bin. Eine, die mich trotz all meiner Spinnereien schätzt. Und ich bat darum, dass er mir die Gnade geben möge, ihr dann auch ein guter Mann zu sein. Denn ich spürte, dass ich zunehmend den Boden unter den Füßen verlor und es bald wieder richtig heftig werden könnte.

30. Zwischenhalt in Pensacola

Mein Fundament wackelte bedenklich. Da kamen die Geschichten über Pensacola gerade recht. In dieser Stadt am Golf von Mexiko sei wieder eine Erweckung im Gange. Gott sei mächtig am Wirken, Heilungen und Wunder würden am Laufmeter geschehen. Ganze Straßengangs bekehrten sich, so dass die Kriminalitätsrate in Pensacola in jenem Jahr um 13 Prozent sank, während sie im Rest von Florida weiter anstieg.

Erweckung ist …, wenn Gott sich so bemerkbar macht, dass man ihm fast nicht widerstehen kann, solange man ihm nicht wirklich ganz bewusst trotzen will. Und wenn ganze Landstriche aus Finsternis und Elend befreit werden.

Das Thema Erweckung ließ mich seit Südafrika nicht mehr los. Auch Remar war eine Art Erweckung, und ich wollte unbedingt dahinterkommen, warum Gott sich immer nur punktuell und temporär an gewissen Orten so gewaltig manifestierte und ansonsten in den Ferien zu sein schien.

Außerdem merkte ich, dass nebst den Problemen mit meiner Gedankenwelt auch die Drogen wieder laut nach mir riefen, und ich hoffte, dass ich – wenn die Geschichten von Pensacola stimmten –

vielleicht auch endlich den ultimativen Kick von Gott bekommen könnte, der mich irgendwie in Ordnung bringt.

Also düste ich auch noch dorthin.

Nun, die Geschichten schienen tatsächlich zu stimmen. Schon um 10 Uhr morgens standen die ersten Leute vor der Kirche, um gegen 18 Uhr noch einen Platz zu ergattern. Der Hauptsaal des Gebäudes hatte Platz für 3000 Leute, und daneben lag ihr altes Gebäude, in welches sie noch 500 weitere reinpackten und per Video-Liveschaltung übertrugen, was im Hauptgebäude lief. Auch alle anderen Säle, die diese zwei Gebäude zu bieten hatten, waren so überfüllt, dass sie noch auf dem Parkplatz eine Leinwand aufstellten, vor der sich noch ein paar weitere hundert niederließen. Hier musste wohl echt etwas passieren, dass so viele Leute unbedingt mit dabei sein wollten.

Ich wunderte mich, warum die Mainstream-Medien nichts über die Orte berichten, an denen massenweise Zeichen und Wunder geschehen; Orte, zu denen so viele Leute pilgern. Vielleicht, weil in dem Weltbild, das die Medien verkaufen wollen, ein lebendiger Jesus, der auch heute noch reihenweise Leute berührt, einfach nicht reinpasst?

Ich hatte definitiv keinen Bock, hier lange anzustehen. Da traf es sich bestens, dass ich bei einem der Ältesten dieser Gemeinde einquartiert war. So durfte ich mit ihm, jeweils zehn Minuten vor dem Gottesdienst, durch eine Seitentür in den Hauptsaal gelangen.

Die Leute hier waren anders drauf als die in Südafrika. Hier gab es fetzige Musik beim Lobpreis vor der Predigt, und die Leute waren normal angezogen. Nicht so steif und formell wie die Südafrikaner in Sizabantu. Die Predigten hatten es aber in sich, und man spürte die Gegenwart Gottes wirklich stark.

Zwischen Lobpreis und Predigt kamen jeweils mehrere Leute auf die Bühne und bezeugten, was sie Krasses mit Gott erlebt hatten, und viele von ihnen berichteten von Heilungen. Am Ende stürmten die Leute jeweils zu Hunderten nach vorne, um mit jemandem zu beten und von Gott berührt zu werden.

Auch ich stand vorne, als man den Leuten die Hände auflegte, und hoffte darauf, dass Gott sich auch bei mir wieder einmal persönlich bemerkbar machte. Links von mir fielen alle um, sobald ihnen jemand die Hände auflegte, und rechts von mir genauso. Nur ich stand dort wie ein Pflock in der Brandung und schrie innerlich:

«Hey, Boss! What's wrong with me? Wann komme ich an die Reihe? Warum werden die geheilt, und ich nicht?»

Wieder zurück in der Schweiz, lief es auch nicht besser. Schon bald kam die Polizei und räumte Lockes Computer und Ordner weg. Ich weiß nicht mehr, ob der Grund dafür die Kohle war, die einer seiner Partner über F&O verschwinden ließ, oder weil er keine Bewilligung zum direkten Vertrieb seiner neuen Finanzprodukte hatte. Im ersteren Fall kam er wohl als eine Art Opfer davon, das in Treu und Glauben leider Scheiße verkauft hat, aber selber nicht dafür verantwortlich war. Und das mit der Bewilligung regelte sich auch. Doch alles war gelähmt, und das Darlehen meiner Eltern war schneller aufgebraucht, als meine «Agape Finance» jemals hätte abheben können.

Was dafür ganz schnell lief, war die sizilianische Bürohilfe der Firma, bei der wir zur Untermiete waren. Die hatte so einen hypnotischen Blick drauf und strahlte etwas aus, das mich immer nur an eines denken ließ. Also tröstete ich mich ein bisschen mit ihr und mit ein paar Joints im «Brüggli», meiner neuen Stammkneipe. So wie ich beim letzten Rückfall nicht zurück nach Effretikon wollte, um mir keine Sprüche anhören zu müssen, so wollte ich jetzt auch nicht ins «Piccolo Giardino» zurück. Denn auch dort hatte ich allen so viel von Jesus und meiner Entscheidung zu einem neuen Leben als Christ erzählt, dass ich mich dort nicht mehr blicken lassen mochte.

Ich benötigte dringend einen richtigen Job und eine nachhaltigere Lösung für meine geistlichen Probleme. Und ich brauchte irgendwie eine biblische Gemeinschaft von Leuten, die so drauf waren, dass es abgehen würde wie in der Apostelgeschichte.

So eine Community wie in Pensacola.

Doch alle Gemeinden, die ich mir näher anschaute, kamen mir

irgendwie schräg rein. Kraftlos und unglaubwürdig. Und kein Prediger, Pastor, Apostel, Prophet – oder wie auch immer sie ihren Chef jeweils nannten – konnte mir helfen, meine kranke, abgrundtief böse und perverse Gedankenwelt gesäubert zu kriegen.

Immerhin konnte ich Gott danken, dass sich meine Zwangsgedanken wenigstens nicht in konkreten Taten oder Amokläufen manifestierten.

31. Welcome to the world of telecommunications

Immerhin, einen neuen Job fand ich schnell. Pat hatte den Laden, den zu starten ich ihm empfohlen hatte, bevor ich zu Remar ging, soeben an Worldcom verkauft und dort auch gleich einen Job als Sales Manager für den KMU-Bereich angenommen. Und ich war der Erste, den er einstellen wollte.

Es war ein bisschen komisch, dass er, nachdem ich früher sein Chef war, nun *mein* Chef sein sollte. Aber hey, ich saß in der Scheiße, sie zahlten fett, und ich wusste, dass Pat als Chef mich in Ruhe mein Ding machen lassen würde. Als Erstes meinte der Sales Director aber, dass ich mir gefälligst sofort ein anständiges Auto zulegen sollte:

«Wir bezahlen dir keine 800 Franken Autospesen im Monat, damit du mit deiner peinlichen alten Kiste bei den Kunden vorfährst.»

Bisher hatte ich nie mehr als fünf Riesen für ein Auto ausgegeben, aber nun musste mindestens ein fast neuer Audi her. Ich ging also mit dem Arbeitsvertrag hopp auf die Bank, und schon hatte ich noch viel mehr Schulden. Dafür aber auch einen schönen Audi mit allen Schikanen. Da konnte man sich schon daran gewöhnen.

Auch waren jetzt plötzlich regelmäßige Geschäftsreisen angesagt, und die buchten mich dauernd in Fünfsterne-Hotels ein. Das hätte ich mich selbst nie getraut. Aber wenn ich schon so eine Möglichkeit bekomme, sage ich natürlich nicht Nein. An den Luxus gewöhnt man sich sehr schnell. Obwohl ich in Südamerika und Südafrika mit Bleiben für fünf Dollar am Tag happy gewesen war, hat man ganz schnell keinen Bock mehr auf weniger als vier Sterne, wenn man sich erst mal an den Komfort gewöhnt hat.

Doch der Luxus tröstete meine Seele immer nur sehr kurz. Wenn ich meine Depressionen und Zwangsgedanken nicht endgültig nur noch mit Drogen oder einer Kugel durch den Kopf kurieren wollte, dann müsste ich das mit Gott endlich irgendwie geregelt kriegen. Aber wie und wo?

Ich sah ja, so wie viele andere Christen auch, dass in den verschiedenen Kirchen vielfach etwas falsch läuft und die Kirchen mehr tot als lebendig sind. Wenn man ihren Exponenten zuhört, könnte man zwar meinen, alles liefe super und sie hätten es mit Gott voll gepeilt. Doch das nehmen ihnen sogar viele in den eigenen Reihen kaum mehr ab und fragen sich manchmal, warum sie eigentlich noch Sonntag für Sonntag zur Kirche aufbrechen – bis sie es dann doch mal in einem anderen Jesus-Klub versuchen.

Jesus selbst können sie natürlich nicht aufgeben, denn er hat sie nicht aufgegeben. Sie wissen, dass er lebt und dass er sie liebt. Doch die Gemeinschaften, die sich als seine Gemeinden ausgeben, sind meistens kraftlos und schrumpfen. Hie und da gibt es eine Aufbruchstimmung und ein kurzes Aufflackern von Begeisterung und Wachstum, bis es wieder dreht und vor sich hin dümpelt.

Warum konnte man Gottes Gegenwart nur zeitweise und an so wenigen Orten derart stark spüren wie bei Remar, in Kwasizabantu oder in Pensacola? Und warum wurde mir auch dort nicht geholfen?

Einige Bibelausleger meinen, dass die Sendschreiben, welche Jesus in der Offenbarung den sieben Gemeinden zukommen lässt, nicht nur diese spezifischen Gemeinden ansprechen, sondern auch sieben typische Arten von Gemeinden sowie sieben Zeitalter, in denen jeweils einer dieser Gemeindetypen vorherrschend ist. In unserer Zeit sei es in der westlichen Welt zum Beispiel Laodizea. Zu diesem Gemeindetypus sagt Jesus:

«Ich kenne deine Werke, dass du weder kalt noch warm bist. Ach, dass du kalt oder warm wärest! Weil du aber lau bist und weder warm noch kalt, werde ich dich ausspeien aus meinem Munde. Du

sprichst: Ich bin reich und habe genug und brauche nichts!, und weißt nicht, dass du elend und jämmerlich bist, arm, blind und bloß.»[28]

Diese Kirche, die Jesus offenbar zum Kotzen findet, zeichnet sich also dadurch aus, dass sie «weder kalt noch warm» sei. Sie zeigen ihm gegenüber zwar nicht dieselbe Verachtung wie Ungläubige, aber bei weitem auch nicht die Liebe von jemandem, der wirklich erlebt hat, wer Jesus ist und was er für uns getan hat. Dieser Typ Gemeinde biedert sich der Welt an. Ein bisschen moralisieren, aber nur so weit, wie auch der Rest der Welt einverstanden ist. Themen, die wider den Zeitgeist gehen, werden ausgeblendet. Eine ernsthafte Auseinandersetzung mit Gott und unserem Ego? Zu mühsam, zu unpopulär. Daraus entsteht ein laues Wischiwaschi-Christentum ohne Kraft und Glaubwürdigkeit.

Auch bei den Freikirchen sieht es oft nicht besser aus. Diese grenzen sich zwar etwas besser ab vom Zeitgeist und singen Jesus ein paar Liebeslieder mehr, aber die von Jesus vorgegebene Selbstverleugnung geht oft nur so weit, wie sie ihrer Selbstverwirklichung nicht im Wege steht.

Die Gemeinde in Laodizea ist selbstbezogen. *«Du sagst: Ich bin …»* Statt ein Zeugnis für Christus zu sein, zeugt ein solcher Gläubiger vor allem von sich selbst. Laodicäer sind von Selbstgefälligkeit geprägt. *«Du sagst, ich bin reich …»* Aber leider liegen ihre Reichtümer mehr in ihnen selbst als in Christus. Auch wenn sie ihm vordergründig und sozusagen «offiziell» die Ehre geben, drücken Herzenshaltungen wie Stolz, Hochmut, Eitelkeit, Selbstgerechtigkeit etc. durch und vergiften das Zeugnis. Laodicäer haben es zu etwas gebracht: «*… und reich geworden …*» Ihr Reichtum, egal ob materieller oder geistlicher Art, ist das Resultat ihrer eigenen Leistung, ihrer eigenen Weisheit und Hingabe. Sie rühmen sich ihrer Mühen und Fähigkeiten. Laodicäer sind selbstzufrieden und selbstgerecht «*… habe genug und brauche nichts …*» Dabei sind sie

[28] Offenbarung 3,15–17 (Lutherbibel 1984)

blind, was den eigenen Zustand angeht: «… *und weißt nicht, dass du elend und jämmerlich bist, arm, blind und bloß!*» Bei all ihrem vermeintlichen Reichtum ist ihr Zustand doch jämmerlich und ihre Lage elend.

Ja, nicht nur Jesus findet solche Vereine jämmerlich. Der Rest der Welt auch. Deshalb spricht man ja von der westlichen Welt als postchristlicher Kultur. Da ist noch ein bisschen was davon übriggeblieben, aber die Christen sind voll irrelevant geworden. Nicht ernst zu nehmen. Die Laodicäer-Kirchen, die wachsen, ziehen meist nur unzufriedene Gläubige aus anderen Laodicäer-Vereinen an.

Als ich Christ wurde, gab es so eine Statistik, die meinte, dass etwa um die 5 Prozent der Schweizer sich im evangelikalen Sinne als wiedergeborene Christen sehen. Gemäß einem NZZ-Artikel von 2016 sind es heute kaum mehr halb so viele.

Tja, sieht aus, als hätten wir es vergeigt.

Immerhin konnte ich ja nicht so ganz ein Laodicäer sein, denn ich fühlte mich vor Gott meistens sowohl elend und jämmerlich wie auch arm und blind. Deshalb mochte ich bei den Lobpreisliedern auch nicht mit den anderen meine Hände hochheben, sondern saß immer mit gesenktem Kopf da und fragte mich, kritisch wie immer, ob all die sonntäglichen Halleluja-Rufer nicht doch nur verblendete Laodicäer waren.

Andererseits hatte ich das Gefühl, dass jedes einzelne Mitglied einer solchen Gemeinde ein besserer Christ war als ich. Deshalb hatte ich eigentlich auch kein Recht, zu kritisieren. Und auch die Leiter dieser Gemeinden, die ich näher kennen lernte, schienen mir grundsätzlich integre, ehrlich engagierte Leute zu sein, auch wenn sie einzelne Dinge anders sahen als ich. Aber diese riesige Diskrepanz zwischen dem, was ich in der Bibel über die Urgemeinde las, und dem, was ich in der Christenheit um mich herum sah, machte mir sehr zu schaffen. Außer wenn gerade irgendwo eine Erweckung war und Gott sich meldete. Und so blieb es bei meiner Dauerfrage: Was ist nur faul an der Geschichte? Und wie kriegt man Erweckung?

Bei Worldcom lief es dafür wieder wunderprächtig. Trotz Depressionen und immer gröberen Rückfällen mit den Drogen machte ich im KMU-Team doppelt so viele Abschlüsse wie der Zweitbeste. Mein Jugo-Komplex trieb mich gnadenlos an, der Beste sein zu müssen.

In der Zwischenzeit waren nämlich wegen des Krieges so viele Flüchtlinge angekommen, dass nun die Jugos an der Reihe waren, bei den Schweizern Ängste und Abwehrverhalten auszulösen. Die erste Welle von Migranten aus Jugoslawien bestand aus Gastarbeitern, die von der Schweiz geholt wurden, weil man mehr Arbeitskräfte brauchte. Oder es waren Ärzte, Intellektuelle und Ingenieure, welche mit dem Kommunismus ein Problem hatten und sich hier ganz schnell bestens integrierten. Doch nun, mit den Massen an Kriegsflüchtlingen, kamen zum Teil auch unerwünschte Gäste, welche mit ihrem kriminellen Verhalten die Vorurteile und tiefsten Ängste der Schweizer bestätigten. Diese versauten den Ruf der anderen, der anständigen, hart arbeitenden, steuerzahlenden und integrierten Jugos.

Das Image der Jugos glitt also auch bei ganz «normalen Leuten» seinem Tiefpunkt entgegen, und das bekam ich dann auch zu spüren. Wenn ich zum Beispiel vom Chef für die vielen Abschlüsse gelobt wurde, kamen von den anderen so Sprüche wie:

«Ja, klar, wer traut sich schon, bei einem Jugo *nicht* zu unterschreiben?» Oder: «Was? Wie viel hast du abgedrückt? Hast du denen gedroht, ihr Haus anzuzünden?»

Oft konnte ich mir dann trotzige Sprüche nicht verkneifen, etwa von dieser Sorte: «Nein, aber meine Cousins werden dich in zwei Plastiksäcken verteilt im Wald vergraben, wenn du mir weiter mit solchen Sprüchen kommst.»

Doch es ging nicht lange, und ich hatte mir den Respekt in der Crew verdient. Bei den einen wegen meiner Leistung, bei einigen anderen, weil sie den Spruch mit den Cousins ernst nahmen, und bei nicht wenigen, weil ich mit ihnen wieder viele Drogen konsumierte.

Es war Ecstasy-Zeit, und Gruppenkuscheln war angesagt. Wir liebten uns. Es war unglaublich schön. Ich haute mir das Zeug bald jede Woche rein, um wenigstens am Wochenende den Druck auf meiner Seele zu lösen. Ein weiterer Effekt war, dass man auf Ecstasy sülzen konnte wie ein Weltmeister. Man fühlte sich sensationell, total geborgen und euphorisch. Alle Leute empfand man als supersympathisch, und man hatte überhaupt keine Hemmungen, jemanden anzusprechen.

Das ist schlecht für Halbschlaue, denn die outen sich dann gnadenlos als Vollidioten. Vor allem, wenn sie dazu noch gesoffen haben, verwandeln sie sich in unerträgliche, dauerlabernde Super-Peinos. Für schlaue Jungs mit etwas Hemmungen war es aber der ultimative Flirt-Booster.

Bei vielen war Koks auch noch sehr beliebt. Ich kokste aber nur, wenn man mir die Linie vor die Nase hielt. Die Pillen am Wochenende und das tägliche Kiffen machten mich schon fertig genug. Denn sobald die Pillen oder das Koks ausgefahren waren, meldeten sich die Depressionen umso heftiger zurück – angereichert mit Angstzuständen.

Bei den Koksern ging der Lifestyle auch unheimlich ins Geld. Wir waren einmal zu zehnt in einer Pizzeria, und einer nach dem andern in der Runde klagte, dass er blank sei. Ich schaute in die Runde und meinte:

«Keiner an diesem Tisch verdient weniger als zehn Riesen im Monat, und keiner hat eine Familie zu unterstützen – aber jeder jammert über zu wenig Kohle. Lasst mich raten: Ihr seid alle dauernd auf Koks oder ständig im Puff.»

«Eher beides zusammen», rief einer in die Runde und reichte zur Hebung der allgemeinen Stimmung Pillen zum Dessert. Ein anderer beglich derweil die Rechnung für alle und pfefferte es der Firma als Geschäftsessen auf die Spesen.

Die Situation war zwar nicht ganz so übel wie der Niedergang meiner alten Freunde auf Heroin. Doch man sah auch in diesen Kreisen sehr bald hinter die schöne Fassade von Erfolg, Geld, Status, Party und Ausschweifungen. In ehrlichen Momenten berichtete fast jeder dieser Highflyer von Existenzängsten, Verfolgungswahn, Panikattacken, Depressionen, zerbrochenen Beziehungen, finanziellen Problemen, Psychosen, chronischen Erkrankungen und weiteren Nöten, welche mit ziemlicher Sicherheit auf ebendiesen Lifestyle zurückzuführen waren.

Lustig war, wie sie an der nächsten Party jeweils vergessen hatten, was sie mir in ehrlichen Momenten alles vorgejammert hatten. Dann waren sie wieder die erfolgreichen Superhelden, die alles im Griff haben und wirklich nur «ganz, ganz selten!» eine Nase voll nehmen.

Doch noch war Goldgräberzeit, und wir waren alle noch jung, fit und chemisch munter. Die Telekommunikations-Liberalisierung sorgte dafür, dass viele neue Anbieter auf den Markt kamen, denen Leute fehlten. Alle zwei Wochen hatte ich einen Headhunter am Telefon, der mir bei einem Stellenwechsel noch mehr Kohle bieten wollte. Die Löhne stiegen sprunghaft an, und ein Haufen Lausbuben verdiente Gehälter, von denen wir nicht einmal zu träumen gewagt hätten. Wobei «verdienen» nicht unbedingt bei jedem das richtige Wort war.

Innert kürzester Zeit fühlten wir uns wie kleine Investmentbanker und benahmen uns auch wie solche. Also zumindest, was die Partys anging.

Nach einem Jahr wurde ich befördert und war für das Call Center zuständig. Irgendwie ging die berufliche Linie genau so steil nach oben, wie meine seelische Linie nach unten sauste. Natürlich wusste ich, dass mein Erfolg auf sehr wackligen Beinen stand, und ich wollte es immer noch unbedingt hinbekommen, meine Beziehung zu Gott irgendwie zu klären und auf die Reihe zu kriegen.

32. Am Arsch

In der Zwischenzeit war Claude nicht mehr so viel im Ausland und bei der Gründung einer neuen Kirchengemeinde in Zürich dabei. Also schaute ich bei denen ab und zu mal rein. Doch ich kriegte dort immer seelische Krämpfe und fühlte mich fehl am Platz.

Wenn ich auf dem Weg mit Gott war, dann war ich ständig unglücklich, weil in mir alles nach Sex, Drugs and Rock 'n' Roll schrie und ich nach Erfolg, Respekt und Ansehen trachtete. Wenn ich mich all dem aber hingab und mich im Erfolg und der beruflichen Anerkennung sonnte, war ich auch wieder unglücklich. Dann fühlte ich mich wieder schuldig, verdammt, dreckig, verloren und unwürdig. Ich erwartete dann, dass mich jeden Moment der Zorn Gottes treffen müsste und ich in der Hölle landen würde.

Wenn ich keine Freundin hatte, zerriss mich die Sehnsucht nach einer. Doch wenn ich eine hatte, erschlug mich das schlechte Gewissen, dass ich mit einer herumspielte, mit der ich mir eh nicht vorstellen konnte, länger zusammenzubleiben, und weil ich ja wusste, dass ich wieder nur Herzschmerz produzieren würde.

Ich konnte es drehen und wenden, wie ich wollte. Ich war am Arsch.

Und dann waren da immer noch andauernd die kranken, bösartigen und perversen Zwangsgedanken und Träume, die mich einfach fertig machten. Wenn ich Albträume hatte, gab es immer einen Moment, in dem es klick machte und alles sich drehte. Dann rannte ich vor den Bösen, die mich verfolgten, nicht mehr davon, sondern massakrierte sie alle so, dass sogar Rambo bleich würde und Chuck Norris in Panik geriete. Wenn ich hinterher schweißgebadet aufwachte, fragte ich mich öfters, ob in mir nicht doch ein potenzieller Amokläufer schlummerte, der plötzlich austicken konnte.

Meine Schwester lernte ein paar Christen kennen, die sie mochte und deren Gemeinschaft sie sich anschließen wollte. Sie fragte mich, ob ich den Laden mal auf Herz und Nieren prüfen und ihr sagen könnte, inwieweit die dort sauber waren oder nicht doch irgendwie eine komische Sekte.

Ich ließ mich widerwillig zu einem dieser Gottesdienste mitschleppen. Doch ich hielt die Lieder schon kaum aus und musste nach der Hälfte der Predigt raus. Ich wollte am liebsten in den Saal schreien, dass der Typ nur Scheiße quatscht. Das tat er wahrscheinlich gar nicht, oder wenn, dann höchstens teilweise. Aber mein Herz war in dieser Phase so voll von Bitterkeit, Anklage und Rebellion gegen Gott, dass ich es einfach nicht mehr ertrug. Ich entschuldigte mich danach bei meiner Schwester und erklärte ihr zu ihrer Frage:

«Die perfekte Gemeinde gibt es nicht. Jede besteht aus Menschen, die alles andere als perfekt sind. Wie du bei Remar schon gemerkt hast, mag Gott die am wenigsten perfekten Menschen anscheinend am liebsten. Bei der Frage, ob ein bestimmter Jesus-Klub vertretbar ist oder nicht, merk dir die folgenden Alarmzeichen:

Erstens, sobald sie sich selbst als die einzig richtige oder die beste Gemeinde ansehen und du einen elitären Dünkel allen anderen Gemeinden gegenüber spürst, bist du am falschen Ort.

Zweitens, wenn nicht Jesus Christus und das, was er am Kreuz für uns getan hat, im Zentrum ihrer Lehre steht oder zu viel Zeugs erzählt wird, das du nicht anhand der Bibel nachvollziehen kannst, dann ist etwas faul an dem Klub.

Drittens, akzeptiere keinen Personenkult. Sobald sie dort jemanden auf ein Podest stellen, auf das eigentlich Jesus gehört – oder wenn du öfter hörst: ‹Sepp oder Bill haben gesagt›, anstatt: ‹Jesus sagt› –, dann läuft etwas schief.

Für alle anderen gilt: Sie geben sich Mühe, und sie haben Mühe. Ihre Chefs haben ansatzweise eine Ahnung, aber labern, als wüssten sie alles schon ganz genau. Ist bei mir ja auch so. Wenn du mir zuhörst, könntest du meinen, ich hätte voll den Durchblick.»

Nur, den Durchblick hatte ich eben nicht. Und vorläufig auch überhaupt keinen Bock mehr auf egal welchen Jesus-Klub.

Claude meinte, dass es in Bern eine ältere Frau gebe, die die Gabe der Erkenntnis und der Geisterunterscheidung habe. Das sind Geistesgaben, die Gott gewissen Leuten gibt, um anderen zu dienen und gewisse geistliche Zusammenhänge aufzuzeigen. Zum Beispiel, was für eine Art von Dämonen einen plagen oder was die geistlichen Ursachen von Krankheiten sind.

Ich rief sie also an und vereinbarte einen Termin. Vielleicht könnte sie mir ja sagen, was mein Problem ist und warum ich das mit Gott einfach nicht geregelt kriege.

Dort angekommen, setzte ich mich auf die Couch, während sie mit einem Blatt Papier und einem Bleistift am Tisch saß. Eigentlich mache sie keine Seelsorge mit Männern, sagte sie. Ich fragte mich, ob ich mich am Telefon jetzt wirklich wie eine Susi angehört hatte, und meinte:

«Du brauchst mich ja nicht zu beseelsorgen. Warum fragst du Gott nicht einfach, was mein Problem ist, und ich gehe damit dann zu einem Seelsorger?»

Damit war sie einverstanden und fing an zu beten. Dann war sie still und wartete auf Antwort. Während ich fast einschlief auf der Couch, begann sie zu schreiben. Und sie schrieb und schrieb. Dann blickte sie auf das volle Blatt und meinte:

«Puh, kein Wunder, hast du Probleme.» Sie habe noch nie so viele Dämonen auf einem Haufen gesehen.

«Wieso Dämonen? Ich bin doch gläubig, da haben die doch nichts mehr zu melden bei mir. Müssten die sich nach der Bekehrung oder der Taufe oder spätestens nach der Geistestaufe nicht alle schon verdrückt haben?»

«Theologie kannst du mit anderen diskutieren. Ich sehe auf jeden Fall ganze Horden. Da sind Mächte von Trotz, Rebellion, Stolz, Hochmut, Eitelkeit, Gier, Hass, Rache, Zweifel, Unglaube, Anklage, Bitterkeit, Diebstahl, Betrug, Zerstörung, Alkohol, Drogen, Spielsucht, Mord, Totschlag ...»

Die Liste wollte gar nicht mehr aufhören.

«Also, getötet habe ich niemanden, soviel ich weiß.»

«Aber in deinen Gedanken andauernd. Wahrscheinlich ist es reine Gnade, dass Gott dich davor bewahrt hat, einige deiner Gedanken auch auszuführen. Du hast auch einen Wahrsagegeist auf dir und den Fluch der Zauberei. Ich sehe ein Joch des gebrochenen Willens auf dir, das es dir unmöglich macht, fest zu bleiben und Versuchungen zu widerstehen. Dann hast du noch ein Joch der Lebensunfähigkeit auf dir.»

«Äh, was ist das denn schon wieder?»

«Das wirkt sich aus mit Depressionen, Unzufriedenheit und Undankbarkeit und führt letztlich zu einem Drang in den Selbstmord.»

«Hm, Depressionen habe ich schon, seit ich mich erinnern kann. Wahrsagerei hatte ich auch mal betrieben, ja, aber davon habe ich mich doch losgesagt. Nicht widerstehen können, ja, das stimmt auch. Und all die anderen Dinge, die du erwähnst, die wuchern tatsächlich in mir. Aber ich habe das alles doch schon hunderte Male gebeichtet und darum gebetet, es loszuwerden.»

«Vielleicht hast du dich vom einen oder anderen losgesagt, aber du hast zum Beispiel die Wahrsagegeister auch geerbt. Die werden bis in die dritte oder vierte Generation übertragen. Genauso, wie man genetisch oder materiell Dinge erben kann, ist es auch in den geistlichen Bereichen. Hast du dich vom Erbe losgesagt? Der Geist vom Mord, den ich gesehen habe, kommt von deinen Großeltern mütterlicherseits. Deine Großmutter hat mehrere Kinder abgetrieben, und deine Groß- und Urgroßväter waren Krieger. Dann sehe ich mehrere Geister, die mit allerlei sexueller Unreinheit und Pornografie zu tun haben. Ich sehe Bilder von Ritualen und Weihen an diese Geister.»

Was? Das war dann definitiv zu viel des Guten. Alles, was sie bisher gesagt hatte, passte ziemlich genau auf mich, obwohl sie mich noch nie gesehen hatte und absolut nichts über mich wusste. Da stand wirklich nichts auf dem Blatt, wovon ich ehrlich hätte sagen können, dass es nicht in mir wucherte und dass es nicht ein ständiger Kampf war, es in Schach zu halten. Es sah auch nicht aus, als hätte etwas auf dem Blatt gefehlt. Sogar die Dinge, die sie über meinen Großvater und die vielen Abtreibungen meiner Großmutter sagte, waren korrekt. Das hatte mir meine Mutter einmal erzählt.

Aber mir meine Verwandtschaft bei okkulten Ritualen und bei Orgien und Weihen vorzustellen, war dann doch noch mal eine ganz andere Liga. Das konnte ich mir weder mit bestem noch mit schlechtestem Willen vor Augen malen.

Als Krönung des Ganzen hatte sie noch den Fluch der Sünde wider den Heiligen Geist auf dem Blatt. Das ist die einzige Sünde, von der Jesus gesagt hat, dass sie nicht vergeben werden kann. Was genau bei dieser Sünde abläuft, darüber streiten sich Theologen und andere Besserwisser seit 2000 Jahren. Auf jeden Fall scheinen in meiner Ahnenreihe ein paar ganz superkrasse Stinkstiefel gewütet zu haben.

Wieder im Auto, war ich stinksauer auf Gott. Ich hämmerte mit meinen Fäusten auf das Lenkrad und schrie:

«Im Ernst jetzt? Ich kämpfe seit bald zehn Jahren wie ein Vollidiot darum, ein guter Christ zu werden, damit mir die alte Tante da jetzt trocken Bescheid gibt, dass ich gar nie eine Chance hatte und etwa so verflucht bin wie Stalin und Hitler zusammen? Sünde gegen den Heiligen Geist? Was soll denn diese Scheiße jetzt noch? Spinnen die Römer jetzt völlig, oder was? Findest du das etwa lustig? Ist das dein Verständnis von Fairness und Gerechtigkeit?»

Ich muss ausgesehen haben wie Al Pacino in «The Devil's Advocate», als er, den Teufel spielend, Keanu Reeves seine Meinung über Gott an den Kopf wirft.

Ich schrie Zeter und Mordio und schäumte vor Wut. Da war alles zugleich: Trotz, Rebellion, Bitterkeit, Anklage. Wahrscheinlich wurde ich noch weiter von exakt den Viechern angestachelt, welche die gute Frau sich auf dem Blatt Papier notiert hatte.

Doch so unglaublich es klingen mag: Ich sah im Geist, wie Gott mich freundlich anlächelte. Er hatte mit meinen Ausrastern ihm gegenüber kein Problem. Ich spürte ganz tief in mir die Gewissheit, dass er mich trotz allem liebt und alles gut kommen wird. Ein unerklärlicher Friede infiltrierte mein Herz mitten in meiner Rage und beruhigte mich.

Bald darauf saß ich mit dem Blatt bei Claude, der noch jemanden zur Verstärkung geholt hatte. Sie beteten die Liste durch und befahlen all den Mächten, die auf dem Blatt beim Namen genannt wurden, zu verschwinden, lösten mich von jeder Erblast im Allgemeinen und brachen alle aufgelisteten Flüche im Speziellen.

Es war eigentlich ziemlich unspektakulär, und die Gebete, Loslösungen und Befehle in Jesu Namen hörten sich nicht viel wilder an als das Herunterlesen einer Einkaufsliste. Hin und wieder spürte ich ein Schütteln, oder ich musste seltsam stark gähnen oder husten.

Doch dann war Ruhe.

Ich hatte den totalen Frieden.

Die Depressionen waren weg, die Albträume, die bösen Fantasien, die Angstzustände, die Bitterkeit – kurz: Der ganze Scheiß war weg.

Ich fühlte mich in Gott geborgen und war zum ersten Mal seit langem wieder dankbar für mein Leben. Ich hatte wieder Hoffnung. Meine Schulden waren ja auch schon zu einem großen Teil abbezahlt, und überhaupt:

Das Leben ist großartig.

Jesus ist der Hammer.

Drogen? Brauche ich nicht.

Sex? Kann warten.

Es läuft alles bestens.

Ich weiß nicht, was der Auslöser war. Vielleicht, dass die NATO anfing, Belgrad zu bombardieren. Aber nach etwa zwei, drei Wochen machte irgendetwas Boom – und der ganze Dreck war wieder da.

Boom!

Der ganze Dreck.

Wieder da.

Mit voller Wucht.

Es war, als hätten die für mich zuständigen Mächte der Finsternis nur mal kurz Ferien gemacht, um im Mittleren Osten die nächste Intifada zu starten oder in Rambouillet Miloševićs Verhandlungen mit Clinton zu sabotieren. Da waren sie wieder und brachten das volle Schweineprogramm mit.

Ich war am absoluten Tiefpunkt angelangt. «Gott, ich habe die Schnauze so was von voll. Ich brauche wieder mal ein paar Wunder. Ein paar richtig krasse. Vor allem solche, die mich verändern und vom Dreck in mir befreien. Ich ertrage diese Zerrissenheit nicht mehr. Ich gebe jetzt auf.»

Ich war zerbrochen, und mein Feuer für Gott war nur noch ein glimmender Docht.

Zerbrochen? Glimmender Docht? Hm, da war doch was, wo der Prophet Jesaja über Jesus schrieb:

«Das geknickte Rohr wird er nicht zerbrechen, und den glimmenden Docht wird er nicht auslöschen. In Treue trägt er das Recht hi-

naus. Er selbst wird nicht verlöschen und nicht zerbrechen, bis er auf Erden das Recht aufrichte; und die Inseln warten auf seine Weisung. So spricht Gott, der HERR, *der die Himmel schafft und ausbreitet, der die Erde macht und ihr Gewächs, der dem Volk auf ihr den Odem gibt und den Geist denen, die auf ihr gehen: Ich, der* HERR, *habe dich gerufen in Gerechtigkeit und halte dich bei der Hand und behüte dich und mache dich zum Bund für das Volk, zum Licht der Heiden, dass du die Augen der Blinden öffnen sollst und die Gefangenen aus dem Gefängnis führen und, die da sitzen in der Finsternis, aus dem Kerker. Ich, der* HERR, *das ist mein Name, ich will meine Ehre keinem andern geben noch meinen Ruhm den Götzen. Siehe, was ich früher verkündigt habe, ist gekommen. So verkündige ich auch Neues; ehe denn es aufgeht, lasse ich's euch hören.»*[29]

«Okay, Boss. Da sitze ich, geknickt in der Finsternis. Jetzt bist du an der Reihe. Und bis es so weit ist, können mich alle mal.»

33. Kollateralschäden

Es war Krieg.

An einem Abend arbeitete ich etwas länger, als mich eine E-Mail von meinem Cousin in Belgrad erreichte:

«Hey, was läuft? Bei uns ist gerade wieder Fliegeralarm.»

Eine Minute später kam die nächste E-Mail:

«Uh, Fuck, jetzt hat es ganz in der Nähe eingeschlagen. Es hat unheimlich gekracht. Das ganze Haus hat gewackelt.»

Ich bekam Bauchkrämpfe und war froh, dass niemand mehr im Büro war, dem ich meine Tränen hätte erklären müssen.

Bei jeder Rauchpause in der Firma flimmerten nun CNN-Bilder aus Belgrad rüber, welches weiter bombardiert wurde. Ich musste mich immer zusammenreißen, dass ich nicht mitten im Büro zu weinen anfing. Da sagte Pat:

---

[29] Jesaja 42,3–9 (Lutherbibel 1984)

«Die Penner sollte man für all diese scheiß Kollateralschäden verklagen. Wenn die alles bezahlen müssten, was sie kaputtmachen, dann würde denen das Krieg-Spielen vergehen.»

Was für eine geile Idee. Ich war sofort entschlossen, genau das zu tun. Ich verklage die NATO auf Schadenersatz.

Ein Kumpel von mir kannte Christoph Meili. Das war der Typ, der die UBS-Dokumente von nachrichtenlosen Vermögen jüdischer Holocaust-Opfer vor dem Schredder «rettete» und sie Ed Fagan, einem US-Anwalt, zuspielte. Dieser hatte dann eine Sammelklage organisiert und für Holocaust-Überlebende 1,25 Milliarden Franken aus der UBS herausgeholt.

Der konnte ja bestimmt auch was für die Serben herausholen.

Also rief ich meinen Kumpel an, der mir prompt Meilis Nummer gab, welcher mir genauso prompt Ed Fagans Nummer vermittelte.

Fagan meinte, dass ich ihm schreiben solle, wie ich mir das vorstelle, und er sich dann wieder melden würde. Doch dann dachte ich, dass es eine Sache ist, wenn ein New Yorker Anwalt eine Schweizer Bank anpisst, und eine ganz andere Sache, wenn er sich mit seiner eigenen Regierung anlegt. Außerdem hörte ich seit meinem Anruf bei ihm Geräusche auf meinem Telefon, die ich vorher noch nie gehört hatte. Wurde ich jetzt abgehört?

Kurz darauf bekam ich Wind von deutschen Anwälten, die Scharping und Schröder verklagten, weil diese Deutschland in einen Angriffskrieg gegen Jugoslawien geführt hatten. Das war illegal und ein Bruch der Deutschen Verfassung. Die sahen mir schon viel motivierter und glaubwürdiger aus als Ed Fagan. Ich fand von einem der beiden die Nummer und rief ihn an.

«Guten Tag. Ich würde gerne die NATO auf Schadenersatz verklagen, für all die Kollateralschäden, die sie in Jugoslawien angerichtet haben.»

«Was für einen Schaden haben Sie denn?»

«Ich persönlich habe höchstens einen Dachschaden. Also, ich dachte, wir organisieren so eine Sammelklage, wie das die Amis machen, sammeln alle Schäden von all den unschuldigen Leuten ein und präsentieren den Brüdern die Rechnung.»

«Hm, und wie kommen Sie auf die Idee, dass diese verpflichtet werden könnten, das dann auch zu bezahlen?»

«Nun, man könnte vor dem Richter im Namen der Leute belegen, dass erstens das Bombardement von der UNO nicht abgesegnet wurde und zweitens alle NATO-Führer von Clinton bis Schröder erklärt haben, dass sie keinen Krieg gegen das jugoslawische Volk führen, sondern gegen Milošević und sein Regime. Dies, um Albaner im Kosovo zu beschützen. So könnten also unsere Klienten geltend machen, dass sie erstens nicht Milošević heißen, zweitens nicht zu seinem Regime gehören, drittens keine Albaner bedroht haben und viertens zu eben jenem Teil des jugoslawischen Volkes gehören, weit weg vom Kosovo, gegen den hochoffiziell niemand Krieg führen wollte. Das heißt also, sie akzeptieren, dass die NATO-Bombe, die in ihrem Garten einschlug und das Dach des Hauses sowie alle Fenster zerstörte und die Großmutter tötete, nicht persönlich zu nehmen ist, sondern ein Unfall war. Deshalb wollen sie das dem lieben Bill Clinton nun auch nicht nachtragen, sondern ihn höflich bitten, seine Haftpflichtversicherung zu verständigen, sich um den Schaden dieses Unfalls zu kümmern.»

«Das ist ein interessanter Ansatz. Können Sie mal bei uns vorbeikommen?»

«Ich komme sehr gerne. Sie sollten aber gleich wissen, dass ich kein Geld habe, um Sie zu bezahlen. Wir müssten erst einen Schadenersatz für die Leute rausholen, und dann könnten wir uns ein paar Prozente davon teilen, die wahrscheinlich sehr, sehr viel Geld bedeuten werden. Aber bis dahin ist bei mir nix zu holen.»

Der Anwalt meinte, ich solle mir deshalb mal keine Sorgen machen.

So düste ich in seine Kanzlei nach Marburg und war beeindruckt zu erfahren, dass er vorher schon mal Deutschland auf zehn Milliarden Schadenersatz für Städte und Dörfer in Ostdeutschland verklagt hatte. Die fühlten sich nach der Wiedervereinigung bei der Privatisierung der Energieversorger über den Tisch gezogen, und er war mit der Klage für die Ossis tatsächlich erfolgreich.

So konnte ich, nach einem eher kurzen Gespräch, nicht fassen, dass er sich wirklich des Falles annehmen und mir keine Rechnung senden wollte. Beim Abschied versprach er, sich wieder zu melden.

Doch die Monate vergingen, während ich von Wochenende zu Wochenende versuchte, meine Depressionen zu überleben, und auf ein Zeichen von Gott wartete. Die Wochenenden waren auf Ecstasy immer sehr schön, doch die Landung verstärkte die Depression unter der Woche nur noch mehr. Dies hatte zur Folge, dass ich zuhause nach der Arbeit meist alleine meine Tüten drehte, mir Pornos reinzog oder von Zeitreisen fantasierte, in denen ich wieder einmal mehr die Wehrmacht oder das British Empire zerschlug, die Indianer rettete, die NATO besiegte oder eine geheime Miliz gegen die Illuminati aufbaute, um sie alle heimlich zu massakrieren.

Und Gott? Der war irgendwie weit weg.

Meine Schwester lud mich an eine Geburtstagsparty in der «Forecast Bar» in Zürich ein. In meinem Zustand ertrug ich Partys grundsätzlich nur auf Ecstasy. Kaum war die Pille eingefahren, verwandelte sich das Forecast zur geilsten Bar der Welt. Der Sound war spektakulär. Das Ambiente einfach fantastisch. Und alle Leute so nett und schön. Und ich war natürlich wieder absolut «cool von Beruf».

Und da war sie: Gabi, die Freundin einer Freundin meiner Schwester. Sie stand hinter jener Freundin etwas verloren da, während diese mit meiner Schwester plauderte. Sie erschien mir wie eine zauberhafte Fee, und ich kam sofort auf den Trip, sie dazu bringen zu müssen, mich küssen zu wollen.

Mit Ecstasy hat man, wie gesagt, keine Hemmungen und fühlt sich einfach wunderprächtig. So eröffnete ich das Anbagger-Game souverän. In der Zwischenzeit hatte ich das chemisch unterstützte Spiel ziemlich gut im Griff, und nach etwas über einer Stunde war es so weit. Sie küsste mich. In dem Moment wachte ich wie aus dem Trip auf und dachte:

«Scheiße, was machst du Idiot jetzt wieder? Das ist ein anständiges Mädchen, mit der du nicht einfach rumspielen kannst, ohne

Schmerzen zu verursachen. Du weißt doch, wie es immer wieder im Desaster geendet hat. Du bist in dem Zustand sowieso zu keiner richtigen Beziehung fähig.»

Ich nahm mir vor, ihr bei unserem ersten Date gleich reinen Wein einzuschenken und sie darüber aufzuklären, was für Macken ich hatte. Dann würde sie mich bestimmt gleich wieder loswerden wollen.

Zwei, drei Tage vor unserem ersten Date bekam ich überraschende Post von der Anwaltskanzlei in Marburg. Ich wurde zu einem Aperitif in Berlin und am nächsten Tag zu einem Meeting an der Humboldt-Universität eingeladen. Ich konnte es nicht fassen. Würde da tatsächlich etwas laufen? Humboldt-Universität, echt jetzt?

Vorerst war ich aber mit meiner Zauberfee zum Essen verabredet. Wir trafen uns in einem schicken Laden mit einer herrlichen Sicht über ganz Zürich und den See. Ich wusste nicht, ob ich ihr von der Geschichte erzählen sollte. Wer glaubt dir schon, dass du dich in einer Universität mit Anwälten triffst, um dich mit niemand Geringerem als dem mächtigsten Militärbündnis der Welt anzulegen?

Kaum hatten wir bestellt, fragte sie:

«Was machst du dieses Wochenende?»

«Dieses Wochenende, öh, äh, bin ich in Berlin.»

«Ah, cool. Mit Freunden?»

Ich erinnerte mich daran, sie ja gleich von Anfang an wissen lassen zu wollen, dass ich irgendwie eine Meise habe. Also platzte ich sogleich damit heraus:

«Nein, ich treffe mich dort mit ein paar Anwälten, um unser Projekt zu besprechen.»

«Was für ein Projekt?»

«Äh, die NATO auf Schadenersatz für all die Kollateralschäden zu verklagen, die sie in Jugoslawien mit ihren Bomben verursachen.»

«Haha, witzig. Was erzählst du mir da für einen Scheiß?»

«Ich weiß, es hört sich wahnsinnig an, aber es stimmt wirklich.»

«Ja, ja, schon gut. Du kannst jetzt aufhören. Es ist nicht mehr lustig.»

«Nein, ist es nicht. Und da du mich noch nicht wirklich kennst, kann ich auch verstehen, dass du mir nicht glaubst. Ist ja auch eine völlig unglaubliche Geschichte. Aber ich kann dir zuhause die Einladung der Anwaltskanzlei zeigen, damit du siehst, dass ich keinen Stuss verzapfe.»

«Ehrlich, jetzt fängst du an zu nerven.»

«Okay, wechseln wir das Thema, und ich zeig dir dann die Einladung.»

Sie glaubte mir immer noch kein Wort, und ich erwartete nach dem Dinner eigentlich eine Abfuhr. Doch sie wollte mich wieder treffen.

In Berlin stellte ich fest, dass der Aperitif in jener Anwaltskanzlei der Auftakt zu einer Art Kongress von Atomwaffengegnern oder so einem ähnlichen Verein war. Da trafen sich Anwälte, Politiker, Funktionäre und sonst wie Friedensbewegte aus der Oberliga. Eigentlich alles sehr interessante Leute, doch ich kam mir in dem Haufen wie so ein unbedeutender Niemand vor, total fehl am Platz. Ich hielt mich etwas verkrampft an meinem Glas Weißwein fest und versuchte, mit den Leuten ins Gespräch zu kommen.

«Na, alles klar an der Bar? Was machen Sie denn so in dieser Bewegung?»

«Ich bin der Vorsitzende von irgendwas Wichtigem, und dies ist Herr Dr. Prof. Superkrass von Megawichtig.»

«Aha, sehr erfreut.»

«Und wie ist Ihre Verbindung zu diesem Anlass?»

«Oh, ich wurde eingeladen, um morgen über die NATO und all die Kollateralschäden zu sprechen.»

«Oh ja, das war *Ihre* Idee? Sehr interessant. Und was machen Sie sonst so?»

«Ich verkaufe Telekommunikations-Dienstleistungen an Unternehmen.»

«Interessant. Ich freue mich auf das Treffen morgen. Wenn Sie uns jetzt bitte entschuldigen wollen.»

Natürlich entschuldigte ich und fragte mich, ob es wohl auch an diesem Ort nicht mit einer Pille im Gesicht um einiges besser laufen würde – und ob die nicht alle viel lockerer drauf wären, hätten sie auch eine abgekriegt.

So stand ich nur verkrampft rum und fühlte mich minderwertig. Auch beim anschließenden Dinner wurde ich nicht wirklich warm mit den Leuten. Das lag aber nicht an ihnen. Eher daran, dass ich keine Drogen dabei hatte, während alles in mir nach Drogen schrie und Pornos in meinem Kopf abliefen, so dass ich die Hälfte von dem, was um mich herum gesprochen wurde, gar nicht mitkriegte.

Es kostete mich äußerste Anstrengung, wenigstens ein Minimum von Smalltalk hinzukriegen, ohne mich dabei wie ein totaler Vollidiot zu geben.

Bin nicht ganz sicher, ob mir das gelang.

Kaum aus dem Restaurant, pilgerte ich sofort zum nächsten größeren Bahnhof. In jeder Stadt sind die Dealer fast immer ganz in der Nähe eines größeren Bahnhofs. Man erkennt sie daran, dass sie einfach so dastehen, ohne dass es da einen Taxistand oder eine Bushaltestelle gibt. Niemand steht einfach so da. Die Leute sind entweder in Bewegung oder warten an einer Haltestelle. Würde der Rumstehende etwas Legales verkaufen, hätte er Flyer in den Händen oder ein Schild. Ansonsten verkaufen die Rumstehenden eben etwas Illegales. Wenn du dann auf sie zugehst, mustern sie dich schon von weitem sehr genau. Ob du wohl ein Kunde oder ein Bulle bist?

Am nächsten Morgen saß ich verkatert und immer noch leicht bekifft in einem Raum der Humboldt-Universität neben dem Anwalt, der mich eingeladen hatte. Die Tische waren in einem größeren Quadrat aufgestellt, und es kamen so etwas über vierzig Leute rein. Der Anwalt schob mir einen Stapel A4-Seiten rüber, welche zu einem Buch gebunden waren. Der Titel hieß «Der Krieg gegen Jugoslawien», und darunter stand fett: «Traurige Ergebnisse. Missachtung der Geschichte. Zerstörung des Völkerrechts.»

Ich war sehr erstaunt und erschrocken zugleich. Das sah nach richtig viel Arbeit aus.

«Haben Sie das alles wegen mir gemacht?»

«Ja.»

«Wow. Und all die Leute hier? Die sind wegen mir da?»

«Ja.»

«Meine Fresse. Die sehen alle aus wie 500 Euro die Stunde. Ich hoffe, niemand will mir für diese Übung eine Rechnung schicken.»

Sein gut gemeintes «Machen Sie sich darüber keine Sorgen!» beruhigte mich nur wenig, denn jetzt ging die Vorstellungsrunde los. Das waren alles Doktoren, Professoren, Spezialisten für Internationales Völkerrecht, Abgeordnete im Bundestag, Richter am Bundesverfassungsgericht und so weiter. Voll die Oberliga der Juristen und Politiker Deutschlands – und der kleine Mitrovic aus Zürich mit seinen Problemen.

Mir war schlecht, und ich wollte mich in irgendein Loch verkriechen. Da wurde ich aufgefordert, meinen Plan zu erläutern.

Das dauerte kaum zwei Minuten, dann durfte ich mich wieder setzen. In den folgenden Stunden konnte ich dann miterleben, wie es läuft, wenn die großen Jungs spielen. Was ich zu hören bekam, schien meine Verschwörungstheorien zu bestätigen. Diese Leute waren scheinbar nahe genug an der Macht, um mitzukriegen, was hinter den Kulissen wirklich läuft – aber auch wieder nicht mächtig genug, um viel bewirken zu können. Sie schienen jedoch aufrichtig angewidert zu sein, dass Deutschland wieder Bomben schmeißt. Sie waren empört darüber, dass die Deutschen es aufgrund von Propagandalügen und Medienmanipulation gleichgültig hinnahmen, wie ihre Tornado-Piloten wieder Tod und Verderben streuten. Es kamen Dinge zur Sprache wie zum Beispiel der OSZE[30]-Beobachter, der bezeugte, dass die Serben sie eingeladen hatten, dabei zu sein, als sie ein Terroristennest angriffen. Sie wussten, dass sie in Bosnien und Kroatien schon bombardiert wurden, weil sie eine schlechte Presse hatten. Deshalb wollten sie sicherstellen, dass es nachher nicht erneut heißt, sie hätten wieder ein Massaker ver-

[30] «OSZE» steht für «Organisation für Sicherheit und Zusammenarbeit in Europa».

anstaltet, und dann wieder NATO-Flieger angerauscht kämen. Sie waren vielleicht böse, aber sicher nicht blöd. Nach dem Kampf sammelten die Serben alle Waffen von den toten Kämpfern ein, räumten die ausgehobenen Waffenlager und gingen wieder.

Doch kaum waren die Serben weg, sammelte man alle gefallenen Kämpfer ein, legte sie nebeneinander in eine Reihe und rief die Presse. Diese berichtete dann weltweit vom «Massaker von Račak», wo «Zivilisten» abgeschlachtet worden sein sollen. Die Reporter, die anderes berichteten, wurden von ihren Medien ignoriert, und der OSZE-Beobachter, der dem offiziellen Narrativ widersprach, wurde gefeuert. Stattdessen konnten sich Schröder und Scharping in Szene setzen und empört fordern, dass man die bösen Serben jetzt unbedingt bombardieren musste.

In der Diskussion und vor allem in der mir vorliegenden Dokumentation wurde klar, dass es offenbar viele solcher Manipulationen gab.

Nicht dass ich jetzt die Serben reinwaschen will. Nein, da haben sich einige unvorstellbar schuldig gemacht. Der Krieg bringt in den Menschen das Beste und das Schlechteste hervor. Einige wachsen über sich hinaus und vollbringen Heldentaten, während andere zu panischen Feiglingen werden und wieder andere sich in blutrünstige Monster oder Heilige voller Barmherzigkeit und Vergebung verwandeln. Es ist einfach nur ein himmelschreiendes, herzzerreißendes Drama, mit Schuldigen und Opfern auf allen Seiten – und, je nach Situation und Tagesform, in wechselnden Rollen.

Doch die Machenschaften hinter den Kulissen, welche zu diesen Dramen führen, und die einseitige Propaganda, welche dafür sorgt, dass noch mehr Menschen reingezogen werden und noch mehr Schaden angerichtet wird, befeuerten meine Wut und Ohnmacht ins Unerträgliche.

Offenbar waren diese Leute im Saal bestens vertraut mit solchen Mechanismen und Hintergründen. Sie waren tatsächlich alle bereit, unentgeltlich für dieses Projekt zu arbeiten. Dies, obwohl sie schon sehr bald zum Schluss kamen, dass sie gegen die NATO-Regierungen und deren Hintermänner kaum eine Chancen haben und den

Fall ziemlich sicher verlieren würden. Sie erwarteten also, monetär definitiv nichts zu holen. Trotzdem diskutierten sie Strategien und verteilten untereinander die Aufgaben. Dazu gehörte unter anderem auch, die öffentliche Meinung zu beeinflussen. Genau darum ging es ihnen. Sie wollten den ganzen Aufwand nicht unbedingt deshalb betreiben, weil sie die Serben so sehr liebten, sondern weil sie mit diesem Fall die Mauern der Medienmanipulation zu durchbrechen hofften.

Sie versprachen sich eine gewaltige Publizität durch die Anklage, welche ihnen eine Plattform bieten würde, ihre Informationen und ihre Sichtweise vor einem viel größeren Publikum verbreiten zu können – und so die Manipulationen der Hintermänner entlarven zu können. Schließlich waren zu der Zeit virale YouTube-Videos noch nicht bekannt.

Sie klärten also schon mal, wer in welcher Talkshow erscheinen würde, wer welcher Zeitung Berichte senden sollte, wer die allgemeine PR übernehmen und wer sonst noch Kontakte zu den anderen Medien pflegen würde. Drei Stunden lang hörte ich den Leuten fasziniert zu und wähnte mich in einem Politthriller, als auf einmal jemand fragte:

«Und wer konkret wird eigentlich die Klage einreichen und der Hauptkläger sein?»

Obwohl ich die Relevanz dieser Frage noch nicht ganz verstand, merkte ich, dass sie einschlug wie eine Bombe. Denn das sofort eingetretene Schweigen mit den «Ach du liebe Scheiße»-Gesichtsausdrücken sagte mir klar, dass wir jetzt wohl ein Problem hatten. Ich flüsterte zu meinem Gastgeber:

«Was ist das Problem?»

«Der Hauptkläger trägt das Prozessrisiko, welches in diesem Fall sehr hoch ist. Das heißt, wenn wir den Fall verlieren, wovon wir ja eher ausgehen, dann bezahlt der Verlierer die Gerichtskosten.»

«Und wie hoch kann das wohl sein?»

«Nun, wenn wir von einer Klagesumme im zweistelligen Milliardenbereich ausgehen, dann würde ich mal an einen zweistelligen Millionenbetrag denken. Und bei solchen Höhen erwarten sie in der Regel, dass gleich zu Beginn des Prozesses eine entsprechende Kaution hinterlegt wird.»

Noch bevor ich «Autsch!» sagen konnte, rief schon einer in die Runde:

«Also, ich arbeite gerne umsonst für dieses Projekt und kämpfe für die gute Sache, aber dieses Risiko ist mir dann doch etwas allzu hoch.»

Da drehten sich plötzlich alle Köpfe zu mir, als einer rief:

«Na, Herr Mitrovic, haben Sie eine Idee, wie wir das lösen können?»

Ich? Also im Moment hatte ich gerade nur Kopfschmerzen und musste mich arg zusammenreißen, um überhaupt noch etwas halbwegs Vernünftiges sagen zu können.

«Nun, zuerst einmal finde ich es schon gewaltig, heute miterleben zu dürfen, dass Sie sich alle die Mühe gemacht haben, hierher zu kommen und sich wirklich unentgeltlich engagieren wollen. Dafür gebührt Ihnen zuerst einmal ein ganz großer, herzlicher Dank. Leute wie Sie geben mir die Hoffnung, dass es mit der Menschheit noch nicht ganz vorbei ist. Dass jetzt jemand von Ihnen auch noch gleich seine Existenz aufs Spiel setzen soll, kann man nun wirklich nicht erwarten. Leider habe ich auch keine Millionen übrig.»

Damit war das Meeting beendet. Wir verblieben dahingehend, dass wir uns alle ein paar Gedanken machen würden, und wenn einer eine Lösung hat, würde mein Gastgeber wieder alle zusammentrommeln. Dann würden wir loslegen.

Auf dem Rückflug war ich deprimiert, dass wohl nix draus wird, aber auch sehr verblüfft, dass ich, nur kraft meines Mundwerks, eine so hochkarätige Truppe mobilisiert hatte. Ich grübelte, ob ich nicht doch eine Lösung für das Prozessrisiko finden würde. Wenn ich eine halbe Million hätte, dann könnte ich meinen Job kündigen und die Sache durchziehen. Ich könnte alle Serben in der Schweiz, in Deutschland, Italien, Frankreich, Spanien und von überall her auch noch anschreiben. Wenn man denen diese Elite-Anwaltstruppe und eine gute Strategie vor die Augen stellt, dann würden Hunderttausende von denen etwas spenden.

Bei dieser für Serben hochemotionalen Geschichte würde auch der letzte Gastarbeiter, der kaum genug für seine eigenen Rechnungen verdient, noch einen Hunderter abdrücken.

Denn trotz den Monstern, die wir in unseren serbischen Reihen auch haben, und der Mitschuld, die wir tragen, sahen wir uns immer auch als Opfer von Verleumdungen und internationalen Verschwörungen. Der eine oder andere wohlhabende Serbe würde vielleicht ein paar Tausender spendieren, und wenn dann der eine oder andere Reiche noch etwas mehr gibt, und am Schluss – na, warum nicht gleich ein paar Millionen von der Regierung?

Ich überlegte: Milošević würde wahrscheinlich gerne ein paar von seinen geklauten Millionen für die Chance aufwerfen, dass sein Name wenigstens ein bisschen rehabilitiert wird und er nicht mehr als die größte Schweinebacke seit Hitler angesehen wird. Tja, dann hätten wir die Millionen zusammen, und meine Fresse erscheint in allen Zeitungen.

Genau, vielleicht macht Gott ein Wunder, und wir gewinnen den Fall sogar. Dann fließen Milliarden an Schadenersatz ins Land. Und ich hätte tatsächlich die prophezeiten Nationen bewegt. Und Geschichte geschrieben.

Wow, dann hätte ich ja Serbien sozusagen rehabilitiert, und die Milliarden würden einen Wirtschaftsboom auslösen. Das Land würde aufblühen, und sie würden wahrscheinlich den Milošević abservieren und mich zum Präsidenten machen.

Genial, dann würde ich den korrupten Saustall mal so richtig aufräumen – bis mich irgendein Illuminaten-Knecht dann beseitigt. So ein Attentat wäre eigentlich noch ein gelungener Abgang und könnte am Ende noch zu einer Helden-Statue oder zwei führen. Nicht schlecht, was ich mit einer halben Million so alles anstellen könnte.

«Aber du hast keine halbe Million. Schon vergessen? Du zahlst immer noch deine Schulden ab. Und du hast Depressionen, Drogenprobleme und sonst noch zwei, drei ernsthafte Macken. Ein unbedeutender, perverser, kleiner Wurm bist du, mit einer Riesenfresse und einem grotesken Größenwahn.»

Gott hat definitiv eine freundlichere Art, dich auf den Boden zu holen. Ich wusste, dass die Stimme, die mich hier fertigmachen wollte, die des Teufels war. Doch hatte er nicht irgendwie Recht?

Meine Eltern kannten jemanden, der ein alter Freund von Milošević war. Ich dachte, der könnte mir doch glatt einen Termin bei diesem besorgen. Das war auf jeden Fall der Plan, als ich das nächste Mal nach Jugoslawien flog. Man gab mir die Nummer irgendeines Ministeriums, und die gaben mir zwei sehr dicke Bücher voll mit Schadensaufnahmen und grässlichen Bildern.

Nach jedem Angriff kam die Polizei und protokollierte die Zeit des Einschlags, die Opfer, die Verletzten und den materiellen Schaden. In den Büchern ging es nicht um Politik oder um das Warum und Wieso. Es waren einfach Schadensprotokolle. Als hätten sie es für eine Versicherung aufgenommen. Das fand ich, abgesehen von den herzzerreißenden Bildern, perfekt. Jetzt müsste die Regierung nur die Polizisten noch einmal aussenden, um die Leute ein Formular für die Sammelklage unterzeichnen zu lassen, sowie ein paar Millionen für die Kaution aufwerfen, und schon könnten die Leute in Berlin loslegen.

Doch der liebe Bekannte meinte nur:

«Oh Gott, bist du naiv. Du hast keine Ahnung, mit wem du dich anlegst. Das hat doch alles gar keinen Sinn.»

«Na ja, das kann Milošević ja selber entscheiden. Ich brauche nur zehn Minuten seiner Zeit. Und wenn es nicht sein soll, dann war's das. Aber wenn Gott will, dann schreiben wir Geschichte.»

«Ich kann nicht glauben, wie naiv du bist. Ich hätte dich für intelligenter gehalten.»

Er kanzelte mich weiter ab wie einen kleinen dummen Schulbuben. Dies mit einer so atemberaubenden Arroganz, dass es keinen Sinn machte, weiter zu argumentieren. Miloševićs Nummer wollte er auch nicht rausrücken. Auch dafür, mich durch irgendwelche Behörden durchzutelefonieren, nur um dann auch von Miloševićs Vorzimmerdrachen wieder abgewimmelt zu werden, hatte er mir die Motivation geraubt.

Auf dem Rückflug fühlte ich mich wie ein Vollidiot und sah mich doch wieder als ebendieser lächerliche, größenwahnsinnige Wurm, der zwischendurch tatsächlich das Gefühl hatte, berufen zu sein, die Welt zu verändern. Dabei war ich doch voll am Ende und erwog zum ersten Mal ernsthaft, mir eine Kugel durch den Kopf zu jagen.

34. Die Liebe

Im Geschäft lief es glücklicherweise immer noch phänomenal, und Gabis Liebe war einfach unwiderstehlich. Obwohl ich mit Gott und mit meinem Glaubensleben am absoluten Tiefpunkt war, wusste ich einfach, dass er mich nicht völlig fallengelassen hatte. Ich spürte durch alle Schichten von Depressionen und Delirien hindurch, dass er mich nicht aufgegeben hatte und mich eines Tages aus dem Loch holen würde. Ich erinnerte mich auch immer wieder an den Typen vom «Central», der mir prophezeit hatte, dass Jesus mit mir zu seinem Ziel kommen wird – egal, was ich denke.

Die vielen wundersamen Erlebnisse, die ich mit Gott hatte, ließen nicht zu, dass ich gar nicht mehr glauben würde. Ich glaubte immer noch an ihn, auch wenn ich ihn nicht mochte. Aber ich spürte, wie er mir immer wieder sagte, dass er mich trotz allem liebt und alles gut wird.

Na schön. Aber wenn ich dann tatsächlich so weit wäre, würde es mit einer ungläubigen Freundin bestimmt schwierig. Ich sah Ärger, Schmerzen und Desaster auf uns zukommen. Also wollte ich das mit Gabi beenden, bevor es zu tief ins Herz reinschnitt. Lieber jetzt ein Ende mit Schmerzen als Schmerzen ohne Ende. So nahm ich mir vor jedem Treffen vor, mit ihr Schluss zu machen.

Doch jedes Mal, wenn wir uns trafen und sie mich anschaute, empfing mich ihr bezauberndes Lächeln mit einer solchen Welle von Liebe, dass ich es einfach nicht fertigbrachte, sie zu enttäuschen und zu verletzen. Natürlich merkte sie bald, dass ich ziemlich depressiv war, und wollte wissen, was mein Problem sei.

«Tja, was ist mein Problem? Wie soll ich das erklären, ohne dass du mich für verrückt erklärst? Ich habe Ärger mit Gott. Ich trotze und hadere mit niemand Geringerem als mit Gott persönlich und finde, er macht einen scheiß Job. Ich versuche seit Jahren, ein guter Christ zu sein, und bringe es einfach nicht auf die Reihe. Ich habe dauernd Rückfälle, und in meinem Kopf spielen sich fast konstant Szenen ab, die ich lieber nicht beim Namen nenne. So, das ist mein Problem.»

«Du glaubst an Gott und hast ein Problem mit ihm? Ich weiß nicht, was ich dir dazu sagen soll.»

Ja, was sollte sie dazu schon sagen? Wer traut sich sonst noch, offen Ärger mit Gott zu haben, außer Satanisten? Atheismus ist oft der Ausweg, um sich nicht mit seinen Problemen mit Gott auseinandersetzen zu müssen. Was es nicht gibt, kann mich ja auch nicht ärgern. Gott, sein Bodenpersonal und das ganze Elend der Welt machten mir unsäglich Mühe. Also wäre es doch einfacher, wenn es Gott gar nicht gäbe und Gläubige einfach leicht zurückgebliebene Halbschlaue wären. Dann müsste ich mich mit diesem Gott nicht auseinandersetzen.

Aber dafür war es bei mir zu spät. Ich glaubte ja nicht nur, sondern ich *wusste* doch inzwischen, dass es diesen lebendigen Gott wirklich gibt. Aber es blieb vorerst dabei: Die Fragen, wie dieser Gott nun wirklich drauf ist, was mich das alles angeht und warum all der Scheiß auf diesem Planeten geschehen darf, sie machten mich fertig.

Ich gab Gabi Claudes Buch[31] und erklärte:

«Schau, dieses Buch hat einer meiner besten Freunde geschrieben. Ich komme in seinem Buch auch vor. Wenn du das gelesen hast, wirst du mich wenigstens zum Teil verstehen.»

Meine Spinnereien, Rückfälle und Depressionen schienen sie nicht daran zu hindern, mich zu lieben. Ich erinnerte mich daran, dass ich ja eigentlich für genau so eine Frau gebetet hatte. Eine Frau, die mich einfach so liebt und wertschätzt, wie ich bin.

---

[31] Claude Widmer: Alles ausser gewöhnlich, Schleife Verlag: Winterthur, 1999, ISBN: 978-3-907827-06-2

Claudes Buch beeindruckte sie sehr, und sie begann auch andere Bücher zum Thema zu lesen, die bei mir herumlagen. Mit der Zeit hatte sie natürlich viele Fragen und kam damit zu mir. Ich antwortete meist eher mürrisch:

«Schmuus, ich weiß die Antworten auf diese Fragen, aber ich bin damit nicht einverstanden. Geh doch zu Claude und frag *ihn.*»

Bei Claude ging zu der Zeit gerade mächtig die Post ab. Nachdem er als persönlicher Assistent vom Leiter von «Campus für Christus Schweiz» an vielen interessanten Projekten in Sibirien, Israel, Jemen und sogar in Nordkorea dabei war und viel mit Gott erlebte, hatte er schon früh tonnenweise Geschichten zu erzählen. Gott sagte ihm jedoch, dass er diese Organisation verlassen und im Zürcher Oberland eine neue Gemeinde starten solle. Das war selbst für ihn ein ziemlich großer Glaubenssprung, denn er hatte keine Ahnung, wovon er leben sollte.

Doch er wusste, dass Gott ihm das so vermittelt hatte, und vertraute darauf, dass Gott ihn unter diesen Umständen auch versorgen würde. Das tat Gott dann tatsächlich – und das immer wieder mal auf sehr wundersame Weise.

Bei einer Grillparty erzählte mir Claude beispielsweise, dass das Fleisch von einem Bauer komme, der völlig unerwartet bei ihm aufgekreuzt sei und ihm mitteilte, dass Gott ihm in einem Traum gesagt habe, er solle Claude eine Tiefkühltruhe voll mit Fleisch schenken. Manchmal fand er auch Geld im Briefkasten oder im Spiegelschrank seines Badezimmers, ohne die leiseste Ahnung zu haben, woher es kam. Seine neue Gemeinde wuchs auch ziemlich schnell.

Gabi schien die Gegenwart Gottes in Claudes Haus ziemlich stark zu spüren und fing an, regelmäßig zu den Gottesdiensten zu gehen. Bald darauf lud auch sie Jesus bewusst in ihr Leben ein.

Ich war eher erstaunt, dass sie sich auf Jesus einließ, obwohl ich doch ein ziemlich lausiges Beispiel von einem Gläubigen abgab. Die realen Beispiele der Glaubensgemeinschaft und der Gegenwart Gottes in Claudes Haus müssen wohl den stärkeren Eindruck hinterlassen haben als meine Probleme.

Gabi fing dann an, mit Claude und seiner Frau regelmäßig für mich zu beten, dass ich den Weg zurück zu Jesus finde und aus meinem Loch herauskomme. Und langsam schien es, dass ich tatsächlich aus meinem Dunkel herausfinden könnte.

Meine Schulden waren in der Zwischenzeit abbezahlt, ich fühlte mich geliebt und verdiente einen Haufen Geld. Eigentlich hätte ich doch happy sein müssen. Aber das ist eben das Problem bei Depressionen: Du bist nicht happy, auch wenn du es sein könntest.

Neben der NATO und den Verschwörern ging mir inzwischen mein neuer Vorgesetzter auf die Nerven. Ich hatte ihn zweimal beim Lügen erwischt und konnte ihm nicht mehr vertrauen. Pat und mir war es, dank dem Zusammenhalt des Teams, vor den Verfehlungen dieses Vorgesetzten bereits zwei Mal gelungen, durch unser Eingreifen schlechte Chefs loszuwerden. Doch dieser Chef war politisch zu gut vernetzt, und ich hatte keinen Bock mehr auf einen weiteren Machtkampf.

Dann stellte sich auch noch mein Oberboss Bernie Ebbers als Betrüger heraus. Die Amerikaner verurteilten ihn später zu 25 Jahren Knast. Da sind sie konsequent, die Amis. Die Party in dem Laden war auf jeden Fall vorbei, und es war Zeit für einen neuen Job.

Es waren die goldenen Telco-Zeiten, kurz bevor die Dotcom-Blase platzte. Man war so scharf auf Verkäufer, die etwas von der Sache verstanden, dass man dauernd höhere Angebote bekam. Auch wenn man technisch relativ wenig davon begriff, so wie ich. Und so landete ich ziemlich schnell bei «Teleglobe». Die Lohnverhandlung war lustig: Der Chef fragte mich, wie viel ich verdienen möchte, ich nannte ihm zwei Zahlen, um ihm dazwischen etwas Spielraum zu geben, und er packte noch fünf Riesen auf die höhere Zahl, damit ich nicht gleich wieder abhaue, wenn der nächste Headhunter anruft.

Auch in diesem Laden lief es wieder wunderprächtig. Diesmal war ich im Großhandel zwischen den Telekommunikations-Anbietern gelandet. Das war das Coolste überhaupt. Man musste nicht mehr stundenlang telefonieren, bis man endlich einen Termin kriegte, um etwas präsentieren zu dürfen. Da das Gegenüber im selben Business tätig war und dir ebenfalls etwas verkaufen wollte, musste ich nur einmal anrufen und sagen:

«Hi, ich bin Vladimir von Teleglobe, und ich sehe, wir machen noch keine Geschäfte miteinander.»

«Stimmt, das ist doch blöd, wir sollten unbedingt mal essen gehen.»

Schon hatte man einen Termin und traf sich auf Geschäftsspesen in einem teuren Restaurant. Das Verkaufspräsentations-Bla-Bla konnte man sich auch sparen. Man wusste ja, welchen Riesenladen das Gegenüber vertrat. Also plauderte man über dies und jenes, hatte Spaß, und am Schluss vereinbarte man, die Preis- und Ziellisten auszutauschen und in einer Woche wieder essen zu gehen, sobald man die Listen analysiert hatte.

Beim nächsten Essen wurde zwischen Vor- und Hauptspeise schnell der Deal geklärt. Das war's dann schon, und wir konnten uns wieder dem Essen und den spaßigeren Dingen zuwenden.

Ich konnte kaum glauben, dass man für diesen Spaß auch noch so fürstlich bezahlt wurde. Scheinbar gab Gott mir trotz meinem Ärger mit ihm doch noch seinen Segen.

Mit Leichtigkeit erzielte ich spektakuläre Erfolge. Das Geschäft lief so gut für mich, dass es auch niemanden störte, als sich mein erster Kunde als Betrüger entpuppte und uns um 1,8 Millionen prellte. Du würdest staunen, wie viele Betrüger es im Großhandel rund um Telefonminuten gab und wie viel Schaden angerichtet wurde.

Einige Key-Account-Manager ließen sich so oft von denselben Gaunern hinter neuen Firmennamen bescheißen, dass man schon fast mit Sicherheit annehmen konnte, dass sie sich hintenrum von denen bezahlen ließen. Doch außer einem Inder kam keiner von den Gaunern in den Knast. Dies wunderte mich immer wieder sehr, schien es mir doch so offensichtlich zu sein. Wahrscheinlich wurde es nicht weiterverfolgt, weil es den Bossen von den geprellten Läden zu mühsam war, da etwas zu unternehmen.

Es gab trotzdem die Mega-Boni, die gesponserten President's-Club-Ferien und all die anderen «Schikanen». Man zog mir nicht mal die Provisionen wieder ab von dem Kunden, der uns geprellt hatte. Kein Wunder, war da der eine oder andere sehr versucht, fragwürdige Deals abzuschließen. Doch im Gegensatz zu einigen meiner Kollegen versuchte ich, saubere Geschäfte zu machen. Meine Probleme mit der unsichtbaren Welt überlagerten ja sowieso bereits alles. Noch mehr Kohle, aber auf unsaubere Art, nein, das wollte ich nicht; es hätte alles nur noch schlimmer gemacht.

So kann ich aus eigener Erfahrung bestätigen: Geld macht nicht glücklich. Man ist dann einfach in einem schöneren Hotel traurig. Dennoch gaben mir Gabis Liebe, der finanzielle Erfolg und die spürbare Gegenwart Gottes in Claudes neuer Gemeinschaft wieder etwas Hoffnung.

In der Zwischenzeit hatte er bei seinen Gottesdiensten das Haus voll. Vielleicht würde bei Claude ja bald eine richtige Erweckung losgehen, und wir würden auch hier erleben, wie die Leute massenweise Jesus begegnen und von ihren Problemen, Süchten, Ängsten, Sünden und Nöten befreit werden. Und vielleicht würde ich selber auch endlich mal von Gott so berührt werden, dass sich mein Innenleben verändern könnte.

Ich entschied mich, trotz der großen Ängste, die dieser Gedanke auslöste, Gabi zu heiraten und wollte ihr einen Antrag machen, sobald ich etwas besser drauf wäre.

Deshalb riss ich mich zusammen, reduzierte meinen Drogenkonsum stark und erschien auch öfters zu Claudes Gottesdiensten. Das merkte der Teufel wohl auch.

Plötzlich wurde ich zu den coolsten Partys eingeladen, bei denen ich mich mehr in Hollywood als in Zürich wähnte. Als geladener Gast konnte ich an der Schlange stehenden Menge vorbei direkt jenen Eingang anpeilen, bei dem die Leute auf der Gästeliste mit ihren Freunden gratis reindurften.

Bei der Begrüßung des DJs, der mich auf die Liste gesetzt hatte, drückte mir dieser gleich ein Briefchen Kokain in die Hand und grinste breit:

«Freut mich, dass du wieder mal auf der Piste bist. Das geht aufs

Haus, damit du sicher deinen Spaß hast. Die verkaufen sonst nur schlechten Stoff hier.»

Der Kumpel, der mit mir gratis reindurfte und sich ebenfalls an dem Briefchen «Qualitätsstoff» erfreute, insistierte dann, wenigstens die Drinks spendieren zu dürfen, und konnte sein Glück, mit mir im Ausgang zu sein, kaum fassen. Denn an diesen Partys war das übliche Verhältnis zwischen Damen und Herren, Schönen und weniger Schönen, diametral umgekehrt zu den normalen Zürcher Partys. Wir waren jeweils von einem Haufen atemberaubender Schönheiten umzingelt.

Während mein Kumpel mich immer wieder fragte, ob wir nicht doch in einem Film gelandet waren und wo die Kameras seien, wunderte ich mich, wo damals alle diese Ladys waren, als ich sie noch gesucht hatte. Und warum setzten mich Leute, die ich nur oberflächlich kannte, plötzlich so bereitwillig auf Gästelisten und hatten das Bedürfnis, mir gute Drogen zu schenken, damit ich keine schlechten kaufen musste?

Jetzt, wo ich immer einige Hunderter, zwei Kreditkarten und die Bankomatkarte dabeihatte und es völlig wurscht war, wie viel ich an einem Abend verpulverte, konnte ich ganze Nächte durchfeiern, mit «zuviel von allem» und nur vom Feinsten, ohne dass man mich etwas bezahlen ließ.

Der Teufel hatte wohl die Spendierhosen an und versuchte es mit Bestechung. Solange du es suchst, kostet dich dieser Lifestyle ein Schweinegeld und keiner schenkt dir was. Sobald du dem den Rücken kehren willst, rennt es dir nach – und erst noch umsonst.

Ich schaffte es wirklich nur sehr knapp, Gabi treu zu bleiben. Die Versuchungen waren riesig. Aber ich wusste, dass es ganz schnell wieder drehen und mich völlig ruinieren würde, wenn ich mich öfters in dieser Szene gehen lassen würde. Ich hatte schon genug gesehen und erlebt, um zu wissen, dass der Partyzeit das Elend so sicher folgt wie der Regen dem Sonnenschein in Schottland. Deshalb schaute ich, dass ich, wenn immer möglich, mit Gabi etwas unternehmen konnte. Denn in ihrer Gegenwart nahm ich keine Drogen.

Ja, es fing an, mir auch geistlich wieder etwas besser zu gehen, und die Sehnsucht, Gott zu dienen und zu erleben, wie seine Liebe Menschen auch durch mich sichtbar berührt, wurde wieder größer. Auch wenn es viel Geld gab, war das Telco-Ding eigentlich nicht das, was mich erfüllte oder meinem Leben Sinn gegeben hätte.

Da platzte die Dotcom-Blase, und für viele Läden versiegten die unendlich geglaubten Investitionsflüsse. «Bell Canada», die Mutter von Teleglobe, kündigte an, uns den Geldhahn zuzudrehen, und entließ praktisch die gesamte europäische Belegschaft. Sie hatten in Europa so viele Milliarden verlocht, dass die paar Millionen, die sie in der Schweiz verdienten, völlig irrelevant waren.

Die fette Abfindung eliminierte den Kummer über die Entlassung aber rasch. Ich bekam auch gleich wieder drei Angebote, kaum hatte sich rumgesprochen, dass Teleglobe hopsgegangen war.

Die Entscheidung war relativ einfach: Wenn ich schon nur wegen dem Geld etwas machte, dann sollte es gefälligst *viel* sein. Vielleicht könnte ich dann ja früher damit aufhören oder mir ein Sabbatical gönnen. Ich sehnte mich nämlich sehr nach einer längeren Auszeit. Ich wollte ein Jahr lang irgendwo auf einem Berg sitzen und so lange zu Gott schreien, bis er sich meldet, endlich meine Fragen klärt und meine Probleme mit meinen Zwangsgedanken löst.

Das höchste Angebot kam von BT (British Telecom), und schon war ich dort mit im Team.

In der Zwischenzeit hatte Gabi mein Herz endgültig erobert, und so beschäftigte ich mich mit dem Heiraten. Ich merkte, dass Gabi mir guttat. Sie linderte meinen Seelenschmerz und gab mir Stabilität. Mein Drogenkonsum reduzierte sich auf einen Joint pro Woche und auf nur noch eine Handvoll Partys pro Jahr, an denen ich mir meistens wieder die volle Dröhnung gab.

Gabi war eine gute Frau, die ich mir als Mutter meiner Kinder vorstellen konnte. Viel mehr Mühe hatte ich damit, mich als Vater meiner Kinder zu sehen. Ich befürchtete, mit all meinen Problemen ein lausiger Vater zu sein. Ich hatte Angst, dass ich die Gnade Gottes mit meinem Hadern und Murren und meinen ständigen Rückfällen irgendwann überstrapaziere und dann Frau und Kinder darunter leiden, wenn Gott den Hammer doch noch fallen lässt.

Es machte mich fast wahnsinnig, dass ich ohne Hilfe von außen meinen Willen einfach nicht im Griff hatte und nur sauber bleiben konnte, wenn jemand bei mir war, der mich stoppen konnte. Und auch das half nur äußerlich, denn innerlich konnte in meinem Kopf – auch bei bester Gesellschaft – immer noch die Hölle los sein.

Ich wagte den Schritt trotzdem, und Claude führte im Ritterhaus Bubikon die Trauung durch. Er predigte über eine der allerwichtigsten Stellen in der Bibel:

«Die Liebe ist langmütig und freundlich, die Liebe eifert nicht, die Liebe treibt nicht Mutwillen, sie bläht sich nicht auf, sie verhält sich nicht ungehörig, sie sucht nicht das Ihre, sie lässt sich nicht erbittern, sie rechnet das Böse nicht zu, sie freut sich nicht über die Ungerechtigkeit, sie freut sich aber an der Wahrheit; sie erträgt alles, sie glaubt alles, sie hofft alles, sie duldet alles.»[32]

In meiner Selbstverdammnis war es Balsam für meine Seele, spüren zu dürfen, wie Gott mir bestätigte, dass er sich von mir nicht erbittern ließ, mich trotz allem erträgt und alles von mir duldet. Er rechnete mir das Böse nicht an, denn Jesus hat die ultimative Konsequenz alles Bösen auch für mich ans Kreuz getragen. Jesus sagt:

«Nicht ihr habt mich erwählt, sondern ich habe euch erwählt und dazu bestimmt, dass ihr euch aufmacht und Frucht bringt und dass eure Frucht bleibt. Dann wird euch der Vater alles geben, um was ihr ihn in meinem Namen bittet.»[33]

Vollkommen zu werden war nie eine Vorbedingung für seine Liebe, sondern ist eine Folge der Begegnung mit ebendieser Liebe. Nur leider nicht sofort. Jesu Aussage, dass wir vollkommen sein sollen wie der Vater im Himmel, ist nicht nur eine Aufforderung, sondern vielmehr eine Verheißung. Der Veränderungsprozess kann aber etwas dauern. Bei Typen wie mir offensichtlich sehr lange. Vor allem

---

[32] 1. Korinther 13,4–7 (Lutherbibel 1984)

[33] Johannes 15,16 (Einheitsübersetzung 2016)

wenn man betreffend Gut und Böse so viel verdreht sieht und selber bestimmen will, was man nun gut oder böse findet. Bis man die Früchte dieses oft enorm langen Prozesses sieht, darf man aber daran festhalten, dass Gottes Liebe uns erträgt, sich nicht erbittern lässt und alles duldet.

Seine Liebe musste tatsächlich noch viel erdulden, bei mir und auch bei den anderen Brüdern um mich herum. Obwohl ich mir echt Mühe gab, stürzte ich jetzt wieder bei jeder Gelegenheit ab, wenn ich alleine oder in der entsprechenden Gesellschaft war.

Gabi betreute behinderte Kinder und hatte einmal pro Woche Nachtwache. Egal, wie fest ich mir vornahm, an dem Abend etwas Besseres zu tun, und egal, wie viel ich betete und wie viele Seelsorger, Apostel und Propheten ich deswegen konsultierte: Solche Abende endeten immer mit Drogen und Pornos.

Während andere Gott um Vergebung bitten, nachdem sie merken, dass sie wieder einmal einen Ausrutscher hatten, bat ich Gott jeweils schon im Voraus um Vergebung, etwa auf dem Weg zum Dealer oder in den Sexshop:

«Jesus, ich fahre wieder an den Ort, an den ich eigentlich schon lange nicht mehr hin will, wie ein hypnotisierter Zombie. Ich scheine irgendwie schizophren oder sonst wie eine gespaltene Persönlichkeit zu sein. Was soll der Scheiß? Warum kann ich das nicht sein lassen? Bitte tu ein Wunder und lass mich umkehren. Und wenn nicht, dann vergib mir bitte einmal mehr. Und bitte lass mich in diesem Zustand niemandem begegnen, den ich kenne.»

Dieses zwanghafte Verhalten machte mich echt fertig. Ich wusste nicht, ob ich mich mehr schuldig fühlen sollte für mein zwanghaftes Verhalten oder ob ich nicht eher sauer sein sollte auf Gott, weil er mich nicht davon befreite, wenn er doch schon etwas dagegen hatte und ich ihn ja darum bat. Schließlich sagt sein Wort doch, dass wir vom Vater erhalten, was wir in Jesu Namen bitten.

Aber mit dem Teil, in welchem steht, dass wir alles erhalten, worum wir ihn in seinem Namen bitten, musste doch irgendwas faul oder falsch verstanden worden sein. Ja, ich konnte schon auf sehr viele erhörte Gebete zurückschauen, die so krass wundersam erhört worden waren, dass es kein Zufall gewesen sein konnte. Aber ich konnte auch auf viele Gebete zurückblicken, die eben *nicht* erhört wurden. Mit vielen von den unerhörten Gebeten hatte ich kein Problem. Wir erfüllen unseren Kindern ja auch nicht jeden Wunsch, den sie äußern. Vor allem die blöden Wünsche nicht. Aber mit den Gebeten, die meiner Meinung nach seinem Willen entsprechen sollten und trotzdem nicht erhört wurden, hatte ich riesige Mühe.

Auch bei Claude fingen die Dinge an, ziemlich aus dem Ruder zu laufen.

Am Anfang tat er das, was ich auch bei den Anfängen von allen anderen Erweckungen gesehen hatte: Er suchte Gott sehr intensiv, konzentrierte sich auf seinen persönlichen Heiligungsprozess und hatte eine kleine Gemeinschaft um sich, in der eine herzliche Einheit und Harmonie herrschte. Es war eine Gruppe, in der einer den anderen höher achtete als sich selbst und man die Gegenwart der Liebe Gottes einfach spürte.

Dann brachte Gott Leute von überall her dazu, die davon berührt wurden und sich bekehrten oder nach vielen Enttäuschungen in verschiedenen Gemeinden einen Neuanfang starten wollten. Sie erlebten Heilungen, Zeichen und Wunder, und die Gemeinde wuchs immer mehr.

Doch dann fingen die Leute an, auch Claude auf ein Podest zu heben; ein Podest, auf das er nicht hingehörte und auch gar nicht hinwollte.

Claude war es von Anfang an wichtig, Rechenschaft abzulegen und sich kritisch hinterfragen zu lassen, weil wir zu oft gesehen hatten, dass sich gewisse Gruppen sehr extrem entwickeln, wenn der Chef – gerade in Zeiten, in denen es gut läuft – abhebt und sich von niemandem mehr etwas sagen lässt. Deshalb nahm Claude Mentoring von einer Gruppe von Südafrikanern an, die in Mexiko lebten und über das Internet Schulungen für den fünffachen Dienst anboten.

Was der fünffache Dienst ist? Gemäß Bibel gibt es fünf Berufungen, die der Gemeinde besonders dienen und die in den Landeskirchen etwas verloren gegangen sind. Das ist der sogenannte fünffache Dienst, bestehend aus Apostel, Prophet, Evangelist, Hirte und Lehrer. Die Lehrertypen lehren das Wort Gottes und verfügen über die nötige Gabe, um die anderen von der Bibel zu begeistern. Der Hirte kümmert sich um die Leute, schenkt Trost, gibt Tipps oder legt segnend Hände auf. Der Evangelist hat vor allem ein Herz für die Ungläubigen und liebt es, diesen das Evangelium zu erklären. Der Prophet wiederum überbringt der Gemeinschaft, manchmal sogar ganzen Städten und Nationen, Richtungsweisung oder Warnungen; er ist quasi Gottes direkter Kanal. Der Apostel ist ein Visionär und Allrounder und hat von allen anderen etwas. Er ist meist derjenige, der etwas Neues startet und mit den anderen zusammen Teams aufbaut, die gezielt weitere mit Gaben gesegnete Mitarbeiterinnen und Mitarbeiter ausbilden. Sobald eine funktionierende Gemeinschaft besteht, in der alle fünf Dienste und Gaben gut vertreten sind, zieht der Apostel in der Regel weiter und startet etwas Neues.

Gemeinschaften, in denen dieser fünffache Dienst intakt ist, sind oft lebendiger als andere, und das Glaubensleben funktioniert bei ihren Mitgliedern um einiges besser. Claude wollte seine Gemeinde nach dem Muster der Urgemeinschaft aufbauen. So entwickelte sich der Wunsch nach Kursen, um den fünffachen Dienst wieder zu beleben, die eigene Berufung zu finden und darin trainiert zu werden.

Er kannte die Leute, die solche Kurse anboten, schon von früher her, als er sie mit seiner Frau Daniela während einem Sabbatical in Mexiko besucht hatte, und war begeistert davon, wie sie Gottes Stimme hörten, ihnen auch immer wieder konkrete Feedbacks gaben und ihnen dienten.

Als Claude und Daniela später die Vision hatten, eine Gemeinde im Zürcher Oberland zu gründen, war es für sie naheliegend, sich von dem Leiter jener Gruppe in dieser neuen Arbeit beraten zu lassen. Dies ging anfänglich auch sehr gut, doch leider war auf einmal die Tochter des Leiters auch in der Schweiz und fing an, den Dienst von Claude zu unterwandern. So verwandelte sich alles in genau das, was man eigentlich vermeiden wollte.

Ehe man sich's versah, war der Leiter in Mexiko der Über-Guru geworden, und seine Tochter sabotierte Claudes Leiterschaft. Sie verkomplizierte für Claude alles und stellte die Sachlage vor ihrem Vater falsch dar. Zudem kamen immer mehr Elemente des sogenannten Wohlstandsevangeliums zum Vorschein. Das kennt man vor allem von den amerikanischen Fernsehpredigern, die dir versprechen, dass Gott Wohlstand und Gesundheit schenkt, wenn du nur richtig glaubst, ihre Prinzipien anwendest und natürlich Geld spendest.

Bevor die Mexikaner die Agenda diktierten, war es selten nötig gewesen, dass man über Geld reden musste. Gott versorgte Claude immer großzügig, und wenn Claude doch mal über Finanzen sprach, dann eher über allgemeine geistliche Prinzipien im Zusammenhang mit Geld: Geben ist seliger als nehmen und so. Doch je mehr die Mexikaner das Ruder übernahmen, desto mehr wurde über Geld gesprochen.

Sie empfahlen etwa, Bibelstellen mit Verheißungen für ein bestimmtes Thema zu suchen und diese dann immer wieder laut auszusprechen und für sich selbst zu beanspruchen. Man sollte sich dazu genau vorstellen und visualisieren, was man von Gott wollte, und dann fest glauben, dass man das auch bekommt. Denn schließlich spricht man mit den Bibelstellen ja das Wort Gottes aus, und dieses würde sich mit der Zeit materialisieren.

Tja, die Art und Weise, wie sie Gott managen wollten, erinnerte mich eher an christlich verkleideten Hokuspokus.

Jesus hat zwar gesagt, dass wir den Vater in seinem Namen bitten sollen und dieser uns gibt, was wir von ihm erbitten. Doch so, wie viele Christen beten, könnten sie am Schluss des Gebets genauso gut «Abrakadabra» sagen anstatt «in Jesu Namen». Wenn der Bauer betet, dass es regnet, und der Wanderer, dass die Sonne scheint, und beide noch «in Jesu Namen, Amen» anhängen, was für Wetter soll Gott dann machen? Viele Christen benutzen Jesu Namen wie einen Zauberspruch und schmollen dann, wenn er nicht mitmacht.

Je stärker der Einfluss der Mexikaner wurde, desto mehr spürte ich, dass das, was bei Claude so genial angefangen hatte, bald wieder verwelken würde. Doch ich mochte Claude und die Leute dort, und für Gabi war es ihre Kirche, ihre geistliche Heimat geworden. Also hielt ich mich mit Kritik zurück, so gut ich konnte.

Außerdem: Wer war ich schon, um hier rumkritisieren zu wollen? Mit meiner inneren Zerrissenheit konnte ich mich eh nicht ernst nehmen. Mein Selbstrespekt war total im Eimer.

Ich wusste irgendwie, dass all diese Probleme nicht bei Gott liegen, sondern bei uns. Irgendwas haben wir falsch verstanden. Irgendwas glauben wir alle verkehrt. Ich wusste auch, dass er das weiß, viel Geduld mit uns hat und uns durch all diese Erfahrungen gewisse Dinge lernen lässt. Und ich fühlte im Tiefsten, dass es irgendwann auch für mich funktionieren musste.

So war mein Entschluss gefällt, mir genug Geld für ein Sabbatical zur Seite zu schaufeln, in dem ich mir die Zeit nehmen würde, diesen Fragen intensiver auf den Grund zu gehen. Ich hatte mit eigenen Augen Erweckungen gesehen und erlebt, wie Menschen in Massen verändert, befreit und geheilt wurden. Ich wollte nicht lockerlassen, bis ich selber eine solche Erweckung *auch für mich* erleben würde.

So wollte ich also Vollgas geben bei BT, um mir bald eine Auszeit leisten zu können. Doch es war gerade das Jahr, in dem man bei British Telecom zu merken begann, dass sie eine falsche Strategie fuhr. Auf die Strategieänderungen folgte eine Phase mit operativen Problemen. Die Topkunden, die ich übernahm, drohten schon mit Kündigung.

Ich drehte bei unzähligen fruchtlosen Versuchen, die Probleme dieser Kunden anhand der vorgegebenen Prozesse zu lösen, fast durch. Diese Vorgaben änderten gefühlt fast stündlich, und wann immer man endlich einen hoffentlich kompetenten Zuständigen an der Strippe hatte, behauptete dieser, es sei neuerdings schon wieder ein anderer zuständig. Die totale Konfusion.

Ich löste die Probleme schließlich, indem ich meine Kompetenzen überschritt, mich selber für zuständig erklärte, aufhörte zu fragen und es einfach so regelte, wie ich es für korrekt hielt. Die Devise: «Lieber um Vergebung als um Erlaubnis bitten», schien zu funktionieren. Gott gab mir Gunst bei den Vorgesetzten und bei den Kunden, so dass ich trotz dem Chaos auch bei BT massiv mehr erreichte, als sie erwartet hatten.

Trotzdem hatte ich den Laden nach einem Jahr schon sowas von satt, dass ich auf das Geld pfiff und bereit war, Risiken einzugehen. Das Sabbatical musste warten. Es war Zeit für «meinecom». Das wäre dann wie Swisscom, aber meine.

35. «meinecom»

Alle Jahre wieder luden Leute mich zu Anlässen ein, an denen mir gezeigt werden sollte, wie man richtig viel Geld macht. Die Methoden nannten sie «Strukturvertrieb» oder «Multilevel-Marketing» oder «Network-Marketing». Ist alles dasselbe, wo du sowohl verkaufen als auch weitere Agenten anwerben kannst. Gemäß Provisionsplan wird man prozentual auch an den Verkäufen der geworbenen Agenten und deren Agenten beteiligt.

Einfach gesagt bedeutet dies, dass man nicht nur für die eigene Arbeit bezahlt wird, sondern auch für die Arbeit von anderen – und zwar über mehrere Ebenen hinweg. Dieses erhoffte passive Einkommen ist einer der Hauptgründe für den Erfolg von Strukturvertrieben. Scheinbar dachten alle neuen Strukis in meinem Bekanntenkreis, dass sie gleich in die Frühpension gehen könnten, wenn sie mich als Unteragenten hatten, weshalb ich dauernd angefragt wurde, sobald wieder jemand bei so was dabei war.

Die Aussicht auf ein Passiveinkommen, das mir Zeit geben würde für meine geistlichen Abenteuer, faszinierte mich natürlich auch. So folgte ich jeder Einladung und schaute mir die Läden jeweils genauer an. Man weiß ja nie. Ich wollte den Mega-Deal ja nicht verpassen.

Doch viele Strukturvertriebe verdienen nicht wirklich am Produkt oder an der Dienstleistung, die sie dem Endverbraucher verkaufen, sondern an den Hoffnungen derjenigen, die Geld verdienen wollen. Es wird vor allem Geld verdient mit hohen Einschreibgebühren, teuren Seminaren, Trainings, Marketing- und Vorführmaterialien etc. Oft sind die Produkte überflüssig, unbrauchbar, nichts Besonderes oder dann überteuert und manchmal schlicht ein Beschiss.

Wenn ich bei den überzeugenderen Geschichten etwas genauer hinschaute, stellte ich fest, dass gerade mal ein Prozent der Leute, die dort ganz am Anfang mitmachten und Verkaufstalente waren, wirklich reich wurde. Höchstens vier Prozent derjenigen, die etwas später dazukamen, konnten auch noch ziemlich fett abkassieren. Dann gab es unter denen, die noch später dazustießen, aber auch sehr starke Verkäufer waren, noch etwa zehn Prozent, die durchaus noch gut verdienten. Die restlichen 85 Prozent, die eben keine Verkaufstalente oder zu spät dazugekommen waren, investierten Zeit, Geld und Hoffnung für ein Trinkgeld. Den Laden hielt man am Laufen, indem man den Leuten immer wieder die paar Supertalente zeigte, die es am Anfang geschafft hatten. An solchen «Hurra, wir räumen jetzt mal richtig ab!»-Meetings suggerierte man, dass jeder im Auditorium das auch könne.

Nun, ich wollte auch mal so einen Schneeball – oder noch lieber: eine Lawine – lostreten. Aber ich wollte nicht einer der ganz Wenigen sein, die es auf dem Buckel der großen Mehrheit von Verlierern schaffen. Mit «meinecom» sollte alles anders sein.

Bei vielen Strukturvertrieben muss der Agent die Produkte zuerst einkaufen, selber bezahlen und dann versuchen, sie weiterzuverkaufen. So verdienen die Ersten vor allem am Warenlager, das sich die Letzten zulegen – auf welchem diese dann aber oft sitzenbleiben. Und wenn ein Agent einen Kunden dafür gewonnen hat, sein Produkt zu probieren, muss er ihn danach wieder bearbeiten, damit dieser es erneut kauft.

Bei meinecom müsste man sich nur ein Mal anmelden. Telefoniert wird sowieso – Monat für Monat. Und wer meinecom-Dienstleistungen verkaufen wollte, musste diese nicht erst selber bezahlen und sie dann seinen Kunden weiterverrechnen. Somit trugen die Leute auch kein Risiko.

Die meisten Menschen sind keine Verkäufer. An den Motivationsmeetings gewisser Vertriebe werden sie dazu gedrängt, etwas zu tun, das ihnen nicht liegt. meinecom sollte sich von selbst verkaufen. Im einfachsten Fall sollte der Kunde seine Freunde nur bitten, sich die Präsentation im Internet anzuschauen. Der Rest sollte automatisch passieren. Ich plante eine vollautomatisierte Internetplattform, die es den Leuten einfach machen sollte, dabei zu sein und das Konstrukt weiterzuverbreiten.

Die Plattform sollte auch gleich sämtliche Prozesse zu den Lieferanten der Dienstleistungen, zur Verrechnung derselben und zu den Provisionen erledigen, so dass wir die ganze Geschichte mit wenig Personal betreiben konnten.

Außerdem wollte ich auch nicht an der Spitze der Pyramide stehen, sondern verschiedene Hilfswerke starten lassen, so dass diese an der Spitze ihrer jeweiligen Pyramiden wären. Zudem sollte 1 Prozent des gesamten Umsatzes gespendet werden. Diese Kombination – günstiges Telefonieren, Gutes tun und ohne Risiko Geld verdienen –, die gäbe es nur bei meinecom.

Wenn man dann noch ADSL und Mobiltelefonie dazu bringen würde und das Ganze auch über die Grenzen hinweg in anderen Ländern umsetzen könnte, dann würde es richtig gewaltig werden.

Durch meine früheren Erfahrungen wusste ich, wie ich die Sache technisch und kommerziell aufbauen musste, ohne selber die ganze Telekom-Infrastruktur betreiben zu müssen. Mit Hilfe eines Buches von McKinsey schrieb ich einen Businessplan.

Dann überredete ich Pat und Marco, den wir noch von Worldcom her kannten, zum Mitmachen. Pat sollte der Sales Chef sein, Marco der Finanzchef. Zusammen hatten wir schon ein ansehnliches Sümmchen, und den Rest würden wir uns mit dem Businessplan von Investoren holen. Wir rekrutierten noch einen IT-Chef und fingen an, potenzielle Investoren zu jagen.

Als dann verschiedene Leute unser Konzept und den Businessplan auch tatsächlich gut fanden und investieren wollten, erwischten mich wieder die Hallelujzinationen, in welchen die Beträge immer höher wurden und ich Milliarden verdiente, die ich für die Armen und das Reich Gottes verteilen würde, während noch ein paar Millionen für mich selbst übrig blieben. Doch mit meinen Hallelujzinationen war ich ja schon zweimal auf die Fresse gefallen. War dieser Plan jetzt wirklich einer, der Gott auch gefiel? Und würde Gott diesen guten Plan wirklich mit mir ausführen wollen? Mit einem, der immer noch so viel mit ihm haderte und sich immer wieder in seinen Süchten und Fantasien verlor?

Vorsichtshalber nahm ich Claude in den Verwaltungsrat. Abgesehen davon, dass ich ihn so unterstützen konnte, hatte er schließlich einmal in einer Bank gearbeitet und verstand auch etwas von Business. So, wie bei ihm dauernd Wunder passierten, müsste es ja gut laufen, wenn er Teil des Projekts war.

Die Leute aus Mexiko brachten weitere lustige Leute mit, die meinten, dass sie Propheten seien und bei jeder Gelegenheit fröhlich drauflos prophezeien müssten. Ich hatte Mühe, mitansehen zu müssen, wie die Mexikaner immer mehr das Ruder übernahmen und die Gemeinde von Claude immer weniger die seine war, sondern das Ganze sich so langsam sehr schräg anfühlte. Doch Gabi fühlte sich in der Gemeinde immer noch wohl, und ich wollte sie, so frisch und motiviert, wie sie im Glauben war, nicht mit Zweifeln und theologischer Kritik belasten. Außerdem war sie gerade schwanger geworden, und die Gedanken an unser erstes Kind lösten schon genug Aufregung aus. Also versuchte ich weiter, mich mit Kritik zurückzuhalten, und hoffte, dass Claude die Mexikaner bald wieder loswürde.

Der Punkt im meinecom-Projekt, an dem es kein Zurück mehr gab, war überschritten. Die ersten Investoren hatten eingezahlt, mein Job war gekündigt, das Gründerteam war an Bord – wir mussten es jetzt einfach schaffen. Also gab ich Vollgas und jagte weitere Investoren. Wir brauchten gemäß dem ersten Plan noch 1,5 Millionen, bis der Break Even erreicht war. Nachdem wir die ersten paar Hunderttausend zusammenhatten, fassten wir Mut, um loszulegen. Denn wenn diese ersten Investoren Geld gegeben hatten, würden es auch noch weitere tun.

Im Nachhinein war es ein Fehler, derart früh loszulegen, da wir von diesem Zeitpunkt an vor allem damit beschäftigt waren, noch mehr Investoren aufzutreiben, anstatt das Geschäft aufzubauen.

Immer kurz bevor uns das Geld ausging, kam wieder etwas rein. Doch die Anspannung war gewaltig. Vor allem, weil wir nicht in einem Milieu von Reichen aufgewachsen waren, bei denen wir unseren Businessplan hätten vorstellen können. Unsere Bekanntenkreise bestanden entweder aus der Zeit der Kindheit, den Gastarbeitern, dem einfachen Mittelstand oder neueren Bekannten sowie einigen Managern und Verkäufern. So waren unsere ersten Investoren vor allem Leute, die uns mochten und an uns glaubten. Sie investierten jeweils zwischen 5000 und 50.000 Franken, während es ein ziemlich langsamer Prozess war, uns an die Leute mit den großen Portemonnaies heranzuarbeiten.

Da verwies mich Claude an einen potenziellen Investor. Dieser sei der IT-Chef einer Schweizer Bank gewesen und inzwischen Unternehmensberater geworden. Markus habe den Ruf, nicht nur ein ganz Schlauer zu sein, sondern auch Gottes Stimme zu hören. Also rief ich ihn an und schickte ihm meinen Plan. Er gab mir prompt einen Termin. In seiner beeindruckenden Villa in Maienfeld empfing er mich sehr freundlich und fragte schon fast scheu, ob er mir ein paar Fragen stellen dürfe. Alle, denen wir unseren Businessplan bisher zugestellt hatten, fanden ihn entweder genial oder hatten ein komisches Bauchgefühl, aber keiner hatte etwas Konkretes zu bemängeln. Doch jetzt kam Markus mit seinen Fragen.

Boom! Bäng! Jede Frage, so freundlich und sanftmütig sie auch ausgesprochen wurde, kam rüber wie eine Faust, mitten in die Fresse.

Ich dachte jedes Mal:

«Oh, Scheiße, keine Ahnung, was ich dazu sagen soll. Habe tatsächlich noch nicht mal darüber nachgedacht, wie wir das lösen sollen. Aber das fühlt sich wichtig an.»

So improvisierte ich drauflos und sog mir Antworten aus den Fingern. Ich war fix und fertig, als ich dort wieder rauskam. Denn meine improvisierten Antworten schienen Markus nicht sonderlich beeindruckt zu haben. Meine Hallelujzinationen verwandelten sich schlagartig in einen Albtraum, und ich sah mich schon in die Pleite stürzen. Ganz übel wurde es mir vor allem beim Gedanken an all die Leute, die ihr Geld verlieren würden, weil sie an uns geglaubt hatten.

Ich rief Markus umgehend wieder an und meinte:

«Ehrlich gesagt ist es mir nicht wichtig, ob Sie investieren oder nicht. Viel wichtiger wäre es mir, Sie mit an Bord zu haben im Verwaltungsrat. Denn ich spüre, dass wir Ihr Know-how gut gebrauchen könnten.»

Außerdem würde es sich auch bei anderen potenziellen Investoren gut machen, wenn der Ex-IT-Chef einer Bank, ein ETH-Ingenieur mit Doktortitel, im VR dabei wäre.

«Ich werde Gott fragen, ob ich das tun soll, und melde mich dann wieder.»

Tatsächlich *noch* einer, der meinte, Gott zu hören. Na gut. Aber immerhin einer, der auch sonst noch was auf der Platte hat und uns die Türen zu den großen Jungs öffnen könnte. Und einer, der all die Mängel im Plan, die sonst noch keiner erkannt hatte, ausbügeln könnte. Den musste ich einfach dabeihaben.

Zwei, drei Tage später:

«Ich habe mit meiner Frau gebetet, und wir haben den Eindruck, dass ich mit euch zusammenarbeiten soll. Mein Tagessatz ist 3000 Franken.»

«Ähh, drei wieviel? Echt jetzt? Unmöglich. Da müsste ich den Investitionsplan ja um fast eine halbe Million erhöhen und den Break Even um ein halbes Jahr nach hinten verschieben. Also, ich zweifle ja nicht, dass Banken und so diesen Preis bezahlen und Sie das auch wert sind. Aber wir sind ein Start-up, und bis das Baby läuft, bezahlen wir uns selbst nicht mal die Hälfte von dem, was wir vorher verdient haben. Außerdem habe ich gedacht, Sie sind doch auch gläubig, und wir haben da ja auch eine starke soziale Komponente in dem Plan. Also, 3000 ist schon …»

«Moment. Ich mache wirklich sehr viel gratis für das Reich Gottes. Aber Sie sind mit einem Businessplan zu mir gekommen, und für Business koste ich nun mal so viel.»

«Ja, okay. Gut, verstehe, aber geht nicht.»

«Ich gebe zu, ich habe nur gefragt, ob ich es tun soll, aber nicht zu welchem Preis. Ich hatte mir gar keine Gedanken darüber gemacht, dass es ja um ein Start-up geht. Ich werde Gott nochmals fragen und melde mich dann wieder.»

Ein paar Tage später meldete er sich tatsächlich wieder und meinte kurz und bündig:

«Gott hat mir gesagt, dass ich mit euch zusammenarbeiten soll, egal, was ihr mir gebt. Das heißt, ihr könnt mir geben, was ihr wollt, und das ist okay so.»

Wow, toll, aber: Wieviel gibt man so einem jetzt? Ich gab ihm ein bisschen Cash und 5 Prozent des Ladens. Das wären heute, gemäß meinen damaligen Hallelujzinationen, immerhin ein paar Milliarden.

Jetzt hatte ich ja schon zwei Leute im Verwaltungsrat, mit denen Gott redete. Da konnte ja nichts mehr schiefgehen. Und tatsächlich half der Einsatz von Markus gewaltig. Er brachte unsere ersten Großinvestoren, die sechsstellige Beträge investierten. Sein IT-Know-how sorgte dafür, dass wir schon bald unseren IT-Kollegen durch einen weitaus Geeigneteren ersetzen konnten und unsere super vollautomatische Marketing-CRM-Billing-«Alles in einem»-Plattform richtig aufgegleist wurde. Diese funktionierte dann auch tatsächlich einwandfrei. Auch dank den top Jungs der «Ergon Informatik AG».

Und trotzdem. Der Typ hatte Recht, der an so einem Business-Angels-Event meinte:

«Liebe Start-ups, meine langjährige Erfahrung als Business Angel und Geschäftsgründer hat gezeigt: Egal, wie gut euer Plan ist, alles dauert immer doppelt so lange und kostet doppelt so viel wie das, was ihr in euren Plänen prognostiziert habt.»

Ich war immer noch hauptsächlich damit beschäftigt, den nächsten Investor zu finden, anstatt das Geschäft aufzubauen. Außerdem schien Pat ausgerechnet jetzt ein paar Krisen zu schieben; er war schlecht unterwegs. Dazu kamen generelle Führungsprobleme.

Denn wenn du plötzlich der Chef bist von Jungs, die selber Alphatiere sind, dich seit Jahren mit all deinen Schwächen kennen und mit dir auf allen möglichen Trips abgestürzt sind, dann ist es schwierig, so eine Crew zu führen, ohne dauernd in Endlosdiskussionen verstrickt zu werden.

Auch da half uns Markus, Konflikte zu bewältigen und Krisen zu meistern. Sogar die ungläubigen Jungs waren schwer beeindruckt von seiner fast schon salomonischen Weisheit. Egal, wie schwer etwas schien, nach einem Gespräch mit ihm war irgendwie alles wieder ganz klar und einfach.

Bei einer Sitzung, in der er unser Führungsproblem ansprach, kam auch die dicke Luft zur Sprache, die sich langsam zwischen uns breitmachte. In dieser aufgeladenen Atmosphäre erwartete ich nun eigentlich eine Explosion der Emotionen, Anschuldigungen, Rechtfertigungen und Gegenanklagen.

Doch Markus schaffte es, uns aufzudecken, dass der allergrößte Teil von dem, was wir meinten, den anderen vorwerfen zu müssen, auf unseren Fehlinterpretationen der Handlungsmotive der anderen beruhte und letztlich Lügen waren.

Alles, was wir von unserem Gegenüber wahrnehmen, wird durch unseren Wahrnehmungsfilter interpretiert. Dieser Filter besteht aus unserem generellen Urteil über die andere Person und aus unseren vorgefassten Meinungen über typische Motive gewisser Aussagen oder Handlungsweisen. Satans Ankläger- und Verwirr-Trupps flüstern uns natürlich bei jeder Gelegenheit eine möglichst schlechte Beurteilung ein.

Wenn wir, so Markus, diesen Vorurteilen und Einflüsterungen glauben, dann sind Missverständnisse und Ärger vorprogrammiert, weil wir alles, was das Gegenüber sagt und tut, durch diesen Filter interpretieren.

Ich war absolut fasziniert, wie er es fertigbrachte, jedem Einzelnen von uns die Lügen aufzudecken, die in uns aktiv waren, so dass am Ende jeder nur noch das Bedürfnis hatte, sich bei den anderen zu entschuldigen, und echte Versöhnung stattfinden konnte. Das war eine wichtige Lektion, die mir von da an viele Konflikte ersparte oder diese zumindest schnell entschärfte.

Obwohl unser Projekt harzig anlief, hatten wir noch gute Hoffnung. In der Zwischenzeit waren auch gewisse Großinvestoren beeindruckt, dass wir immer noch unterwegs waren und die Plattform funktionierte. Weil aber der Anfang etwas schleppend vonstattenging, brauchten wir effektiv nochmals 1,5 Millionen. Es hätte wohl auch die Hälfte gereicht. Aber jetzt, wo wir mit den Großen im Gespräch waren, wollte ich einfach einen ganz großen Happen auf einmal, um mich dann endlich voll auf das Wachstum des Geschäfts zu konzentrieren, ohne ständig an die Liquidität und den nächsten Investor denken zu müssen.

Bei dem Kurs, zu dem ich den Investoren die meinecom-Aktien bis dorthin verkauft hatte, waren meine verbliebenen Anteile um die 9 Millionen wert. Auch wenn dies nur der theoretische Kurswert war, fühlte es sich geil an, und ich war stolz auf mich. Ich wusste aber, dass in der Bibel steht, dass Gott dem Stolzen widersteht, dem Demütigen jedoch Gnade gibt. Also würgte ich demütige Gedanken durch meinen Kopf, während mein Herz weiterhin stolz war.

Ich spürte, wie Gott mich fragte:

«Was, wenn meinecom eigentlich nur deinecom ist und nicht meine? Lässt du sie los für mich?»

«Oh Gott, was für eine Frage. Du weißt, ich gebe dir alles.»

Ich wusste nicht, was ich noch sagen sollte, denn gleichzeitig schrie es in mir:

«Bullshit! Ich muss einfach Erfolg haben! Das darf auf keinen Fall in die Hosen gehen.»

Immer wieder brachte Gott mich mit seinen Fragen an den Punkt, wo ich mir meiner inneren Widersprüche und Zerrissenheit – man könnte wirklich fast schon sagen: meiner Schizophrenie – bewusst wurde. Keine Ahnung, wie ich es schaffte, nicht völlig durchzudrehen. Wahrscheinlich liegt es an seiner Gnade über dem demütigeren Teil in mir. Es war auch fast täglich mein Gebet: «Herr, schaffe in mir ein demütiges und verständiges Herz.»

Während Markus sich als Verwaltungsrat vor allem die IT und die Organisation anschaute, war Claude für die Finanzabteilung zuständig. Da ich mit Marco, unserem Finanzchef, ein paar Differenzen hatte, bat ich Claude, dass er doch mit ihm reden möge.

Eines Mittags gingen sie essen. Als ich danach, auf dem Weg zu einem Termin, Marco beim Lift begegnete, machte er einen sichtlich verstörten Eindruck. Ich fragte ihn, wie das Essen mit Claude verlaufen war. Er murmelte nur: «Es ist immer wieder sehr interessant, mit Claude zu sprechen», und verschwand im Lift. Unterwegs rief ich sofort Claude an.

«Und? Konntest du mit Marco die Punkte, die wir miteinander besprochen hatten, etwas genauer anschauen?»

«Sorry, Vlad, aber ich konnte mit ihm nicht über das Geschäft sprechen. Der Heilige Geist hat mich stark gedrängt, ihm das Evangelium nahezubringen und ihm zu sagen, dass für ihn jetzt die Zeit gekommen ist, sich dringend zu entscheiden, welchen Weg er gehen will. Denn er weiß nicht, ob er in zwei Wochen noch lebt.»

Bei jedem anderen wäre es mir sauer aufgestoßen, wenn er seine persönlichen Evangelisations-Ambitionen nicht vom Geschäftlichen trennen kann. Doch obwohl ich fand, dass Claude mit den Mexikanern etwas arg schräg unterwegs war, spürte ich, dass sehr bald etwas Dramatisches mit Marco bevorstand und ich jetzt wohl besser den Mund hielt.

36. Mord und Totschlag

Genau zwei Wochen später war es so weit. Pat eröffnete mir: «Ich gehe mit Marco und Claudia heute Nachmittag nach Zürich in die Ego Bar. Claudia gehört die Bar, aber Pepe, der Geschäftsführer, beklaut sie massiv.»

Claudia, die Marco in der Buchhaltung half, habe festgestellt, dass Pepe über ein Drittel der Getränke, die sie verkauften, nicht eintippte, und schätzte, dass er etwa zehn Riesen im Monat im eigenen Sack verschwinden ließ, während die Bankschulden für das Geschäft bei ihr hängen blieben.

Marco fühlte sich verpflichtet, ihr zu helfen, und Pat fand jemanden, der schon erfolgreich so eine Bar geführt hatte und gerade auf der Suche nach einem neuen Job war. Doch damit dieser neue Geschäftsführer anfangen konnte, müsste Claudia sofort den Pepe aus dem Laden schmeißen, was sie sich alleine nicht traute. Deshalb wollten Marco und Pat am Nachmittag mit ihr diese Bar aufsuchen, um dem Typen zu kündigen.

Ich kriegte sofort Bauchkrämpfe, und eine riesige Bedrückung erfasste mich. Obwohl ich nichts von diesem Pepe wusste, hatte ich sofort Horrorvorstellungen. Ich ging zu Marco rüber:

«Marco, wenn ihr nachher dem Pepe kündigt, dann macht das bitte so freundlich, so großzügig und so nett wie möglich. Pisst ihn einfach nicht an und demütigt ihn auf keinen Fall.»

«Mach dir keine Sorgen, Mann. Da passiert schon nix. Es werden jeden Tag Tausende von Kündigungen ausgesprochen, ohne Drama.»

«Schau einfach, dass es kein Blutbad gibt heute Nachmittag.»

Die Horrorvorstellungen wollten nicht weichen. Ich war drauf und dran, nach Hause zu gehen und meine Dienstwaffe zu holen. Als Sanitäter hatte ich eine Pistole. Ich wollte an einem Tisch neben ihnen Kaffee trinken und Zeitung lesen. So als würde ich nicht zu ihnen gehören, um im Notfall überraschend eingreifen zu können. Doch dann sagte ich mir:

«Spinn doch nicht rum, Mann. Du und deine prophetischen Schübe. Willst wohl den Jugo raushängen und mit der Knarre in eine Bar gehen. Du hast sie doch nicht alle. Da passiert nichts. Außerdem hast du einen Termin beim Arzt.»

Auf dem Weg zum Arzt klingelte mein Handy. Ein Banker, der bei uns investiert hatte, war dran. Er hatte nicht nur selber viel Geld bei uns investiert, sondern auch einer kleinen Gruppe von weiteren Investoren vorgeschlagen, die nächsten 1,5 Millionen zu bringen.

«Also, Mitrovic, ich habe good news für dich. Sie haben entschieden, dass sie dabei sind.»

Dieser Satz fuhr bei mir ein wie eine Pille. Ein Happy-Flash vom Feinsten durchströmte meinen Körper. All die Last, die Anspannung und die Versagensängste der vergangenen Monate fielen von mir ab. Es war geschafft. Das würde locker bis zum Break Even reichen. Auch wenn der Start mühsam war, hatten wir doch schon etwas über 1500 Kunden. Mit dieser letzten Investorengruppe im Rücken konnten wir uns nun voll auf das Wachstum konzentrieren und mussten keine Investoren mehr suchen. Jetzt würde es funktionieren.

Damit würden wir die Schweiz erobern.

Und dann den Rest der Welt.

Auf dem Rückweg vom Arzt klingelte mein Handy wieder. Es war Pat. Er schrie hysterisch:

«Vlad, er hat geschossen!»

Mir stockte der Atem.

«Wer hat auf wen geschossen?»

«Der Pepe hat auf sie geschossen, auf beide!»

«Neeiin!!! Sind sie tot?», schrie ich jetzt genauso hysterisch und rammte fast das Auto vor mir.

«Es sieht schlecht aus, Vlad! Die Sanitäter versuchen gerade, Marco wiederzubeleben. Bei Claudia haben sie es aufgegeben. Oh Gott! Jetzt haben sie es auch bei Marco aufgegeben. Sie sind tot, Vlad! Tot!»

Nachdem keine Kraft zum Schreien und keine Tränen mehr da waren, saß ich nur noch wie betäubt im Auto vor Pats Haus, während er bei der Polizei noch seine Zeugenaussage machte.

«Gott, wieso nur? Okay, es sieht so aus, als hättest du ihn vor zwei Wochen gewarnt. Aber wieso nur?»

Als Pat ankam, saßen wir die ganze Nacht bei ihm, und er erzählte immer wieder jedes Detail. Wie Pepe nach der Kündigung nach Hause ging, nach etwa zwanzig Minuten wieder auftauchte und fragte, ob man nochmals über alles reden könne oder ob das jetzt ihre letzten Worte waren. Wie er Pat zuerst die Waffe ins Gesicht streckte, als dieser erschrocken aufsprang und rückwärts in Distanz ging, aber dann aus irgendeinem Grund nicht abdrückte, sondern sich zu Claudia und Marco drehte und sie exekutierte.

Pat konnte es nicht fassen, wie knapp er davongekommen war und wie kaltblütig Pepe unsere Freunde auslöschen konnte. Es war wirklich unfassbar. Auch heute noch fehlen mir die Worte, um die Gefühle jener Nacht zu beschreiben.

Mir war sofort klar, dass dies auch der Todesstoß für meinecom war. Jetzt würden es sich die Investoren wieder anders überlegen. Mit einem am Boden zerstörten Team weiterzukämpfen und vor Investoren den coolen Unternehmer zu mimen, war aussichtslos. Da Claudia der Back-up für Marco war, hatte ich über Nacht keinen Zugriff auf die Buchhaltung mehr.

Es war alles vorbei.

Am nächsten Morgen brach wie erwartet das absolute Chaos aus, und der Sprecher der neuen Investorengruppe sagte:

«Mitrovic, deine Buchhaltung ist tot. Dein Sales-Chef ist traumatisiert, und du siehst auch langsam müde aus. Kann man da wirklich noch investieren?»

Das war eine rhetorische Frage. Selbstverständlich würden sie nicht mehr investieren. Niemand würde das tun. Wir würden innert kürzester Zeit pleite sein.

Doch die absolute Wucht dieser Gewalttat machte das alles irgendwie völlig irrelevant. Investoren, Pläne, Erfolg, Verluste, Gewinne – alles versank im Angesicht dieser Bluttat in völliger Bedeutungslosigkeit.

Wie ein Roboter wickelte ich den Konkurs ab, verkaufte alles, was irgendwie noch ging, zahlte dem Team die letzten Löhne, schrieb einen Abschiedsbrief an die Investoren, versank in Selbstmitleid und entlud meine Anklage und mein Hadern bei Gott.

Immerhin hatte ich jetzt wieder das Recht, depressiv zu sein und mich mit Drogen zu trösten. Ja, so ein kleiner Zusammenbruch wäre jetzt doch ganz okay, fand ich.

Da rief mich ein Verkäufer meiner BMW-Garage an und wollte mich fragen, ob es nicht langsam Zeit wäre, über einen neuen BMW nachzudenken und seine neuen Modelle anzuschauen.

Ich jammerte ihm gleich mein Leid vor:

«Oh ja, ich hätte gerne einen neuen BMW, doch daraus wird wohl lange nichts mehr werden. Unser CFO und seine Assistentin wurden ermordet, unsere Investoren haben sich daraufhin zurückgezogen, und ich bin jetzt dabei, die Pleite abzuwickeln. Nun muss ich noch alle anderen Investoren aufklären, dass sie ihr Geld verloren haben, und alle Lieferanten, dass die noch offenen Rechnungen nicht mehr bezahlt werden. Ich habe in dieser Geschichte all mein Erspartes und gute Freunde verloren. Sie können sich vorstellen, dass es mir ziemlich beschissen geht und ich noch lange nicht ans Kaufen eines neuen Autos denken werde.»

«Mir ist viel Schlimmeres passiert.»

Ich war baff. Was konnte denn darauf jetzt noch viel Schlimmeres kommen? Er fuhr mit bebender Stimme fort:

«Ich habe beim Fahrradfahren mit meinem Sohn miterleben müssen, wie er von einem Auto erfasst wurde und starb.»

Darauf gab es nichts mehr zu sagen. Wir schluchzten eine Weile lang leise zusammen, und Autos, Geld, Erfolg und all die Dinge waren wieder so was von nichtig und egal.

37. Vaterliebe

«Ist das deine Art, mich zu trösten, Gott? Du lässt mich wissen, dass du mir ja auch *meinen* Sohn hättest nehmen können und deshalb alles halb so wild sein soll? Irgendjemand hat hier doch eine Schraube locker.»

Apropos Sohn. Ich konnte mir einen Zusammenbruch jetzt nicht mehr leisten. Schließlich hatten wir unterdessen ein Kind, und das zweite war unterwegs.

Die Angst und Nervosität angesichts der Verantwortung, die mit einem Kind auf mich zukommen würde, wich schnell einer grenzenlosen Freude und Liebe. Wie er so dalag: so unschuldig, ahnungslos und hilflos. Er war total auf uns angewiesen. Nichts könnte meine Liebe zu ihm jemals beeinträchtigen. Egal, was er tun würde.

Alles, was er tat, war schreien, furzen, rülpsen, sabbern, essen, schlafen und die Windeln vollmachen. Doch er wurde ohne irgendeine Leistung einfach bedingungslos geliebt. Und das wird immer so bleiben. Er wird niemals irgendetwas tun können, damit ich ihn noch mehr liebe. Und egal, was er noch alles versieben wird, ich werde ihn niemals weniger lieben.

Und da realisierte ich: Genau *so* liebt Gott uns.

Trotz all unseren Fehlern und finsteren Seiten. Das sagt uns sein Wort schon lange. Aber es fällt schwer, diese Spannung zwischen seiner Liebe und seiner Gerechtigkeit, zwischen Gnade und Strafe, zu verstehen oder auszuhalten. Es scheint so, als wären es zwei verschiedene Götter. Ein superheiliger Gott, dessen Anspruch an Perfektion und Heiligkeit man nie gerecht werden kann, und ein supergnädiger Gott, dessen Liebe alles erträgt und alles vergibt.

Doch diese Spannung ist kein Widerspruch. Genauso, wie seine Liebe unermesslich ist, muss seine Gerechtigkeit absolut sein, um gerecht zu bleiben. Am Kreuz löst sich diese Spannung auf. Er nimmt dort die ganze Verantwortung auf sich selbst und schafft damit den Raum für seine Gnade.

Das hatte ich theoretisch schon verstanden, aber mein Herz fühlte das erst mit Benjamin. Sollte der in seiner Jugend einen Schaden verursachen, werde ich wohl die Verantwortung tragen und den Schaden bezahlen. Natürlich müsste ich ihn erziehungstechnisch auch noch irgendwie bestrafen. Aber meine Liebe zu ihm und seinen Status als mein Sohn würde das natürlich in keiner Weise beeinträchtigen.

Doch erst *ein* Teil meines Herzens begriff diese Liebe Gottes und fühlte Frieden und Freude in einer neuen Dimension. Andere Teile in mir meldeten sich immer noch ziemlich oft aus der Finsternis. Besonders nach diesem blutigen Desaster. Doch wenn schon nicht für mich, dann musste ich mich zum Mindesten für die Kids nochmals aufraffen und alles geben, um mein Leben wenigstens einigermaßen auf die Reihe zu kriegen.

Wenn ich am Morgen nach einem Absturz noch das Gift in mir spürte, während der Kleine auf mir rumkrabbelte, fühlte ich mich wie der letzte Dreck und schämte mich ins Bodenlose. Dieses Gefühl half mir, meinen Drogenkonsum noch weiter zu reduzieren, trotz der Katastrophe. Doch in jeder freien Minute war es ein ständiger Kampf gegen meine inzwischen wieder in voller Blüte wuchernden Depressionen. Doch dem Kleinen zuliebe verlagerte ich jetzt mein Sucht- und Fluchtverhalten: weg von den Drogen, dafür mehr in Richtung Computergames und Filmkonsum.

Und natürlich mitten rein in meine Fantasiewelten.

Aber ich musste dringend wieder einen Job haben, um meine Familie zu versorgen und um mich nicht völlig in meinen Depressions-Fluchtmechanismen zu verlieren.

In diesem Zustand einen Job zu suchen und bei jedem Bewerbungsgespräch dieses Drama nochmals zu erklären, war nicht einfach.

Da kam der Anruf von «Sunrise» mit einer Einladung für ein Gespräch gerade richtig.

Sunrise war sowohl bei Teleglobe wie auch bei BT mein wichtigster Kunde gewesen, und sie wollten mich ja schon früher in ihrem Wholesale-Team haben. Mein potenzieller neuer Boss musste jemanden in seinem Team ersetzen und wusste, mit welchem Erfolg ich sie damals auf der Gegenseite betreut hatte.

Er hatte aber noch ein paar Bedenken: «Vladimir, du warst jetzt ein kleiner CEO, und wir bezahlen auch nicht so hohe Löhne, wie du das bei BT und Teleglobe gewohnt warst. Ich fürchte, jetzt nur noch Key-Account-Manager bei uns zu sein, könnte sich für dich wie ein Rückschritt anfühlen, und du rennst uns gleich wieder davon, sobald du ein besseres Angebot bekommst.»

«Schau, es ist so: Nach dem Desaster brauche ich zuerst mal einfach einen Job, um meine Familie zu ernähren, während ich dieses Drama verarbeite. Ich bin weder in der Stimmung für große Herausforderungen, noch trage ich irgendwelche Ambitionen mit mir herum. Diesen Job, den du hier anbietest, kann ich auch mit halber Kraft sehr gut machen, und ich weiß, dass ich beim Wholesale-Voice einfach auch Spaß habe und das meiner Seele guttun wird. Deshalb gebe ich dir mein Wort: Wenn du mir jetzt mit diesem Job aus der Patsche hilfst, liefere ich dir mindestens zwei Jahre lang eine top Performance. Danach schauen wir weiter.»

Das nahm er mir ab, und so ging ich zu Sunrise in die «Therapie», könnte man sagen. Ich hatte wirklich keine weiteren Ambitionen mehr. Der Lohn war zwar tatsächlich nicht mehr ganz so spektakulär, aber immer noch sehr gut. So gut, dass Gabi nicht arbeiten musste und wir uns trotzdem unseren inzwischen doch schon ziemlich gehobenen Lebensstandard weiterhin leisten konnten. Ich konnte mich also auf hohem Niveau selbst bemitleiden.

In der Zwischenzeit hatte Claude die Koffer gepackt und war mit seiner Familie nach Mexiko geflogen, um dort eine Weile mit seinen Über-Aposteln zu leben. Man übergab die Leitung der Gemeinde Manu, der vorher Claudes rechte Hand gewesen war.

Nun ließ die geistliche Dynamik in der Gemeinschaft erst recht nach, und sie fing an zu schrumpfen. Es kostete mich jedes Mal große Überwindung, dorthin zu gehen. Ich tat es vor allem Gabi zuliebe trotzdem.

Obwohl ich für Manus Leiterschaft noch viel Verbesserungspotenzial sah, mochte ich ihn. Es ging mir fürchterlich auf die Nerven, wie alle nur noch an allem herumkritisierten und ihre üblen Nachreden, ihren geistlichen Hochmut und ihre Eitelkeit fromm verkleideten.

Natürlich hätte es Leute gegeben, die den Job hätten besser machen können als Manu, doch leider hatten die alle keine Lust, sich für unseren kleinen Haufen zur Verfügung zu stellen. Die Leute vergessen schnell, wie schwer es ist, aus Glauben zu leben und auf eine Karriere und die Jobsicherheit zu verzichten – und dazu noch Führungstalent, Organisationstalent, Geisterunterscheidung und Heilungsgaben zu besitzen sowie vor Leuten fesselnd predigen zu können. All das erfordert entweder ein direktes Eingreifen von Gott oder Supertalente. Letztere Sorte hat meist schon top Jobs und ist dann eben sehr zurückhaltend mit solchen Abenteuern. Da muss schon fast ein Engel vom Himmel erscheinen, damit so ein Supertalent die Karriere sausen lässt und eine solche Bürde auf sich nimmt.

Auch wenn Manu also nicht alles perfekt machte, hatte er nur schon allein für die Tatsache, dass er es überhaupt wagte, unseren Respekt und unsere Rückendeckung verdient. Man hätte viel für ihn beten und ihm helfen müssen. Doch die Mexikaner beförderten all jene frisch Bekehrten, die auch nur ein bisschen Enthusiasmus zeigten, sofort zu Propheten, Lehrern, Evangelisten und zukünftigen Aposteln. Und alle möglichen Nasen, die erst gerade angefangen hatten, den Geist Gottes zu spüren, und eine kleine Wegweisung des Heiligen Geistes oder ein persönliches Wunder erlebt hatten, hielten sich gleich für die geistlichen Oberchecker und fühlten sich zur Dauerkritik berechtigt.

Gewisse Leute können echt jeden Tratsch mit «Der Herr hat mir gesagt» untermalen. Nein, hat er eben nicht! Das war *der andere Geist*. Schon vergessen? Satan heißt Ankläger, und er verleumdet gerne. Der Heilige Geist ist kein Journalist, keine Tratsch-Tante und kein Lästermaul. Er wird dir niemals etwas offenbaren, nur damit du wie kein anderer Bescheid weißt und dich für etwas Besseres hältst. Wenn er dir über jemanden etwas offenbart, dann nur, weil er diese Person liebt und du ihr mit dieser Offenbarung dienen sollst. Oder um dich vor der Zusammenarbeit mit dieser Person zu warnen. Aber niemals, um jemanden bloßzustellen.

Und wieder begegneten mir Leute, die sich für Propheten hielten und mir von den tollen Plänen berichteten, die Gott noch mit mir hätte. Von Hallelujzinationen und Propheten hatte ich aber die Schnauze wieder mal so richtig voll. Sollten doch andere die Welt retten! Warum musste ich überhaupt immer wieder auf so überdimensionale Ideen kommen, die mir eigentlich allesamt drei, vier Nummern zu groß waren? Einfach nur einen guten Job machen und die Familie genießen, wäre doch schon ein ganz gutes Leben!

Wenn da nur nicht diese hartnäckigen Depressionen gewesen wären, die mir den Spaß am guten Leben versauten. Und die Nachrichten in den verschiedenen Medien, die mich fragen ließen, was los ist mit diesem Gott, der uns irgendwie alle lieben soll und dann doch diese ganze Scheiße zulässt. Dieser Gott, der zwar gnädig und barmherzig unsere Sünden vergeben will, mich aber immer noch nicht in der Weise von meiner sündhaften Natur befreit hat, wie er es meiner Meinung nach hätte tun sollen; dieser Gott, der will, dass ich ihn preise und seine Liebe verkünde, während ich mich dauernd schuldig und verdammt fühle vor ihm, weil ich meinen Süchten immer noch nachgebe und meine kranke Gedankenwelt immer noch randvoll gefüllt ist mit Rache, Totschlag und Perversionen.

Würde es wohl jemals Freiheit und Frieden für meinen Kopf geben?

38. Vergebung

Immerhin, im neuen Sunrise Tower im 18. Stock war nicht nur die Aussicht gut. Es lief für mich auch in diesem Laden wieder hervorragend.

Doch als Markus mich dort besuchte und wir in der gediegenen Lounge im 19. Stock etwas tranken, bekam er von mir trotzdem eine geballte Ladung Zweifel und Anklage über meinen geistlichen Zustand aufgetischt:

«Du hörst doch Gott so gut. Und Claude eigentlich auch. Ich dachte, mit euch zwei an Bord ist Gott auch dabei, und das Ganze hätte doch klappen müssen. Es war doch ein Projekt *für ihn.*»

«Was meinst du mit ‹für ihn›? Von ihm aufgetragen und gemäß seinem Plan für ihn? Oder eher von dir ausgedacht, mit sozialen Aspekten gewürzt, damit er es gefälligst segnet ‹für ihn›? War es ein Projekt, das aus ihm geboren wurde? Oder kam es eher aus deinen Ambitionen, für dein Ego, das du dann noch etwas religiös verpackt hast?»

«Ja, okay, aber wenn es nur mein eigenes Ding war, warum sollte er dir dann gesagt haben, dass du mitmachen sollst? Du kriegst doch sonst drei Riesen am Tag aus der Wirtschaft und hast auch sonst in allen möglichen Organisationen, Projekten und Diensten viele schlaue Sachen für das Reich Gottes am Laufen. Und dann verschwendet er deine kostbare Zeit in diesem Desaster, wo du jetzt nichts dafür gekriegt hast und unterm Strich eh alles umsonst war?»

«Die Beurteilung darüber, was umsonst war oder nicht, überlasse ich Gott. Auf jeden Fall hat er mir nicht gesagt, dass ich bei meine-com dabei sein soll wegen dem Business, sondern wegen dir. Nicht dein Business ist ihm wichtig, sondern du. Er ist der Schöpfer des Universums. Die Welt und alles, was darauf ist, gehört ihm doch sowieso schon. Er braucht doch nicht deine super Ideen, damit dank deinen großzügigen Spenden etwas auf die Beine gestellt werden kann. Es geht ihm um dein Herz, Vlad. Deshalb sehe ich, auch wenn das Geschäft gestorben ist, meinen Auftrag mit dir nicht als beendet an. Ich werde dich sehr gern weiterhin coachen, aber mehr im Geistlichen.»

Als Markus am Ende des Gesprächs für mich betete, spürte ich wieder die Gegenwart Gottes und sah im Geist ein freundliches Lächeln von Jesus, während die Schwere auf meiner Seele etwas leichter wurde.

Wir vereinbarten, in Kontakt zu bleiben. Während ein Teil von mir immer noch mit Gott schmollte, spürte ein anderer Teil, dass dies für mich der Beginn einer neuen Ära mit Gott sein könnte.

Leider waren unsere Terminkalender so dicht, dass wir uns nur alle ein bis zwei Monate treffen konnten. Wenn es nach mir gegangen wäre, hätte ich Markus für ein halbes Jahr gebucht, jeden Tag meine Fragen mit ihm diskutiert und mit ihm gebetet. Denn bei jedem Treffen staunte ich von Neuem, wie er mit einer geradezu umwerfenden Logik – und bei gleichzeitiger Sanftmut und Freundlichkeit – alle meine Fragen so beantwortete, dass ich nicht mehr widersprechen konnte.

Vor allem aber war ich immer wieder überrascht, dass er, obwohl er ein enormes Wissen aus dem Ärmel schütteln konnte, immer zuerst Gott um Antworten bat und diese dann auf eine Art bekam, dass keine Zweifel mehr blieben, inwieweit wirklich Gott geantwortet hatte.

Er stellte das als völlig normalen Vorgang dar: «Jesus hat ja gesagt, dass seine Schafe seine Stimme hören. Wenn wir ihn also fragen, dann sollten Christen ihn hören können. Ansonsten ist da etwas, das seine Stimme übertönt oder völlig abblockt. Dann gilt es herauszufinden, was das für eine Blockade ist, und sie loszuwerden. Es hilft, zu Beginn Gott zu bitten, dass er zu uns sprechen möge, dann die eigenen Gedanken unter den Gehorsam Christi zu befehlen und allen finsteren Mächten zu verbieten, hier noch reinzureden.»

Bei einem dieser Treffen kam meine innere Zerrissenheit zur Sprache. Nicht erst, seit ich mit ihm die Fragen über Gottes Gerechtigkeit, Allmacht und Liebe diskutierte, spürte ich, dass ich im Kopf zwar begriffen hatte, dass Gott in all diesen Attributen tatsächlich vollkommen ist, mein Herz es ihm aber aufgrund der sichtbaren Umstände nicht glauben wollte und ihn weiter anklagte.

Ich hatte es ja eigentlich schon ziemlich am Anfang kapiert, dass unser Leben hier auf der Welt nur ein winzig kleiner Teil der Ewigkeit ist und es um sehr viel Wichtigeres geht als um das, was wir hier sehen und fühlen. Die Diskussionen mit Markus hatten mich nur wieder daran erinnert und mich neben vielen weiteren Aspekten in der Gewissheit bestätigt, dass Gott tatsächlich allmächtig, gut, gerecht und die reine Liebe ist.

Doch mein Herz …

… glaubte es meinem Kopf nicht.

Und so hatte ich andauernd was zu stänkern.

Ständiges Murren gegen Gottes Wege ist der Beziehung mit ihm natürlich nicht förderlich. Als die Israeliten von Gott aus Ägypten befreit wurden, murrten sie auch dauernd an Gott herum, obwohl dieser Manna vom Himmel fallen ließ und sie mit krassen Zeichen und Wundern führte. Offenbar konnte auch ich trotz all den Wundern, die ich doch erlebt hatte, immer noch murren und rumstänkern.

An einem gewissen Punkt in der Diskussion unterbrach mich

Markus: «Du brauchst keine weiteren Argumente mehr, denn du weißt genug. Mit deinem Verstand hast du es schon lange erfasst. Noch mehr Argumente werden deinen Zustand auch nicht verbessern. Lass uns Gott fragen, warum dein Herz solch vehementen Widerstand leistet.»

Er fing an zu beten und lud den Heiligen Geist ein, den Raum zu erfüllen und zu uns zu sprechen. Dann befahl er den Mächten der Finsternis, dass sie weichen mussten. Unseren eigenen Seelen und unserem Verstand befahl er, jetzt still zu sein und unter den Gehorsam des Geistes Christi zu kommen.

Dann waren wir einfach still, warteten und schrieben auf, was für Bilder und Worte in unser Bewusstsein kamen.

Nach einer Weile fragte Markus:

«Was hast du empfangen?»

«Also, ich habe jetzt keine Ahnung, ob ich da was zusammenfantasiere, aber ich sah im Geist mein Herz, das von einem Schwert durchbohrt war. Die Hand Gottes wollte es anrühren, doch das Schwert drehte sich immer gegen die Hand und ließ sie nicht an mein Herz herankommen. Das Schwert war an einem Pfahl befestigt und kam aus einem Loch im Boden. Ich schaute dann in eine dunkle Tiefe, deren Grund man nicht sehen konnte. Ich habe keine Ahnung, wie ich damit umgehen und das einordnen und verstehen soll.»

«Nun, mir kamen die Worte: Hass gegen Gott. Das Schwert, das du gesehen hast, symbolisiert offenbar diesen Hass. Dass es an etwas hängt, das in einer tiefen Dunkelheit verankert ist, heißt, dass du dir selber nicht bewusst bist, was dein Herz geteilt hat. Dass es aus dem Boden kommt, könnte ein Hinweis sein, dass es mit deinen Wurzeln, also mit deinem Erbe, zu tun hat. So wie wir genetisch Dinge erben, erben wir auch in geistlichen Dingen Segen oder Fluch. Das kann über drei bis vier Generationen gehen.»

«Äh, okay, und was soll ich jetzt damit anfangen?»

«Nichts. Jetzt fragen wir weiter.»

Nach einer weiteren Minute Stille fragte er mich, ob ich noch etwas empfangen hatte.

«Na ja, vielleicht. Ich glaube aber, das war jetzt wohl meine eigene Schlussfolgerung. Ich habe eine Gruppe von Partisanen gesehen, die blöd grinsend vor einer brennenden Kirche standen. Der Typ in der Mitte war mein Urgroßvater. Ich weiß zwar nicht, wie der damals aussah, aber ich wusste einfach, dass er es war. Aber ich habe jetzt wirklich Mühe zu glauben, dass das von Gott kommt, denn ich wusste ja, dass er ein Kommunist und Partisan war. Dann sprichst du von Erbe, und schon habe ich mir wohl selber eins und eins zusammengereimt.»

«Das denke ich nicht, denn ich weiß gar nichts über deine Vorfahren, und schau mal, was ich bekommen habe.»

Er zeigte mir das Blatt, auf dem er sich Notizen gemacht hatte, während wir auf die Eindrücke von Gottes Geist gewartet hatten. Ich staunte Bauklötze, als ich da drauf einen fünfzackigen Stern und das Wort «Christenverfolgung» sah. Markus wusste zu der Zeit noch gar nichts über meine Vorfahren. Als Jugo hätte mein Urgroßvater außer Kommunist und Partisan auch ein Tschetnik, Ustascha, Domobran, Donauschwabe oder einfach nur ein Opfer von einem der vielen Massaker oder ein «Kollateralschaden» gewesen sein können. Und selbst als Partisan war man nicht automatisch ein Christenverfolger. Viele Partisanen waren nicht wirklich überzeugte Kommunisten, sondern einfache Leute, die nach einem Wehrmachtsmassaker nichts mehr zu verlieren hatten und einfach nur noch Deutsche abmurksen wollten. Wozu ihnen die Partisanen eine Gelegenheit boten.

Doch noch krasser war, dass Markus den fünfzackigen Stern sah. Denn mir war auf dem Friedhof in Serbien schon einmal aufgefallen, dass mein Urgroßvater der Einzige war, der kein Kreuz auf seinem Grabstein hatte, sondern eben den Stern. Ich erinnerte mich auch – er lebte noch, bis ich etwa sieben Jahre alt war –, dass er den roten Stern auf seiner Mütze angeheftet hatte.

Ich spielte in den Ferien immer Partisan, mit dieser Mütze auf dem Kopf, und nervte ihn und meinen Großvater nach jeder Ankunft so lange, bis sie mich mit ihren Knarren schießen ließen. Ich war mächtig stolz auf meinen Groß- und Urgroßvater, dass sie gegen die Deutschen gekämpft hatten. Meine Mutter erzählte mir, dass der Ur-Opa wirklich ein Hardcore-Kommunist war, der alles, was mit Gott zu tun hatte, ständig verfluchte.

Meine Eindrücke alleine hätte ich jetzt noch nicht wirklich als Reden Gottes annehmen können. Da wären immer Zweifel geblieben, dass ich mir das selber zusammengereimt hatte. Doch Markus hatte, ohne die leiseste Ahnung von meinen Vorfahren, ausgerechnet in dem Moment «Christenverfolgung» auf den Zettel geschrieben, als ich die brennende Kirche sah. Und mit dem fünfzackigen Stern hatte er tatsächlich den offensichtlichen Götzen meines Urgroßvaters bezeichnet. Diese Kombination als Zufall abzutun, ist definitiv viel absurder, als anzunehmen, dass Gott uns etwas Entscheidendes mitgeteilt hat.

Für Markus war jetzt klar, woher mein Trotz gegen Gott herkam:

«Auf der einen Seite hast du Gott erlebt und so viel von ihm erfahren, dass du ihm dienen willst. Auf der anderen Seite hast du den Geist des Atheismus und Kommunismus geerbt. Die Art und Weise, wie du jeweils gegen Gott sprichst, ist typisch für diesen Geist. Es ist ja eines der wesentlichen Merkmale des Kommunismus, dass er versucht, mit menschlicher Kraft Gerechtigkeit für alle zu schaffen und eine Art Urchristentum ohne Gott hinzukriegen. Auch wenn du eigentlich weißt, dass der Kommunismus nicht funktioniert hat und du sicher kein Kommunist bist, kommt deine Art von Auflehnung gegen Gott und gegen seine Art von Gerechtigkeit aus demselben rebellischen Geist wie der Kommunismus.»

Markus fuhr fort:

«Nun sind wir nicht nur Individuen, sondern immer auch Teil eines Kollektivs. So wie die Bibel von allen, die zu Jesus gehören, vom Leib Christi spricht, sprechen auch wir von Körperschaften, wenn es um Organisationen, Gemeinden oder Völker geht. So bist du, trotz aller Individualität, auch ein Teil deiner Verwandtschaft und deines Volkes und somit auch Teilhaber seiner Segen und Flüche. Um diesen Geist permanent loszuwerden, musst du ihm die Grundlage entziehen, auf der er sein Recht bezieht, dich zu manipulieren. Sonst geht es dir wie damals, als du mit dieser Liste von Dämonen und Flüchen aus Bern zurückgekommen bist. Ich habe aber keine Lust, diese Geister einfach etwas in die Gegend rauszuhetzen, nur damit sie eine Runde drehen und dann wieder zurückkommen.»

«Die Grundlagen, die diesem Geist das Recht geben?»

«Ja, da wäre einmal die Sünde deiner Vorfahren. Wir lesen in der Bibel, dass Nehemia, als sie den Tempel nach der Babylonischen Gefangenschaft wiederaufgebaut hatten, die Leute zusammenkommen ließ und sie nicht nur ihre eigenen Sünden, sondern auch die ihrer Väter bekannten und stellvertretend um Vergebung baten.

Dann ist da die eigene Sünde: Dass du diesem Geist Raum gegeben hast und unter seinen Lügen gelebt hast, respektive diese Lügen lange Zeit auch geglaubt hast.

Drittens ist da auch das geistliche, also unsichtbare Erbe, das du entschieden ausschlagen und ablehnen solltest, so wie das ja auch in der sichtbaren Welt mit einem materiellen Erbe ganz offiziell gemacht werden kann.

Und nicht zuletzt solltest du deinen Vorfahren auch Vergebung zusprechen für das schlechte Vorbild, das sie dir gegeben haben.»

Vieles davon hatte ich ja schon gehört oder gelesen, und ich hatte mich auch einmal in einem Gebet ganz bewusst von aller Schuld der Vorfahren getrennt, aber dass das so spezifisch laufen musste, war mir neu. Doch es machte jetzt irgendwie völlig Sinn.

Nun verstand ich auch, warum ich nur ein paar Wochen Ruhe gehabt hatte, nachdem ich mit Claude diese Liste mit all meinen Dämonen und Problemen durchgebetet hatte. Wir hatten sie nur kurz aufgescheucht. Und sie drehten dann eine Runde und kamen wieder zurück, weil ihnen infolge meiner Schuld und der Schuld meiner Vorfahren die Grundlage ihres Wirkens in mir durchaus nicht entzogen worden war.

Also bat ich Gott um Vergebung für diese konkreten Sünden meines Großvaters und meines Urgroßvaters. Als ich das aussprach, tat sich in meinem Geist so etwas wie ein Fenster in die Hölle auf, und ich sah, wie die beiden merkten, dass ich dieses Gebet ausgesprochen hatte, und ihnen ihre Last irgendwie etwas leichter wurde. Okay, ich weiß, das hört sich eher katholisch und mystisch an. Vielleicht habe ich mir diesen Teil wirklich nur eingebildet. Wie auch immer.

Nachdem ich mich von dem geistlichen Erbe getrennt hatte, meinen Vorfahren vergeben hatte und auch für meinen eigenen Schuld-Anteil in dieser Geschichte um Vergebung gebetet hatte, befahl ich den Geistern des Atheismus und Kommunismus, der Auflehnung und des Trotzes gegen Gott, von mir zu gehen. Als ich das aussprach, wurde ich am ganzen Körper durchgeschüttelt, und ich spürte, wie etwas von mir ausging und sich von mir löste.

Ich fühlte mich danach mega erleichtert und hatte einen Frieden und eine Freude wie nach einer Ladung feinstem MDMA. Einfach ohne die Nebenwirkungen. Doch etwas war diesmal wirklich anders:

Es blieb so.

Es blieb tatsächlich so.

Unfassbar!

Seit diesem Tag hatte ich zum ersten Mal wirklich länger als zehn Minuten Freude an Gott. Seither war es nicht nur Wissen in meinem Kopf. Zum ersten Mal konnte ich sagen, dass ich Gott liebe, ohne dass gleichzeitig etwas in mir dagegen anschrie. Zum ersten Mal konnte ich nicht nur im Kopf Gottes Wort glauben, dass er mir wirklich alle meine Schuld vergeben hat und mich liebt, nein, ich spürte wirklich, dass ich meinen Frieden mit ihm gefunden hatte.

Das Thema Vergebung blieb aktuell. Pepe, der Mörder meiner Freunde, kam endlich vor Gericht. Brennende Wut kochte in mir auf, und ich stellte mir immer wieder vor, wie ich im Gerichtssaal über die Schranken springe und ihm den Schädel einschlage, bevor die Polizisten überhaupt reagieren konnten.

Dieses Schwein hat doch Marco und Claudia auf dem Gewissen! Er hat meinecom, zig Arbeitsplätze, meine Träume und viel Geld von mir und den anderen Investoren auf einen Schlag vernichtet. Der Typ hat alles kaputt gemacht.

«Nein, hat er nicht. Du hast keine Ahnung, was sonst noch

hätte passieren können. Auch weißt du nicht, welche Dämonen ihn reiten und welche Schicksalstreiber bei allen Beteiligten sonst noch am Werk sind. Ich bin für das Zusammenkommen aller Schicksale und für die ewige Gerechtigkeit zuständig. Deine Rolle hier besteht darin, ihm zu vergeben. Ich bin auch für *seine* Sünden ans Kreuz.»

Irgendwie so spürte ich Jesus zu mir reden. In mir sträubte sich alles, und ich stellte mir lieber vor, wie ich Pepe foltere und ihm erkläre, wie viel Schmerz er verursacht hat, während er langsam krepiert.

Ich begleitete Pat an dem Prozesstag, an dem er seine Zeugenaussage machen musste. Als ich Pepe dann zum ersten Mal sah, brodelte die Wut nicht mehr so heftig. Ich erwartete einen Mafiatypen mit einem verhärteten «Ihr könnt mich alle mal»-Gesicht. Stattdessen saß dort ein gebrochener Mann. Man sah ihm an, dass es ihm unendlich leidtat. Er hob kaum den Kopf und gab keinen Ton von sich.

Als er am Ende vom Richter gefragt wurde, ob er zu den Zeugenaussagen noch etwas hinzuzufügen habe, hatte er Tränen in den Augen und nur eine Bitte: Er wollte zu Pat rübergehen und ihn um Entschuldigung bitten.

Ich weiß nicht, ob Pat ihm jemals vergeben wird. Ich wusste aber, dass ich ihm vergeben musste, um mit Gott weiterzukommen. Das war nicht einfach. Doch es ging. Seine reuige Haltung hat wohl etwas geholfen.

Bei der nächsten Begegnung mit Markus wurde mir klar, dass Gott die Vergebung nicht nur von mir verlangt, weil er mir ja auch alle meine Sünden vergibt. Nein, Vergebung ist auch eine Voraussetzung für die Heilung meiner Wunde in der Seele. Pepes Tat hatte mich wirklich tief verletzt. Den Schmerz und die daraus entstandene Bitterkeit spürte ich immer wieder deutlich.

Es ging nicht nur um einen juristischen Akt der Vergebung, sondern ich konnte Jesus diese Tat ans Kreuz bringen und ihn um Heilung für diese spezifische Wunde bitten. Solange ich an der Bitterkeit über die Tat festhielt und damit nicht zu Jesus kam, würde ich auch nicht geheilt werden. Die Bitterkeit würde sich verwurzeln und immer wieder bittere Früchte in mein Leben tragen.

Als ich dann Pepe meine Vergebung zusprach und Gott um Heilung für diese Wunde bat, spürte ich erneut, wie etwas von mir wich und wie Gott meine Wunde im Herzen heilte. Wenn ich heute an Pepe erinnert werde, kommen weder Hass noch Bitterkeit oder Folterfantasien in mir hoch. Vielmehr wünsche ich ihm aufrichtig, dass auch er Jesus begegnen möge.

39. Ich will dich mit meinen Augen leiten

Die zwei Jahre, die ich meinem Boss bei Sunrise versprochen hatte, waren vorbei. Eigentlich wäre ich gerne noch geblieben, denn ich übertraf die Ziele, die sie mir gesetzt hatten, so weit, dass die Kohle wieder fast so dick reinschneite wie vor dem meinecom-Desaster. Und der Job machte wirklich Spaß. Ich hatte meine Topkunden in der ganzen Welt verteilt, und es gab immer wieder mal eine kleine Reise in irgendeine europäische Hauptstadt oder zu einem Event in Washington.

Neben den guten Beziehungen zu den Kunden machte aber auch das Spitzenteam, das wir im Backoffice hatten, den Erfolg der Sunrise-Wholesale-Crew aus. Ladislao und Gareth bastelten Tools und Analysen, mit denen wir den anderen Spielern im Markt voraus waren. Wir konnten Dinge tun, die uns ermöglichten, massiv die Margen zu optimieren und immer mehr Sprachverkehr aus der ganzen Welt über unser Netz zu ziehen. Wir Händler konnten deshalb viel kreativer und schneller handeln als unsere Mitbewerber. Die Stimmung im Team war entsprechend großartig, und es gab keinen Grund, von dort wegzugehen.

Die «Therapie» dort gefiel mir.

Warum also nicht bleiben?

Vielleicht, weil ich zu mehr berufen war? Sollte ich nicht irgendwie noch was für Gott bewegen? Doch alle meine Aktionen mit der Esperanza-Farm, mit Agape Finance und meinecom gingen ja voll in die Hosen. Sie waren nicht sein Auftrag an mich; es waren meine eigenen Ideen, die ich von ihm gefälligst gesegnet haben wollte. Er müsste doch stolz auf mich sein und mir etwas schulden für all das Gute, das ich für ihn und meine Nächsten tat – oder zumindest tun wollte, wenn die Projekte denn geklappt hätten.

Durch die Meetings mit hörendem Gebet mit Markus erkannte ich immer mehr die inneren Widersprüche, die dich zerreißen, wenn dein Kopf zwar das eine denkt und glaubt, aber in deinem Herzen oder in deiner Hose etwas anderes wirksamer ist. Ich nannte Jesus zwar den Herrn, aber ich begegnete ihm doch irgendwie frech auf Augenhöhe.

Natürlich wären es schöne Projekte gewesen, bei denen auch vielen Leuten geholfen worden wäre, aber der Erfolg dieser Projekte hätte doch vor allem mein Ego aufgebläht. Die verborgenen Treiber und tieferen Motive hinter diesen Projekten waren nicht die Liebe Gottes, sondern christlich getarnter Ehrgeiz, um Respekt und Wohlstand zu erlangen. Ich war getrieben von Stolz, Minderwertigkeitsgefühlen, Eitelkeit, Gier, Hochmut und mindestens noch einem Dutzend weiterer unreiner Treiber, die vor Gott nicht bestehen – auch wenn sie noch so fromm daherkommen.

Mir wurde immer klarer, wen Jesus meinte, als er sagte:

«Es werden nicht alle, die zu mir sagen: Herr, Herr!, in das Himmelreich kommen, sondern die den Willen tun meines Vaters im Himmel. Es werden viele zu mir sagen an jenem Tage: Herr, Herr, haben wir nicht in deinem Namen geweissagt? Haben wir nicht in deinem Namen böse Geister ausgetrieben? Haben wir nicht in deinem Namen viele Wunder getan? Dann werde ich ihnen bekennen: Ich habe euch noch nie gekannt; weicht von mir, ihr Übeltäter!»[34]

Er meinte damit Typen wie mich. Buddhisten, Muslime, Atheisten etc. nennen ihn ja nicht «Herr». Er redet von Leuten, die sich für Christen halten und die meinen, in seinem Namen große Dinge zu tun – die ihn aber nicht wirklich zu kennen scheinen.

---

[34] Matthäus 7,21–23 (Lutherbibel 1984)

In seinem Namen etwas zu tun oder zu proklamieren, heißt, von ihm dazu beauftragt und autorisiert zu sein. So wie du als Repräsentant deiner Firma von dieser beauftragt und autorisiert sein musst, um in ihrem Namen ein Geschäft abschließen zu dürfen. Bei den Ungläubigen kämen nicht einmal Idioten auf die Idee, nur weil sie eine Aldi-Kundenkarte haben, mit dieser vor eine Aldi-Filiale hinzustehen und zu proklamieren: «Heute gibt es Freibier! In Aldis Namen!» Doch einige Christen erlauben sich, alles Mögliche in Jesu Namen zu proklamieren.

Jesus hat in seiner Zeit als Menschensohn auch keine Wunder aus eigener Initiative getan. Er sagte: «Wahrlich, ich sage euch: Der Sohn kann nichts von sich aus tun, sondern nur, was er den Vater tun sieht.» Also nur aus seiner innigen Gottesbeziehung heraus sah er im Geist, wie der Vater wirken wollte, und führte das dann aus. So wie ich zum Beispiel spürte, dass Gott den Geschäftspartner, der ins Büro kam, heilen wollte. Deshalb funktionierte es auch, als ich meine Angst überwand und ihm das Gebet anbot. Andere Male, wo ich selbst versuchte, jemanden zu heilen, entpuppte sich mein «Bla, Bla, Bla, in Jesu Namen» als wirkungsloser Hokuspokus.

Du musst eine Beziehung mit Gott haben, die so eng ist, dass du ihn eben wirklich kennst und weißt, was sein Wille ist. Du musst ihm nachfolgen und nicht versuchen, ihn auf deinen eigenen Wegen mitzuschleppen.

Es geht darum, ihn zu kennen und seine Stimme zu hören. Jesus sagte: «Meine Schafe hören meine Stimme.» Je mehr Sünden, Verletzungen und Flüche in uns aktiv sind, desto schwieriger ist es halt, seine Stimme zu hören. Da nützt sogar ein Theologiestudium nicht viel.

Sunrise bekam einmal mehr einen neuen CEO, der viele aus dem Management feuerte und durch seine Kumpels ersetzte. Das passierte bei Sunrise scheinbar dauernd. Dass neue Bosse gerne das halbe Management durch ihre alten Kollegen ersetzen, passiert auch in anderen Firmen. Die neuen Manager müssen sich dann profilieren und alles umkrempeln.

Die Stimmung im Team wurde durch völlig übertriebene Anforderungen und arrogante Undankbarkeit vernichtet. Sofort war ab 17 Uhr keiner mehr im Büro. Vorher war um 19 Uhr immer noch die Hälfte da, und um 21 Uhr waren immer noch ein bis zwei Nasen da, die unbedingt noch etwas erledigen wollten. Innert kürzester Zeit kündigten einige der besten Leute im Team. Die Konkurrenz zahlte ja viel besser. Wenn man nicht wertgeschätzt, sondern verarscht wird, ist eben fertig mit Loyalität.

Während ich hier wieder eine Gelegenheit hatte, vorbehaltlos zu vergeben, um keine neue Bitterkeit aufkommen zu lassen, schneiten mir zwei lukrative Job-Angebote rein.

Ich wollte aber nicht aus Trotz oder wegen dem Geld wechseln – auch wenn es massiv mehr Geld war, das mir angeboten wurde. Ich wollte diesmal nicht wieder versuchen, meine eigenen Pläne von Gott segnen zu lassen. Wollte ihm nicht mehr, wie bis anhin, einfach nur die Voicemail vollquatschen und hoffen, dass ich die richtigen Sprüche gesagt habe, damit er dann meine Pläne segnete. Stattdessen wollte ich lernen, seine Stimme im Alltag zu hören und ihn nach seinen Ideen zu fragen. Bisher hörte ich ihn ja meistens nur in krassen, entscheidenden Momenten.

Doch meinem geistlichen Hör-Organ kann ich bei Fragen, bei denen es um mich selber geht, dann doch noch nicht so sehr vertrauen. Zu groß ist die Wahrscheinlichkeit, dass ich meine eigenen Wünsche, Berechnungen, Vernünfteleien, Begierden oder Ängste in das hineinmische, was ich von Gott höre.

Deshalb habe ich mir angewöhnt, wichtige Fragen an zwei, drei Leute, die im hörenden Gebet unterwegs sind, zum Prüfen zu geben. Wenn deren Gebetseindrücke unabhängig voneinander meine eigenen Eindrücke bestätigen, dann weiß ich, dass ich richtig gehört habe. Kommt etwas anderes zurück, als ich gedacht habe, dann muss ich die Geschichte nochmals überdenken und neu prüfen. Oder es ist einfach noch nicht die richtige Zeit, und ich darf später nochmals darauf zurückkommen.

Das erste Angebot kam von einem meiner besten Freunde, dessen Geschäft erfolgreich am Wachsen war. Seit Jahren sprachen wir immer wieder darüber, dass wir etwas zusammen machen wollten, aber ich war ihm zu teuer. Jetzt war sein Laden so gewachsen, dass er sich einen wie mich leisten konnte. Ich sollte einen neuen Bereich mit einem neuen Produkt aufbauen. Ich wäre mehr oder weniger mein eigener Chef in meinem Teilbereich, und zwar in einem Laden, welcher nur zehn Minuten von zuhause entfernt war. Er machte mir das beste Angebot, das ich bis dahin je bekommen hatte.

Doch im Gebet spürte ich, dass Gott das keine gute Idee fand, und auch Gabi bekam ein Nein im Geist. Es gab rational keinen Grund, Nein zu sagen. Sämtliche Aspekte sprachen nur dafür. Doch im Gebet spürten wir das Nein ziemlich deutlich. Also lehnte ich ab und spürte wieder Gottes Frieden in mir.

Sechs Monate später stellte sich heraus, dass das neue Produkt nicht so gut funktionierte und der Lieferant so unzuverlässig war, dass sie die Übung wieder abbrechen mussten. Es wäre ziemlich übel herausgekommen, wäre ich dann dort gewesen, und Gottes Zusage: *«Ich will dich unterweisen und dir den Weg zeigen, den du gehen sollst; ich will dich mit meinen Augen leiten»*[35], bestätigte sich einmal mehr.

Die zweite Anfrage kam von einem europäischen ICT-Anbieter. ICT steht für «Information and Communication Technology» und ist die Kombination von Telekommunikations- und IT-Lösungen. Die wollten einen Sales Director für die Deutschschweiz. Ich sollte das Büro Zürich leiten, mit einem kleinen Team von zwei Key-Account-Managern, einem Sales Engineer und einer Assistentin. Klein, aber fein, und das im Großkundensegment.

In diesem Fall sah ich im Gebet eine grüne Ampel. Auch von den anderen bekam ich die Antwort, dass ich wechseln kann und Gott mich an diesem Ort segnen will.

---

[35] Psalm 32,8 (Lutherbibel 1984)

40. Heiligung, die nachhaltig funktioniert

Der Start beim neuen Job fühlte sich aber alles andere als gesegnet an. Mein Vorgänger hatte nämlich gleich auch seine Assistentin und einen der Key-Account-Manager mitgenommen. Dafür ließ er mir einen dauerkoksenden Psychopathen im Büro, der absolut null Ahnung vom Geschäft hatte und mich als Rassisten bezeichnete, wenn ich etwas zu korrigieren hatte.

Ich startete gerade in der Zeit, als die Firma ihr Operations-Team von London nach Prag verschoben hatte. Es dauerte ein Weilchen, bis die dort das Know-how wiederaufgebaut und die Prozesse sich eingespielt hatten. Die Kunden spürten das Chaos und waren entsprechend unzufrieden. Das hieß also, ich konnte nicht ein eingespieltes Team in einem funktionierenden Laden übernehmen, sondern musste den Psychopathen feuern und ein neues Team rekrutieren. Das in einem Betrieb, in welchem gerade das absolute Chaos herrschte und die bestehenden Kunden schon mit Kündigung drohten.

Dazu kamen noch weitere Katastrophen, um die ich mich kümmern musste. Es war fast unmöglich, ans Verkaufen zu denken, während ich von einer Feuerwehrübung zur nächsten rennen musste.

Man sollte meinen, nach meinen Erfahrungen mit Remar, BT und meinecom hätte mich nichts mehr so leicht schocken können und ich würde dementsprechend getrost auf Gottes Hilfe vertrauen. Stattdessen arbeitete ich wie ein Verrückter, von Versagens- und Existenzängsten getrieben. Auch wenn manche meiner Teamkollegen sich wunderten, dass ich das alles so ruhig und positiv regeln konnte, war ich innerlich oft am Zittern. Ich fing schon wieder an, mit Gott zu hadern, und fragte mich, warum er mich wieder ins nächste Desaster führen wollte.

Im November war ich trotz aller Anstrengungen und massiver Überstunden noch weit weg von den Zielvorgaben. Der Frust über diese Zustände löste wieder meine Fluchtmechanismen aus, und ich hatte erneut mit Rückfällen zu kämpfen. Zwar nur vereinzelt, dafür jedoch das volle Programm, was sehr kräfteraubend war und weitere Ängste, Depressionsschübe und die wohlbekannten Gefühle der Verdammnis auslöste.

Da war ich doch sehr froh um die weiteren Treffen mit Markus, bei denen mir klarwurde, dass Gott all diesen Druck und diese Probleme zuließ, um mir zu zeigen, dass ich ihm eben doch noch nicht voll vertraute. Es gab also immer noch Situationen, in welchen ich mir von den äußeren Umständen den Frieden rauben ließ und sich das latent vorhandene Böse in meinem Herzen wieder manifestieren konnte.

Gott sendet uns keine Prüfungen, um wie ein Lehrer herauszufinden, wie gut wir schon sind, oder um uns kritisch zu benoten. Die Prüfungen dienen vielmehr dazu, dass du selber siehst, was an Ängsten, Bitterkeit, Zweifeln, Unglauben, Stolz, Hochmut, Eitelkeit, Zorn etc. noch in deinem Herzen ist.

Solange alles gut läuft, ist es ja kein Problem, die Halleluja-Nummer zu bringen. Wenn man dir sagt, wie viel Böses noch in deinem Herzen ist und mit welcher Selbstgerechtigkeit du die Schwächen anderer Leute richtest, dann glaubst du das erst mal gar nicht. Deshalb lässt Gott bei seinen Kindern Prüfungen und Schwierigkeiten zu, damit sie selber checken, was sich im eigenen Herzen noch an verkehrter Haltung und Bösem versteckt. Nicht jedoch, um dich deswegen zu verdammen, sondern um dir eine Gelegenheit zu geben, all dies zu bereinigen und ihm abzugeben.

Der Teufel seinerseits taktiert auf den Extrempositionen. Zuerst verharmlost er deine Sünde, rechtfertigt sie oder erklärt sie gleich zu etwas Gutem und versucht, dich in stolzer und selbstgerechter Haltung in Sicherheit zu wiegen.

Wenn das nicht funktioniert, wechselt er ins andere Extrem und verkauft dir statt Selbstgerechtigkeit plötzlich Schuld und Verdammnis. Dann redet er dir ein, dass du der letzte Dreck bist und viel, viel zu unwürdig, um vor Gottes Angesicht erscheinen zu dürfen oder ihn gar um etwas bitten zu wollen. Das ist genauso falsch, denn Gott liebt uns nicht, weil wir so gut sind, sondern weil er so gut ist. Weil er ein Vaterherz hat, das uns einfach liebt und uns von allem Bösen befreien will. Aber auf *seine* Art und zu *seiner* Zeit.

Diese Zusammenhänge wollte ich nun endlich mal etwas tiefer begreifen. Ich buchte also einen Platz im nächsten Seminar mit dem Titel «Herausforderung zur Heiligung»[36], um endlich vorwärts zu kommen. Schließlich heißt es ja in der Bibel, dass wir der Heiligung nachjagen sollen.[37]

Kaum hatte ich den Entschluss gefasst, kehrte wieder der Frieden zurück.

Ende November tauchte ein Kunde bei mir im Büro auf, von dem ich dachte, dass er nie mehr mit uns reden würde, weil wir bei ihm wirklich viel verbockt hatten. Doch offenbar schätzte er es sehr, dass ich ihm ehrlich die Situation erklärt hatte und ihn immer proaktiv über den Fortschritt der Problemlösungen informierte. Er wollte in jenem Jahr aus steuerlichen Gründen noch einen hohen sechsstelligen Betrag loswerden und fragte, ob wir nicht den leeren Raum neben unserem Büro zu einer weiteren Datacenter-Fläche ausbauen wollten. Er würde uns den entsprechenden Betrag noch im laufenden Jahr überweisen – als Vorauszahlung.

Bingo! So schneite es mir im letzten Moment den Mega-Deal rein, der mich für das ganze erste Jahr aus dem Schneider holte. Ich musste mich bei Gott einmal mehr für die offensichtlich unnötigen Ängste entschuldigen, und es schneite wieder Bonus. Erleichterung. Aufatmen. Und ein Grund zu großer Dankbarkeit.

Im Heiligungsseminar lernte ich dann, dass Jesus mehr als «nur» unsere Sünden ans Kreuz getragen hat, sondern auch unsere Verletzungen und unsere Flüche. Deshalb ist jedes hartnäckige Problem, das sich nicht mit einem Mal wegbeten lässt, von allen drei Seiten her anzugehen: Sünden, Verletzungen, Flüche. So wird eine wirklich nachhaltige Lösung erreicht.

---

[36] Vergleiche: Dr. M. Schildknecht, «Herausforderung zur Heiligung – Christlicher Glaube ins Leben gebracht», glaubwürdig-Verlag: Schwendi i.W., 2017, ISBN 978-3-906892-02-3

[37] Vgl. Hebräer 12,14

Ein ganz wichtiger Punkt, den ich dort lernte und den ich vorher noch nirgends so gelehrt bekommen hatte, war das Thema, welches der Apostel Paulus mit «Gedankenfestungen» beschreibt.[38] Das sind Lügen, die wir als Wahrheit angenommen haben und die uns deshalb zum Fluch werden. Da wir sie als Wahrheit in unserem Unterbewusstsein gespeichert haben, sind uns diese Lügen selber gar nicht mehr bewusst. Das macht es so schwierig, die Wurzel von manchem Problem zu finden. Denn diese Lügen steuern aus dem Unterbewusstsein heraus unsere Gefühle und Gedanken, sobald wir in einer Situation sind, die uns an jene erinnert, als wir diese Lüge zum ersten Mal empfangen hatten.

Ich hatte ja schon jahrelang unzählige Seelsorger, Ärzte, Therapeuten und geistliche Leiter aufgesucht, um meine Macken, Zwangsgedanken, neurotischen Störungen und Depressionen loszuwerden. Die einen meinten, wenn ich meine Sünden bekenne, dann vergibt mir Gott, und alle Probleme sind gelöst. Dann gab es jene, welche hinter jedem Problem einen Dämon vermuteten und meinten, einfach alles in Jesu Namen wegbefehlen zu können. Wieder andere wollten vor allem meine seelischen Verletzungen herausgraben, welche die schrägen Verhaltensmuster hervorbrachten, und dann um Heilung beten.

Ich weiß nicht, was davon bei welchen Leuten in der Vergangenheit wie gut oder wie schlecht geholfen hat. Bei mir hat das alles wenig bis gar nichts genützt.

In dem Seminar lernte ich, dass man die Probleme lieber nicht alle auf einmal von einer dieser drei Seiten angehen sollte, sondern jedes Problem einzeln, dafür von allen drei Seiten gleichzeitig.

Meist ist es selbst für den Betroffenen unmöglich, das Zusammenspiel von Erbe, Verletzungen, Fluch, Sünde und den im Unterbewusstsein vergrabenen Lebenslügen zu durchschauen oder gar zu entflechten. Diese giftigen Kombinationen, welche zu bestimmten Problemen, Krankheiten oder eben zwanghaften Verhaltens-

---

[38] Vgl. 2. Korinther 10,1–6.

mustern führen, sind so komplex und individuell, dass kein Fall gleich ist wie der andere. Selbst als Profi-Seelsorger kommt man da oft nicht weiter.

Deshalb braucht es eben das hörende Gebet, dank dem man durch den Heiligen Geist Klarheit bekommt. Dann sehen wir, von was oder von wem eine bestimmte Verletzung stammt, und was der Fluch, die Sünde oder die Lügen sind, die wir verinnerlicht haben. So war ein Teil des Seminars auch dafür da, das Hören auf den Heiligen Geist zu üben, um eben nicht in Hunderten von erschöpfenden Stunden in der Seelsorge oder in therapeutischen Gesprächen die Wurzel der Probleme suchen zu müssen. Der Heilige Geist kann uns schon in kurzer Zeit die relevanten Ursachen offenbaren.

Da gab es zum Beispiel diesen Mobber-Jungen, der mir drei Jahre lang mit Mobbing, Verleumdung und sadistischen Gemeinheiten die Sekundarschule zur Hölle gemacht hatte.

Es war so schlimm, dass ich mir schwor, ihn eines Tages zu töten. Ich ging damals sogar zum einzigen Kriminellen, den ich in dem Alter schon kannte, und wollte mir eine Knarre besorgen, um den Mobber zu erschießen. Doch der Ganove gab mir statt der Knarre eine Ohrfeige und rettete damit dem Mobberkind das Leben.

Daraufhin trainierte ich wie ein Besessener Karate und Kung-Fu. Während ich den Sandsack bis zur Erschöpfung malträtierte, stellte ich mir fast jeden Tag vor, wie ich dem Mobber eines Tages begegne, ihn einmal mehr spüren lasse, dass er ein absolut erbärmlicher Vollidiot ist, und ihm dann, sobald er daraufhin wieder auf mich losgehen will, jeden Knochen einzeln breche, bevor ich ihn skalpiere.

Und wenn ich ihm nicht auf der Straße begegne, werde ich ihn irgendwann bei ihm zuhause holen. Eines Tages wird der Tag der Abrechnung kommen. Wenn er alles schon lange vergessen hat. Je länger es her ist, desto eher werde ich damit davonkommen. Die Polizei wird wohl kaum an alle ehemaligen Klassenkameraden denken, wenn sie ihn zehn Jahre später in zwei Plastiksäcken verteilt im Wald ausgraben.

Man sagt, dass die Zeit alle Wunden heilt. Doch das stimmt bei gewissen Wunden offensichtlich nicht, wie Heerscharen von Psychotherapeuten bestätigen können und wie ich es bei mir selbst feststellen musste. Als ich mich bekehrt hatte, wollte ich solche Fantasien nämlich nicht mehr.

Tausendmal habe ich gebetet, um diese Bilder aus dem Kopf zu kriegen. Ich wollte dem Mobber nicht nur theoretisch vergeben, sondern wirklich Frieden haben, wann immer ich mich an ihn erinnere. Doch das brachte nichts. Immerhin konnte ich den Plan aufgeben, ihn zu töten. Doch auch fast zwei Jahrzehnte nach meiner Bekehrung habe ich ihn in meinen Gedanken noch mindestens einmal im Monat in allen möglichen Varianten gefoltert und massakriert. Mein brennender Hass und meine Bitterkeit gegen ihn schienen so unauslöschlich wie die Hölle selbst.

Offenbar reichte es hier nicht, Gott nur um Vergebung zu bitten, dass ich solche Sachen denke, damit es aufhört. Diese Gedanken waren nicht die Sünde an sich, sondern nur das Symptom der grundsätzlichen Haltungen, die in meinem Herzen mächtig wirkten. Das waren Anklage, Richten, Bitterkeit, Hass, Rache, Unversöhnlichkeit, Trotz, Grausamkeit, Mord und Totschlag. All das war latent vorhanden in meinem Herzen und nährte eben diese Rachegedanken unablässig. Nur gute Umstände und viel Gnade Gottes haben bewirkt, dass sich diese Dinge in meinem Leben nicht real entluden und ich die grässlichen Fantasien nicht auslebte.

Ich musste also nicht nur diese Gedanken, sondern diese ganze Palette von unterschwelligen Herzenshaltungen als Sünde in mir bekennen. Wer kommt schon von alleine auf die Idee, offen zuzugeben, dass so tief im Herzen eine Mördergrube steckt? Dazu braucht es eben die Überführung des Heiligen Geistes, der mit seinem Licht in dein Herz leuchtet und dir zeigt, was da alles drin ist. Dies tut er aber nur, wenn du es zulässt – wenn du die Wahrheit also wirklich willst.

Ich durfte Gott danach aber auch mein Leid klagen und ihm meine Verletzungen bringen. Denn der Mobber hatte wirklich absolut bösartige und tiefe Wunden in meine Seele gebrannt. Doch nun, wo ich mein eigenes Böses aus meinem Herzen herausgekehrt hatte und dafür Vergebung empfing, konnte ich dem Mobber auch wirklich vergeben – und weil ich das getan hatte, Gott um Heilung für meine Wunden bitten.

Durch das jahrelange Festhalten an diesen sündhaften Herzenshaltungen hatte ich auch den Dämonen der Bitterkeit, des Hasses und des Richtgeistes Raum gegeben. Dabei ist es völlig irrelevant, wie bewusst oder unbewusst ich das tat. Ich tat es, und deshalb konnten sie ihren Einfluss in meinem Herzen festigen und daher meine Gedanken immer wieder in die entsprechende Richtung steuern.

Nun war es also dran, diesen Mächten in meinem Leben zu kündigen und sie fortzuschicken. Sobald wir ihnen durch die Buße die Grundlage entziehen, erhalten wir die Autorität, sie wegzujagen. Sie gehen dann auch tatsächlich. Sogar ziemlich einfach und ohne üble Manifestationen. Vor allem kann man ihnen dann auch dezidiert verbieten, jemals zurückzukommen, wenn man ihnen keine weiteren offenen Türen lässt.

Weiter offenbarte mir der Heilige Geist, dass andere, die genauso gemobbt wurden, deshalb nicht automatisch so mörderisch drauf waren wie ich, sondern dass es bei mir so besonders stark war, weil ich eben auch einen Geist der Blutrache geerbt hatte. Wie schon erwähnt, kann ein Fluch bis in die dritte oder vierte Generation geerbt werden. Blutrache geschieht im Balkan auch heute noch. Trotzdem kommt man irgendwie nicht von selbst auf die Idee, dass man so ein ultimatives Sühne-Prinzip geerbt hat und deshalb besonders rachedurstig ist. Schließlich findet man ja oft viele Gründe, warum man sich zu Recht verletzt fühlt, die Bitterkeit berechtigt ist und der Kerl die Rache verdient hat.

Ohne die Offenbarung des Heiligen Geistes fällt es dir nicht ein, dass es ein Geist der Blutrache oder der Bitterkeit ist, der aufgrund deines Erbes seine Anrechte geltend macht, dich mit blutrünstigen Gedanken zu penetrieren, selbst wenn du sie überhaupt nicht willst.

Nachdem ich mich also auch von diesem Erbe gelöst hatte, waren die Gedankenfestungen an der Reihe. Die Lügen, die ich irgendwann geglaubt hatte und welche tief in meinem Unterbewusstsein die Weichen für meine Gedanken und Gefühle stellten.

Der Heilige Geist offenbarte im Gebet, dass in mir Sätze, Überzeugungen, ja sogar Schwüre vergraben waren. Sätze wie: «Eines Tages werde ich dich töten. Ich darf nicht ein Opfer sein. Rache ist süß. Wer zuletzt lacht, lacht am besten. Ich muss mich rächen. Gewisse Schandtaten können nur mit Blut bereinigt werden. Ich muss mir mein Recht selber schaffen. Ich kann das nicht auf mir sitzen lassen.»

Wenn du mich früher gefragt hättest, hätte ich einiges davon als kompletten Schwachsinn abgetan oder argumentiert, dass das keine Lügen, sondern berechtigte Ansprüche sind.

Doch der Heilige Geist zeigte auf, dass diese Sätze eben wirklich Lügen sind und tief in mir vergraben waren. So, dass sie mir nicht nur immer wieder mal in den Sinn kamen, sondern zu festen Weichenstellungen für meine Gedanken und Gefühle wurden. Dadurch wurden sie zu starken Treibern meiner kranken Fantasiewelt – auch wenn mein inzwischen christlich sozialisierter Verstand solche Gedanken gleich wieder verwarf oder zumindest versuchte, sie wieder rauszudrücken. Diese Lügen zu glauben, öffnete dämonischen Mächten die Tür, um meine Emotionen, Träume und Fantasien zu infiltrieren und zu steuern. Diese waren unterm Strich viel stärker als mein fragiler Wille, nicht so kranken Scheiß zu denken.

Erst jetzt verstand ich, was es mit diesen Gedankenfestungen auf sich hat und dass sie wirklich ein Fluch sind.

Ist eigentlich logisch. Satan ist der Vater der Lüge. Also sind Lügen seine Kinder und ergo dämonische Mächte, die dir zum Fluch werden, wenn du sie annimmst. So treiben sie dich langsam und stetig weiter in die Richtung, in welche diese Lügen zielen, bis du ihren Willen zu deinem machst und das Böse auslebst.

Deshalb musste ich auch um Vergebung bitten, dass ich an irgendeinem Punkt in meinem Leben solche Sätze in mein Herz hereingelassen hatte. Und dann konnte ich diese Lügen bewusst brechen und von mir weisen.

Hört sich alles nach einer ziemlichen Übung an? Ist es manchmal auch. Aber wenn man die Grundprinzipien erfasst hat und lernt, wie man in so einer Sitzung Gottes Stimme mit den entscheidenden Hinweisen hören kann, kriegt man in einer Stunde ein besseres Resultat hin als mit x-Jahren Psychotherapie. Denn tatsächlich kann ich heute bezeugen, dass ich seit jener Sitzung wirklich Frieden habe, wenn ich mich an den Mobber erinnere.

Wenn ich heute an eine Begegnung mit ihm denke, dann freue ich mich darauf, ihm zu bezeugen, dass Gott auch ihn liebt, ihn über Jahre vor meiner Rache bewahrt und mich inzwischen so geheilt hat, dass ich ihm wirklich vergeben konnte. Die ständigen zwanghaften Rachefantasien sind tatsächlich weg, und ich verspüre nicht die geringste Bitterkeit.

So freute ich mich auf jedes Treffen mit Markus, da ich nachher jedes Mal von einem weiteren schrägen Verhaltensmuster oder einem weiteren Zwang befreit war. Auch die Depression verlor Schicht um Schicht an Kraft, und ich erlebte immer tiefere Dimensionen von Frieden und Freude.

Langsam traute ich mich auch wieder, Gott zu bezeugen. Doch im Unterschied zu früher, wo ich versuchte, die Leute von Gott zu *über*zeugen, konnte ich ihn endlich einfach nur *be*zeugen. Ich konnte immer öfter ganz einfach davon erzählen, was er für mich tut und wie ich ihn tatsächlich erlebe. Da gibt es nichts mehr zu argumentieren. Ich kann jetzt ganz so sein, wie ich bin, und von dem erzählen, was ich erlebe. Was die Leute dann damit anfangen, ist *ihre* Sache.

Markus meinte, dass ich langsam damit beginnen sollte, anderen Leuten zu dienen mit dem, was ich von Gott empfangen hatte. Während ich noch überlegte, wie ich das anstellen könnte, meldete sich Claude und meinte, er habe im Gebet den Eindruck bekommen, dass ich mit ein paar von den Leuten aus seiner Gemeinschaft eine kleine Hauskirche starten solle.

Claude war in der Zwischenzeit aus Mexiko zurück, und bald darauf löste er sich von diesen Leuten. Darüber waren etliche wirklich sehr froh. Ich und einige andere erwarteten, dass er nun seine Gemeinde wiederbeleben würde. Doch stattdessen mietete er ein

Haus in der Genfersee-Region und verteilte die übrig gebliebenen Leute, die noch Teil seiner Gemeinschaft bleiben wollten, auf kleinere Hauskirchen. Zum Beispiel bei Leuten wie mir, von denen er den Eindruck hatte, dass dies für sie das Richtige wäre.

Ich hatte ziemlich Mühe, das zu verstehen.

«Hey, Bro, was willst du in jener Gegend? Genfersee, wirklich? Du kennst da keine Kuh. Alle deine Unterstützer leben mindestens 250 Kilometer entfernt, und du zahlst da nur schon für die Miete das Vierfache. Du kannst kaum Französisch. Wozu überhaupt diese Riesenhütte mit zwei Wohnungen?»

«Du hast mit all dem völlig Recht, Vlad. Ich habe auch kein Argument dafür und weiß, wie beknackt das aussehen muss. Aber ich weiß einfach, dass Gott mir gesagt hat, dass ich eine Weile dort sein und nicht die alte Gemeinschaft weiterbauen soll. In die Zweitwohnung wird Gott uns Leute senden, die wir eine Weile lang intensiver betreuen. Ansonsten soll ich Videos für einen Internetkurs produzieren.»

«Die Videos könntest du auch hier im alten Haus herstellen. Warum dort, wo es so viel teurer ist, und warum ohne Gemeinschaft, die jeden Sonntag etwas in die Kollekte wirft? Wie soll das gehen?»

«Weißt du, als ich damals zu ‹Campus für Christus› ging und die Gemeinde mich nicht unterstützen wollte, hatte ich keine Ahnung, wie das gehen soll. Dann startete Gott meine Versorgung über ein Rennpferd. Als ich dann Campus verlassen sollte und ins Zürcher Oberland ging, hatte ich keine Ahnung, wie das funktionieren sollte. Aber es funktionierte sogar sehr gut. Als ich nach Mexiko ging, hatte ich wieder keine Ahnung, wie ich dort meine Familie durchbringen soll, doch es hat uns an nichts gefehlt.

Jetzt sagt mir Gott, ich soll an den Genfersee ziehen und einen Dienst übers Internet starten, der in die ganze Welt ausstrahlen wird. Wieder habe ich keine Ahnung, wie das funktionieren soll. Also hat sich gar nichts geändert. Ich habe wie immer absolut keinen Plan und brauche immer noch jeden Monat neue Wunder, wenn ich meine Rechnungen bezahlen muss. Ich vertraue Gott, dass er mich dort genauso versorgen wird wie bisher.»

Von diesem Glauben war ich beeindruckt. Ich merkte, dass er wirklich mit Gott unterwegs war, und spürte, dass ich wohl noch einige Sitzungen brauchen würde, bis ich alle Ängste und Zweifel aus meinem Herzen draußen haben würde, um auch so unterwegs zu sein.

Trotz all den Wundern, die ich selber schon erlebt hatte, war immer dieser Drang da, zuerst einen Haufen Kohle zu verdienen, bis ich unabhängig genug wäre. Ich wollte Gott dienen und seine Wunder erleben, ja, aber ohne von Wundern oder Spenden abhängig zu sein. Mir gefiel es viel besser, jemandem wie Claude immer wieder eine fette Spende zuschieben zu können, als umgekehrt nie zu wissen, wann ich mir was leisten kann. Ich wollte die Kontrolle behalten und selber entscheiden können.

Also immer noch so drauf wie Eva, die auch selber entscheiden wollte? – In der Tat …

Es ist immer wieder erstaunlich, wie ungläubig die lieben Gläubigen sein können. Wahrscheinlich schob ich auch deshalb immer wieder mal Panik, wenn ich in der Firma mit den Zahlen etwas zurücklag, und arbeitete noch härter, um in Kontrolle zu bleiben. Aber ich musste auch in diese Freiheit hineingelangen, eine so vertrauensvolle Beziehung mit Gott zu haben, dass es mich absolut kalt lässt, wie mein Kontostand aussieht oder wie die Geschäfte laufen.

Bei Claude schien es einmal mehr zu funktionieren. Auch an dem viel teureren Ort beim Genfersee. Immer wieder kam es vor, dass sich erfolgreiche Geschäftsleute von Claude gesegnet fühlten und ihn dann sehr großzügig unterstützten.

Auch Locke war wieder aufgetaucht, und nach einer endlos scheinenden Serie von schnellen Aufstiegen in den Finanzhimmel und erneuten Abstürzen in die Pleitenhölle surfte er mit Claudes geistlicher Unterstützung gerade auf einer sehr guten Welle mit seinem neuen Immobiliengeschäft, von dessen Profiten er auch Claudes Werk unterstützte.

Und so hatte Claude tatsächlich sein Haus an teurer Lage immer voll mit Leuten und einen immer reich gedeckten Tisch vor sich. Es fehlte ihm an nichts. Es herrschte sogar solcher Überfluss, dass er seinen Dienst ausweiten konnte und es noch für Angestellte reichte.

Ich staunte immer wieder, was bei ihm so alles abging, und erinnerte mich, dass ich doch eigentlich auch so im Glauben unterwegs sein wollte und mir das von verschiedenen Propheten ja prophezeit worden war.

Bis es so weit ist, wird es vorerst schon mal interessant sein zu sehen, wie das mit meiner Hauskirche laufen wird.

41. Nicht immer, aber immer öfter

Einmal kam ein Kunde in mein Büro, mit einem Verband am Arm. Ich fragte ihn, ob er sich verletzt habe, worauf er meinte, dass dies wieder mal der «Tennisarm» sei. Seit Jahren habe er höllische Schmerzen, wobei zahllose Medikamente und Therapien nutzlos waren. Diese Woche sei es wieder besonders schlimm.

Ich spürte, wie der Heilige Geist mir sagte, dass er ihn heilen will, doch ich traute mich fast nicht, etwas zu sagen. Seit meinem Weggang von Remar hatte ich nie mehr jemandem die Hand aufgelegt. Schließlich überwand ich mich und sagte:

«Wenn du willst, kann ich dir die Hand auflegen und für deinen Arm beten.»

Er staunte mich ganz baff an und stotterte sowas Ähnliches wie:

«Aha, bist du so ein … äh, … also, so ein Dings … äh, so ein … Also, was bist du für einer?»

«Ich bin nichts Spezielles. Ich glaube einfach, dass Jesus real ist und auch heute noch heilen will. Das habe ich auch schon erlebt.»

«Aha, so. Na ja, also wenn du meinst. Nützt es nix, so schadet es auch nix.»

Ich legte ihm die Hand auf und betete. Ich spürte eine starke Wärme aus meiner Hand auf seinen Arm fließen, aber seine Schmerzen waren nicht gleich weg, und mir war es peinlich. Doch ein paar Monate später traf ich ihn an einem Event wieder, wo er hell begeistert auf mich zukam:

«Es ist weg! Als du mir die Hand aufgelegt hast, habe ich zuerst nur etwas Wärme gespürt, doch es ist jeden Tag besser geworden, bis es nach zwei, drei Wochen komplett weg war. Seit Monaten spüre ich keine Schmerzen mehr. Ohne Medikamente!»

Ich sehe ihn so ungefähr einmal im Jahr irgendwo, und er kommt immer wieder als Erstes darauf zurück, dass er immer noch keine Schmerzen habe. Doch das Buch, das ich ihm zu lesen gab, hat er immer noch nicht gelesen. Schon bei Jesus nahmen seinerzeit viele die Heilung gerne an, vergaßen dann aber, danach zu fragen, ob er vielleicht sonst noch was zu sagen hat.

Auf jeden Fall war ich ermutigt, mich wieder öfters zu trauen, Leuten einfach ein Gebet anzubieten, wenn sie von ihren Problemen sprechen. Und ich stellte fest, dass es immer besser funktionierte. Also, nicht immer, aber immer öfter.

Wenn Gott anfängt, sich bemerkbar zu machen, sollte es eigentlich nicht überraschen, wenn sich die Gegenseite auch bemerkbar macht. Je weniger Raum die destruktiven Kräfte hatten, mich direkt anzugreifen, und je mehr ich wieder dabei war, anderen zu helfen, desto mehr griffen sie mich über andere an. Ich bekam von verschiedenen Leuten absolut irrationale Ablehnung und schräges Verhalten zu spüren. Man vergalt mir Gutes mit Bösem und unterstellte mir absurde Dinge. Zum Glück so absurd, dass auch die Vorgesetzten nur den Kopf schütteln konnten und sich fragten, ob sie nicht ein paar Irre im Zürcher Büro hatten.

Wir hatten einen Techniker, der schien sehr viel Finsternis mit sich herumzuschleppen. Er war zwar fachlich genial, aber immer, wenn die Leute in London oder Prag nicht so funktionierten wie erwartet, wurde er ausfällig und beleidigte alle übel.

Ich musste mich dann für ihn entschuldigen und alle beschwichtigen, dass er es wohl nicht so meint und es vielleicht an seinem schlechten Englisch liegt. Für mich war offensichtlich, dass er unter mehreren Flüchen litt. Nicht nur seine Erzählungen von einer schier endlos scheinenden Serie von Unfällen, Pleiten, Pech und Pannen deuteten darauf hin.

In den nur wenigen Monaten, in denen dieser «Techy» bei uns

war, ging seine Ehe zu Bruch, baute er einen Autounfall und kamen die Schmerzen von einem alten Motorradunfall wieder auf. Zudem gingen ihm andauernd sein Handy, sein Laptop, sein Fernseher oder seine Playstation kaputt, und er verlor ständig Schlüssel und anderes Zeug oder hatte schon wieder eine Autopanne. Er war ständig schlecht drauf, strotzte vor Bitterkeit, und wenn jemand auch nur andeutungsweise wagte, die Vermutung zu äußern, dass er irgendwo ein Fehlerchen gemacht haben könnte, rastete er völlig aus und wurde unflätig.

Ich tat mein Bestes, ihm zu helfen, und gab ihm ein Buch, das ihm sehr geholfen hätte, die Zusammenhänge von Segen und Fluch in seinem Leben zu erkennen. Doch anstatt es zu lesen, fühlte er sich angepisst, dass ich es wagte, überhaupt nur zu denken, dass er Hilfe nötig hätte. Ich deckte ihm vor den Chefs den Rücken, entschuldigte mich dauernd für ihn, hörte seinem Gejammer zu, versuchte ihm Mut zu machen, besuchte ihn nach einem weiteren Unfall zuhause, ging für ihn einkaufen und bezahlte ihm sogar eine Einkaufstasche voller Lebensmittel.

Trotzdem brachte er es fertig, mich beim Chef als bösen Diktator anzuschwärzen, und stach mir in der Tiefgarage einen Reifen auf. Ich staunte vor allem über mich selber, weil ich mich nicht einmal verletzt fühlte und es mir so leichtfiel, ihm zu vergeben. Er tat mir ehrlich einfach nur leid, und ich betete aufrichtig für ihn.

Sieht so aus, als wäre ich meine Rachegeister wirklich losgeworden.

Auch ganz wirr war phasenweise meine Assistentin. Ganze vier Wochen lang brachte sie jeden Tag eine neue Geschichte, warum sie einen bestimmten Report, den mein Chef unbedingt wollte, immer noch nicht geschrieben hatte. Sie hätte aus einem CRM-Programm Daten in eine Excel-Tabelle kopieren sollen. Ich schätzte, dass das Ganze eigentlich nicht viel Arbeit war und angesichts ihrer Qualifikationen ziemlich einfach sein sollte. Als mein Chef dann anfing, ungeduldig zu werden, und fragte, ob ich nicht fähig sei, meine Leute richtig zu führen, riss auch bei mir langsam der Geduldsfaden.

Ich sagte ihr also, dass ich keine Geschichten mehr hören will. Sie solle jetzt alles andere stehen und liegen lassen und sich voll auf diesen Report konzentrieren.

Sie fing an zu weinen und sagte, sie könne das nicht. Ihre Begründungen waren völlig abstrus. Ich konnte überhaupt nicht nachvollziehen, was ihr Problem war. Ich wusste, dass sie absolut fähig war, das Ding innert allerhöchstens drei Stunden zu erledigen.

Ich fing an, mich aufzuregen, und wollte ihr gerade klipp und klar rüberbringen, dass sie sich, wenn sie sich nicht zusammenreißt und ich den Report nicht bis am Abend kriege, einen neuen Job suchen soll. Da spürte ich, wie der Heilige Geist mir sagte, dass sie es nicht kann, weil ihre Dämonen sie blockieren, um mich zu ärgern.

Da machte ihr irrationales Verhalten plötzlich Sinn.

Ich sagte ihr, sie solle eine Pause machen, dann werde es schon gehen. Ich ging in mein Büro zurück, schloss die Tür und sagte sowas wie:

«Jetzt ist Schluss, Satan. Es interessiert mich nicht, was du für Anrechte bei ihr zu haben meinst. Wenn sie hier ins Büro kommt, arbeitet sie für *mich* – und solange sie hier drin für mich arbeitet, bleibst du draußen. Ich verbiete dir, mich durch sie zu ärgern, in Jesu Namen.»

Genau.

Jetzt ist es offiziell.

Ich habe eine Vollmeise und glaube, Dämonen von anderen Leuten in der Garderobe parken zu können.

Vielleicht spinne ich aber auch nicht. Denn nicht einmal eine Stunde später hatte sie den Report tipptopp erledigt.

Es dauerte eine Weile, bis ich wirklich begriff, dass ich mit gewissen Leuten nicht direkt ein Problem hatte, sondern dass Dämonen ihren Zugang bei ihnen nutzen, um nicht nur jenen Leuten, sondern eben auch denen um sie herum Probleme zu bereiten. Natürlich waren sich die Leute weder dieser Abläufe noch der Irrationalität ihres Handelns bewusst. Hätte ich eigentlich wissen müssen, da uns schon Paulus wissen lässt:

«Denn wir haben nicht mit Fleisch und Blut zu kämpfen, sondern

mit Mächtigen und Gewaltigen, nämlich mit den Herren der Welt, die in dieser Finsternis herrschen, mit den bösen Geistern unter dem Himmel.»[39]

Jesus sagte ja auch, dass so, wie er verfolgt wurde, auch die verfolgt werden, die ihm nachfolgen. Zum Glück bedeutet das in der Schweiz nicht Gewalt oder wirklich schlimme Diskriminierung. Zumindest heute. Vor ein paar hundert Jahren wurden Jesu Nachfolger in Zürich noch im Fluss, der Limmat, ertränkt. Na ja, gut, je nach Anlass muss man auch heute aufpassen, dass man von einem Linksradikalen nicht eins auf die Fresse kriegt. Aber ansonsten beschränkt sich die Verfolgung hierzulande darauf, dass man etwas belächelt und gemieden oder schlimmstenfalls verachtet oder verleumdet wird.

Auf jeden Fall half es mir, gewisse Angriffe nicht mehr persönlich zu nehmen und stattdessen im Gebet den Teufel in die Schranken zu weisen. Bei einigen Leuten war der Effekt sofort spürbar.

Undankbarkeit und Verleumdung erlebte ich nicht nur im Geschäft, sondern auch in meiner Hauskirche. Es ist unglaublich, was für Ansprüche gewisse Leute haben können. Es gibt welche, die kaum gläubig geworden sind und gerade erst ein paar Mal die Stimme des Heiligen Geistes erlebt haben, und schon kann ihnen nur dann jemand noch etwas sagen, wenn er auf Wasser zu gehen vermag. Jede Furzidee halten sie für das Sprechen des Heiligen Geistes, und man kann sie kaum noch davon abbringen.

Wenn du es wagst, sie darauf hinzuweisen, dass ihre Eingaben dem Zeugnis der Bibel widersprechen und der Heilige Geist sich eigentlich *nie* widerspricht, dann bist du in ihren Augen der gesetzliche Pharisäer ohne jede innere Weite.

Andere wollen nur über ihre Probleme reden, während wieder andere dauernd die Führung übernehmen und das Programm dominieren wollen. Dann gibt es noch jene mit Beziehungsproblemen, die dich instrumentalisieren wollen, um auf ihren Partner

---

[39] Epheser 6,12 (Lutherbibel 1984)

Einfluss zu nehmen, anstatt ihren eigenen Anteil am Problem auszuleuchten.

Und am liebsten sind mir natürlich die Dogmatiker, die den ganzen Abend mit nutzlosen Diskussionen über einzelne Glaubenssätze, Worte und sogar Buchstaben füllen können. Selbst bei Themen, bei denen es eigentlich völlig wurscht ist, ob man das jetzt so oder anders sieht. Hauptsache, sie können beweisen, dass sie die Bibel besser verstehen als andere.

Du erlebst auch nicht wenige, die in tiefster Not zu Jesus kommen, seine Gegenwart und seine Wunder erleben und ihm begeistert nachfolgen wollen, bis du sie auf eine Sache in ihrem Leben hinweist, die gemäß Gottes Meinung destruktiv ist und die sie besser bleiben lassen sollten.

Dann kündigen sie dir und Jesus die Liebe wieder und sagen Tschüss. Ja, sorry aber auch. Natürlich darfst du zu Jesus kommen, so, wie du bist, und er nimmt auch wirklich jeden an. Das heißt aber nicht, dass du in jedem Fall so *bleiben* sollst, wie du bist. Er ist trotz all seiner Liebe, Gnade und Geduld eben auch ein heiliger und gerechter Gott.

Es könnte ja sein, dass du mit ein paar schwierigen Attributen in deinem Charakter zu ihm kommst, die von Finsternis, Lügen und Verletzungen geprägt sind. Das will er dir bewusst machen und dich davon befreien. Aber er zwingt dich nicht dazu. Wenn du an sowas festhalten willst, lässt er dich halt.

Der Haken daran ist: Wenn du etwas nicht loslassen willst, fühlst du dich deswegen in Gottes Gegenwart und in der Gegenwart der Person, die dich darauf hingewiesen hat, unwohl und oft auch angeklagt. Selbst wenn die betreffende Person dich gar nicht wirklich anklagt, weil sie ja weiß, wie schräg sie selber drauf war und teilweise immer noch ist. So trennt dich dann die Sünde, an der du festhältst, von Gott und den Seinen, und du distanzierst dich je länger je weiter von ihm. Immerhin, wenn du deswegen wieder in der Scheiße gelandet bist und es dann doch noch geschnallt hast, darfst du immer wieder von neuem kommen.

Wenn mich so ein Angriff herunterriss, besprach ich das beim nächsten Treffen mit Markus und lernte, solche Abläufe immer weniger persönlich zu nehmen, sondern Gott zu fragen, wie er die Situation sieht und was mein Anteil am Problem ist.

Manchmal offenbarte er dann einen Fehler bei mir, den ich ans Kreuz bringen konnte und, wo angebracht, bei der betreffenden Person in Ordnung bringen durfte. Wenn es sich um ein tieferes, zwanghaftes Muster handelte, dann hatte ich wieder eine Gelegenheit, um dieses Muster genauer unter die Lupe zu nehmen und weitere Verletzungen, Flüche oder im Unterbewusstsein vergrabene Lügen loszuwerden.

Manchmal offenbarte Gott aber auch, dass es überhaupt nichts mit mir zu tun hatte, und zeigte auf, aus welchen Verletzungen heraus gewisse Leute reagierten, welche Lügen in ihnen vorherrschten oder welche Flüche sie belasteten. Dies machte es mir dann viel leichter, ihnen zu vergeben und denen zu helfen, die sich helfen ließen.

Langsam ging es wirklich nachhaltig aufwärts. Meine Depressionen, Existenz- und Versagensängste wurden immer weniger und milder. Auch mein Drogenkonsum war eigentlich schon fast ganz überwunden. Je mehr ich Gottes Vergebung und Heilung bei mir erlebte, desto weniger regten mich andere Leute auf – und desto weniger musste ich meine nicht mehr vorhandenen Depressionen noch betäuben.

Die einen fanden mich den besten Chef und Mitarbeiter aller Zeiten, während andere eben ihre Probleme mit mir hatten und giftig reagierten. Doch ihre Angriffe belasteten mich kaum noch. Jesu Aufforderung, jene zu segnen, die dir fluchen, und Böses mit Gutem zu vergelten, war plötzlich keine überirdische Theorie mehr, sondern fing an, zu funktionieren.

Das war alles schön und gut, aber es war mir trotzdem zu wenig. Denn auch die bösen Jungs können erfolgreich sein. Auch Atheisten oder Buddhisten können irgendwie zenmäßig cool draufbleiben, nicht böse werden und gute Werte vertreten. Esoteriker können auch sehr spirituell sein, und einige unter ihnen erleben auch Heilungen und Zeichen oder sprechen mit Geistern. Ich sehnte mich einfach enorm nach der Kraft und der Art von Gottesbeziehung, von der man in der Bibel liest.

Aber da war immer noch etwas Finsternis in mir übrig, die rausmusste. Doch das machte mich nicht mehr so fertig. Denn mir wurde klar, dass Gott den Leuten sehr lange voraussagt, was ihre Berufung wäre, und dann lässt er sich Jahrzehnte Zeit, bis ihr Charakter so geformt und geschliffen wurde, dass seine Kraft und seine Liebe wirklich durch sie strömen können. Da Gott der Anfang und das Ende von allem ist, sieht er dich vom Ziel her, auf das hin er dich entwickelt. Deshalb hat er nicht wirklich ein Problem mit all dem, was heute noch nicht ganz stimmt.

Das hieß für mich, dass *auch ich* kein Problem mehr mit mir haben musste. Ich konnte mich endlich auch mit mir selbst versöhnen.

Jesus sagt, wem viel vergeben wird, der liebt viel. Mir hat er wirklich sehr lange sehr viel vergeben. Dank den Zusammenhängen von Verletzungen, Lügenfestungen und Flüchen, welche ich bei mir in so vielen schrägen Verhaltensmustern entdecken und lösen konnte, fiel es mir zunehmend leichter zu akzeptieren, dass solche Mechanismen auch bei anderen aktiv sind. Und dass sie deshalb teilweise gar nicht anders können, als sich saublöd zu verhalten.

Ich musste die Leute für ihr schräges und manchmal sogar bösartiges Verhalten nicht mehr verurteilen. Ich konnte wirklich einfach nur für sie beten. Endlich wurde das Evangelium für mich eine gute Nachricht. Evangelium heißt nun nicht mehr: «Gott verurteilt und hasst dich für dein blödes Verhalten, und du Depp musst es jetzt endlich kapieren und umkehren, damit du nicht endgültig in der Hölle landest.» Es heißt jetzt vielmehr: «Gott liebt dich trotz deiner Macken sehr und bietet dir an, davon frei zu werden.»

Und er hat Geduld und bleibt dran. So wie ich mit meinen in der Zwischenzeit drei Kindern unglaubliche Geduld entwickle. Ich muss ihnen hundert Mal dasselbe sagen, und sie werden es wahrscheinlich erst kapieren, wenn sie ausgezogen sind. Gerade in der Pubertät sind sie fürchterliche Klugscheißer, die alles besser wissen. Ich liebe sie deswegen keine Sekunde weniger.

In gewissen Bereichen musste Gott mir ebenfalls hundert Mal etwas sagen, bis es einigermaßen durchgekommen ist. Und je nachdem, welche Zwänge in einem Herzen noch aktiv sind, nützt das Kopfwissen über das richtige Verhalten überhaupt gar nichts. Deshalb haben wir auch kein Recht, uns über das komische Verhalten von jemandem länger als nur kurz aufzuregen, nur weil wir meinen, der müsste jetzt doch endlich gecheckt haben, wie es läuft.

Hat er vielleicht sogar.

Aber eventuell muss er zuerst auch noch irgendein Problem loswerden, das Gott ihm zu seiner Zeit abnehmen wird. In der Zwischenzeit ist es dein Job, ihn zu ermutigen, unbedingt dranzubleiben. Überleg einfach mal, wie viel du selber noch zu checken hast. Oder wie viel du eigentlich schon lange gecheckt hast und wie oft du dennoch regelmäßig wider dein eigenes besseres Wissen handelst.

Je freier ich mich von meinen Problemen fühlte, desto weniger mochte ich meinen Glauben verstecken, und irgendwie wurde es selbstverständlich, dass ich anfing, «das Thema Gott» mit ins Büro zu nehmen. Ich bezeugte jetzt bei jeder Gelegenheit, dass ich mit seinem Eingreifen rechne, egal, ob man mich für einen Spinner hielt oder nicht.

Als ich zum Beispiel wegen der Last der vielen hundert E-Mails mit all den Problemen immer früher ins Büro kam, um diese wegzuarbeiten, bevor der Rummel mit Kunden und Mitarbeitern wieder losging, fasste ich den Entschluss, den ganzen Stress Gott abzugeben. Anstatt noch früher zu kommen, segnete ich im Gebet meine Kunden, meine Mitarbeiter, die neuen Abteilungen in Prag im Allgemeinen sowie meine laufenden Installationen im Speziellen.

Zudem fühlte ich mich immer wieder mal geführt, dem Teufel zu verbieten, mich zu ärgern. Und wirklich, die Problemflut ebbte innert kürzester Zeit fast komplett ab.

Es war aber schon wieder Ende Jahr, und durch das viele Problemlösen war ich kaum zum Verkaufen gekommen. Außerdem hatte ich viele gute Leads an meine Account Manager weitergegeben und ihnen geholfen, ihre Deals abzuschließen, denn ich wurde ja auch an *ihrem* Erfolg gemessen. So sah ich selbst zahlenmäßig eher schwach aus. Aber wieder schneite es uns in den letzten zwei Monaten viele Bestellungen rein, so dass wir die gesetzten Ziele übertrafen und die Chefs hätten happy sein müssen.

Nach fast drei Jahren harter Arbeit war es mir gelungen, das Zürcher Büro auf Kurs zu bringen, alle Altlasten von vor meiner Zeit zu bereinigen, ein schlagkräftiges Team aufzubauen und trotz aller Probleme die Umsatzziele jedes Jahr noch zu übertreffen.

Trotzdem war ich plötzlich mit einem Typen unter mir und einem Typen über mir konfrontiert, die mir beide ins Gesicht schworen, dass sie meine größten Fans seien, ich aber wissen müsse, dass der andere hinter meinem Rücken scharf gegen mich schieße.

Während mich der Boss kaltließ, brach mir der andere das Herz. Ich war schockiert, dass sich jemand, für den ich so viel getan hatte, den ich als Freund empfand und der in meinem Haus ein und aus ging, als Judas entpuppte. Zudem wurden im Konzern die Führungsstrukturen verflacht, und alle Mitarbeiter in Zürich sollten in Zukunft direkt nach Genf rapportieren. Ich sollte sozusagen als Chefrepräsentant des Zürcher Büros meinen Direktorentitel behalten und konnte auch auf der Gehaltsstufe des Direktors bleiben. Nur *führen* sollte ich niemanden mehr. Es hieß, ich solle mich einfach auf meine Kunden fokussieren und ab und zu bei Events als Zürcher Chef auftreten.

Auf der einen Seite waren das eigentlich gute Nachrichten. Denn das bedeutete, dass ich mit weniger Arbeit noch mehr Geld verdiente. Ohne die Führungsaufgaben hatte ich nur noch halb so viel zu tun, respektive doppelt so viel Zeit, um mehr Aufträge und Umsätze reinzuholen.

Auf der anderen Seite fühlte ich mich gekränkt, gedemütigt, verraten und betrogen. Es war fast unerträglich, derart angeschleimt zu werden, während ich doch wusste, dass hinter meinem Rücken Gift und Galle gespuckt wurde.

Ich fing an, mich nach einem neuen Job umzuschauen. Doch wenn ich mit Claude oder mit Markus darüber betete, kam immer die Antwort, dass ich dortbleiben solle. Ich hätte dort noch einiges zu lernen. Aber Gott sagte immerhin auch, dass er mich dort segnen werde.

Ich spürte, dass ich in einem tieferen Ausmaß lernen sollte, auch dann zu vergeben, wenn es wehtat. Bei gewissen Leuten in der Hauskirche oder in Situationen wie der mit dem Techniker fiel mir das ziemlich leicht, weil es mich nicht wirklich persönlich traf. Ich hatte keine tiefere Beziehung mit denen und sah mich irgendwie über ihnen. Wenn sie dann gegen mich zickten, kratzte mich das nicht, und ich konnte cool den Heiligen mimen, der großzügig darüber hinwegsah. Es brauchte offenbar diese neue Situation, damit Gott mir zeigen konnte, wie viel von seiner Liebe in mir durch fromm getarnte Arroganz korrumpiert war.

Jesus wusste, dass Judas sein Geld veruntreute und ihn verraten würde, doch er behielt ihn trotzdem im Team. Selbst als sie ihn ans Kreuz nagelten, meinte er dazu: *«Vater vergib ihnen, denn sie wissen nicht, was sie tun.»*[40]

Ich wusste, dass Gott selbst es war, der die Situation so geführt hatte, dass ich – trotz belegbarer Topleistung – infolge von Verleumdungen als Chef des Zürcher Büros abserviert wurde. Denn sonst hätte ich kaum gesehen, wie viel Stolz und Eitelkeit immer noch in meinem Herzen zu finden waren.

Schließlich hätte es mich ja überhaupt nicht zu stören brauchen. Denn ich wollte ja etwas weniger arbeiten und mehr Zeit für die Familie und für geistliche Themen haben.

Mein Kopf sagte mir, dass ich eigentlich allen Grund hatte, Gott dankbar zu sein, dass es so gekommen war. Doch mein Herz war gar nicht einverstanden. Es war tief verletzt von meinem Judas im Büro, und es kostete mich eine Weile lang viel Überwindung, es ihm nicht heimzuzahlen, sondern ihn zu segnen. Ich kriegte einige Gelegenheiten, ihn in die Pfanne zu hauen, wenn sich seine Kunden bei mir über ihn beklagten oder andere mich auf Fehler von ihm aufmerksam machten. Doch jedes Mal spürte ich, wie Gott mir sagte:

---

[40] Lukas 23,34 (Lutherbibel 1984)

«Maul halten, Vlad.»

Was mir sogar gelang.

Also, meistens wenigstens.

42. Zusammenbruch oder Durchbruch?

Mein verletzter Stolz raubte mir jede weitere Motivation für den Job. Und auf die Hauskirche hatte ich auch keinen Bock mehr.

Irgendwie fehlte mir die Geduld mit den Leuten. Ich wusste zwar, dass die meisten von ihnen gerade erst angefangen hatten, im Glauben zu laufen, und Gott an mir ja nun auch schon gut zwanzig Jahre lang gearbeitet hatte, bis ich für seinen Dienst wenigstens einigermaßen brauchbar war. Doch ich hatte das egozentrische, besserwisserische, sture und kritiksüchtige Getue ziemlich satt. Obwohl mir klar war, dass ich ja auch nicht besser gestartet war.

Im Gegenteil.

Dann kam wieder mal einer dieser Tage, in denen ich frustriert war, dass ich es trotz aller Bemühungen immer noch nicht geschafft hatte, mit dem Rauchen aufzuhören. Es war nun schon ein jahrelanger Kampf.

Kurz zuvor hatten sie in Zürich das Rauchen in Lokalen verboten, und so stand ich an einem kalten Februarmorgen vor dem Café gegenüber meinem Büro und schlotterte in der Kälte. Ich kam mir so blöd vor, dort zu frieren und zu stinken, obwohl ich die Qualmerei schon lange loswerden wollte. Es nervte mich, dass sogar ein paar Extra-Sitzungen explizit nur zu diesem Thema nichts genützt hatten.

Auf dem Weg zurück ins Büro betete ich:

«Herr, ich habe die Schnauze voll. Du siehst, ich bin nicht fähig, damit aufzuhören. Seit Jahren kämpfe ich dagegen, und nichts hat was genützt. Ich brauche jetzt einfach wieder mal ein Bonus-Wunder. So ein richtiges und plötzliches.»

Während das Loswerden aller möglichen Probleme, Süchte und Gebundenheiten Teil des Heiligungsprozesses ist, der unser ganzes

Leben dauert, kann Gott zwischendurch auch so wirken, dass es schlagartig geht. Über Mittag traf ich Hans Keller von der «Heilbar» in Brugg. Eine wirklich spezielle Bar, in der Leute Gebet um Heilung angeboten wird. Wir aßen zusammen und tauschten aus, wie es uns so geht.

Da sagte Hans plötzlich:

«Du, ich habe ganz fest den Eindruck, dass Gott dich heute vom Rauchen befreien will.»

Er legte mir die Hand auf und betete. Es scheint so, dass Hans Gott wirklich hört, denn seither hatte ich nie mehr Lust zu rauchen. Es war einfach plötzlich weg. Wie wenn man einen Schalter von «Raucher» zu «Nichtraucher» gekippt hätte.

Die Bibel sagt, dass Gott uns läutert wie Gold. Gold wird sehr heiß aufgekocht, bis die Schlacke oben blubbert, die man dann entfernt. Dies geschieht sieben Mal, und mit jedem Durchgang kommt feinere Schlacke an die Oberfläche, und das Gold wird immer reiner. So bringt Gott uns immer wieder in Situationen, wo er uns Feuer unter dem Hintern macht, damit die tieferen Motive und die unreinen Haltungen unseres Herzens an die Oberfläche kommen. Wenn diese dann ans Kreuz gebracht werden, gelangen wir auf ein neues Level von Frieden, Freude und Vertrauen.

Doch solange du noch im Schmelzofen bist, ist das sehr unangenehm. Und wenn du draußen bist, kannst du darauf wetten, dass bald der nächste Durchgang kommt.

Ich spüre zum Beispiel, dass demnächst wohl meine immer noch viel zu vulgäre Ausdrucksweise drankommt, die ich ohne Zweifel von meinem Großvater geerbt und viel zu lange gepflegt habe. Doch alles zu seiner Zeit. Vielleicht möchte Gott mich vorher noch von etwas anderem befreien, das ihm dringlicher erscheint und das ich selbst noch nicht einmal bemerkt habe.

Zurück zum Büro: Ich mochte nicht mehr in diesem Laden arbeiten. Ich reagierte zwar auf E-Mails und Telefonate und betreute meine Kunden immer noch mit demselben Elan, aber die viele Extrazeit, die ich jetzt hatte, konnte ich nicht nutzen, um Neues anzureißen. Ich saß wie gelähmt herum, las viel Zeitung, ging oft essen mit den Kunden, machte ausgedehnte Kaffeepausen, kam später ins Büro, machte länger Mittag und ging dafür früher nach Hause.

Es wurde so übel, dass ich mich sogar krankschreiben ließ und mal für zwei Wochen in so ein Burnout-Kur-Resort in den Bergen fuhr.

Die Hauskirche gab ich auch auf.

Das Kur-Resort war ein christlich geführter Laden, und die Leiterin schien eine starke prophetische Gabe zu haben. Sie teilte mir nach einem Gebet mit, wie viele Verletzungen sie in meiner Seele gesehen hatte, die schon in meiner frühen Kindheit angefangen hatten zu wuchern. Sie lösten dort schon die ersten Depressionen aus und kulminierten in den später festgefahrenen Verhaltensmustern.

Ich merkte bald, dass ich nicht wirklich ein Burnout hatte, und schaute, dass ich mich häufiger mit Markus treffen konnte, um die Dinge, die sie im Geist sah, so anzugehen, wie ich es gelernt hatte. Ich musste einfach an diesem Heiligungsprozess dranbleiben, und zwar so, wie Paulus sagt:

«Jagt dem Frieden nach mit jedermann ***und der Heiligung, ohne die niemand den Herrn sehen wird.****»*[41]

Hört sich deutlich nach einer Aufforderung an, unsere Prioritäten zu prüfen.

Claude war derweil mit den Lehrvideos für seinen Internetkurs fertig. Es meldeten sich Leute aus den erstaunlichsten Ländern für seinen Kurs an. Aus Pakistan, Kenia, Saudi-Arabien, Indien, Vietnam, Bhutan und vielen anderen Orten, wo Christen verfolgt werden. Man hört immer wieder mal von Muslimen, die in Gegenden, in denen Christen den Mund nicht auftun dürfen, eine direkte Begegnung mit Jesus hatten, etwa nachts im Traum, und dann niemanden finden, mit dem sie Gemeinschaft haben könnten. Solche Menschen suchen vor allem über das Internet Kontakt zu Leuten, die sie coachen oder mit ihnen beten.

---

[41] Hebräer 12,14 (Lutherbibel 1984, Hervorhebung durch den Autor)

Claudes neuer internationaler Dienst, der ihm schon zehn Jahre zuvor prophezeit worden war, begann sich zu entwickeln. Und Gott sagte ihm, dass er diesen Dienst nun nicht mehr vom Genfersee, sondern von Amerika aus leiten solle.

Inzwischen war ich es gewohnt, dass Claude einfach tut, was er im Gebet hört, und diskutierte nicht mehr mit ihm darüber. Die Entscheidung, nach Amerika zu gehen, wurde ihm auch durch die Tatsache erleichtert, dass es mit Locke und anderen, die seinen Dienst großzügig unterstützten, schwierig wurde.

Genau so schnell, wie einige aus der tiefsten Krise heraus dank Gottes Hilfe innert kürzester Zeit von Erfolg zu Erfolg abhoben, so schnell ging auch alles wieder in die Hosen, als sie deswegen überheblich wurden und nicht mehr auf Gott hörten. Locke machte mir diesbezüglich besonders Sorgen, da er zunehmend begann, Claude anzugreifen.

Claude war zwar sehr verletzt und erlitt großen Schaden durch Lockes ständige Angriffe und Verleumdungen. Ich war aber beeindruckt, wie er sich jederzeit korrekt verhielt und nicht zurückschlug, sondern mit seinen Verletzungen zu Gott ging. Immer wieder nahm er Anlauf zur Versöhnung, doch schon bald kam wieder der nächste Angriff.

In der Zwischenzeit war auch ich so weit befreit und geheilt, dass ich bei solchen Enttäuschungen, wie ich sie gerade in meinem Büro und in meiner Hauskirche erlebte, Bitterkeit und Verachtung ablegen konnte, ähnlich wie Claude. Deshalb nehme ich es den Leuten auch nicht mehr übel. Vielmehr machen sie mir Sorgen, und ich bete für sie.

Es ist immer wieder tragisch zu beobachten, wie bei gewissen Leuten Freundschaft in Hass und Verachtung umschlägt, wenn sie die erwartete Anerkennung oder Kontrolle nicht bekommen. Dann pfeifen sie auf Nächstenliebe und Vergebung. Mit Entsetzen musste ich beobachten, wie Leute, die sich Christen nennen, plötzlich darauf aus sein können, eine Person, der sie vorher noch vieles zu verdanken hatten, wie einen Feind zu behandeln und ihr zu schaden, wo sie nur können.

Ich staune immer wieder, in welche Lügen sich Leute verstricken und wie sehr sie die eigenen Fehler auf das Gegenüber projizieren. Unfassbar, mit welchen Manipulationen und Selbsttäuschungen sie sogar fromme Rechtfertigungen konstruieren können für ihr regelrecht dämonisch gesteuertes Verhalten.

Doch wenn sie eben die eigene Seite des Problems nicht anschauen wollen und – statt der eigenen Heiligung nachzujagen – diese Heiligung immer nur vom anderen fordern, dann kommt eine Verblendung über sie, die zum Fürchten ist. Dann kannst du ihnen erzählen, was du willst, und sie an noch so viele Bibelzitate erinnern, wie zum Beispiel: *«Wenn jemand spricht: Ich liebe Gott, und hasst seinen Bruder, der ist ein Lügner»*[42] – es nützt dann leider wenig.

Nachdem Gabi und ich die Hauskirche aufgegeben hatten, schauten wir uns nach einer neuen Kirche oder Gemeinde um. Eigentlich hatte ich keinen Bock auf eine neue Gemeinde. Ich sah weit und breit keine, in der ich auch nur annähernd dieselbe Kraft spürte, wie ich sie in den Erweckungsgebieten oder bei Remar gespürt hatte.

Gott musste mich daran erinnern, dass er nicht will, dass wir als Solo-Christen unterwegs sind, sondern dass wir als Teil seines Leibes zu ebendiesem Leib gehören und mit anderen zusammen unterwegs sein sollen. Er erinnerte mich auch daran, dass es keine perfekte Gemeinde gibt, solange keine perfekten Menschen dort drin sind.

Wir sind nicht seine Kinder, weil wir etwas Besseres sind als all die anderen, sondern obwohl wir es ganz offensichtlich *nicht* sind.

Deshalb schauten wir im Zürcher Unterland mal hier und mal dort rein, bis Gott mir zeigte, dass es nicht darum geht, einen Klub zu suchen, der uns gefällt. Mehrmals musste Gott uns sagen, dass wir in die Gemeinde bei uns gleich um die Ecke gehen sollten. Auf genau diese hatte ich nämlich keine Lust. Ich hatte sie als ziemlich

---

[42] 1. Johannes 4,20 (Lutherbibel 1984)

konservativ in Erinnerung. Auch als nicht besonders offen für das Wirken des Heiligen Geistes.

Doch offenbar war es Gott wichtig, dass wir dort gewissen Leuten begegnen und eine Weile lang mit ihnen einen gemeinsamen Weg gehen. Wenn wir zu seiner Familie gehören, dann sind die anderen Mitglieder seiner Familie unsere Geschwister, die man sich nun mal nicht aussuchen kann. In die Familie wird man hineingeboren, und mit den Geschwistern muss man lernen klarzukommen und sie ebenso zu lieben, wie sie der Vater liebt. Die Probleme, die wir mit ihnen haben, dienen unserer Läuterung und zeigen uns, wie viel von der Liebe Gottes in uns schon wirksam ist – oder eben nicht.

Schnell war wieder ein Jahr um, und im Büro war ich wegen meiner Krise über ein Drittel hinter den Zielvorgaben zurück. Gott sagte zwar, dass er mich in dem Laden segnen werde, doch er schien wieder mal mein Vertrauen zu testen.

Und tatsächlich überfielen mich wieder Existenz- und Versagensängste. Ich mobilisierte ein paar Freunde, damit sie für mich beteten. Denn ich war schon so nervös, dass mir der Glaube fehlte, es noch schaffen zu können. Damit Wunder passieren, muss man aber schon glauben, dass Gott erhört. Wenn man selber zu schwach ist dazu, dann hilft es, wenn man Freunde hat, die für einen beten und glauben.

Buchstäblich in der allerletzten Woche zwischen Weihnachten und Neujahr, wo normalerweise nichts mehr läuft, schneite es mir noch ein paar fette Bestellungen rein, so dass ich nicht nur die Ziele übertraf, sondern auch noch auf der Liste der Top-Performer landete.

Auf Anfang Januar hatte sich der Boss von meinem Chef aus Paris angekündigt, um mit mir zu sprechen. Als er im Dezember die Reise plante, hatte er nicht mehr damit gerechnet, dass ich die Zahlen noch schaffen würde, und fragte sich, ob er mich feuern müsse. Dies wurde ihm wohl auch von dem intriganten Vorgesetzten in Genf nahegelegt.

Nun saßen wir stattdessen im «Costa Brava», einem meiner Lieblingsrestaurants, wo wir beim besten Rahmschnitzel von Zürich meine Performance feierten. Während des Essens fragte er:

«Vladimir, wie ist es dir letztes Jahr mit der neuen Situation ergangen? Und wie sieht deine Pipeline für dieses Jahr aus?»

«Nun, Chefe, ich habe eine strikte ‹No Bullshit›-Policy, und die wende ich auch bei dir an. Du weißt, ich war mit dieser Reorganisation in Zürich nicht einverstanden, und es ging mir richtig beschissen mit gewissen Heuchlern und Intriganten um mich herum. Wenn du also wissen willst, wie ich die Zahlen in der allerletzten Woche noch reingebracht habe, dann war das wirklich ein Wunder. Wie ich dieses Jahr die Zahlen reinholen werde? Ganz einfach, ich brauche wieder ein Wunder – und nach meiner Pipeline fragst du mich besser nicht.»

Da er schon einige meiner übernatürlichen Erfahrungen kannte, lachte er nur und war neugierig, was demnächst passieren würde.

43. Der Geschmack der Freiheit

Wenn in der darauf folgenden Zeit der Druck besonders groß war und ich wieder von giftigem Tratsch hinter meinem Rücken hörte, betete ich sehr oft den Psalm 23: *«Der Herr ist mein Hirte, mir wird nichts mangeln.»* Vor allem fokussierte ich mich auf den späteren Satz: *«Du bereitest vor mir einen Tisch im Angesicht meiner Feinde.»*

Ja, egal, wie viel der Chef in Genf noch intrigierte, egal, wer in Zürich dessen Spiele mitspielte, egal, was der Boss in Paris alles wollte, und egal, was der Teufel sonst noch versuchte, Gott segnete mich und bereitete mir den Tisch im Angesicht meiner Feinde. Und dies wirklich äußerst großzügig, trotz stark reduzierter Leistungsfähigkeit meinerseits.

Denn obwohl die letzte Depression endgültig überstanden war und seither nicht wiederkam, hatte ich irgendwie immer noch keine Lust mehr, in diesem Laden zu arbeiten. Doch jedes Mal, wenn ich darüber betete, sagte mir Gott, dass meine Zeit dort noch nicht abgelaufen sei. Ich solle lernen, auch dort in einer ihm dienenden Haltung meinen Job zu erfüllen.

Es war in diesem Fall nicht besonders schwer zu glauben, dass es wirklich Gott war, der hier zu mir sprach, denn: Die Antwort passte mir nicht!

Wenn mir eine Antwort zu sehr passt, ist mir das verdächtig. Denn ich weiß, dass die eigenen Gefühle und vorgefassten Meinungen die Stimme Gottes leicht übertönen können. Vor allem, wenn man in der Frage emotional involviert ist oder starke Treiber wie Finanzen, Beziehungen oder Sicherheiten damit verbunden sind. Da kann man sich schnell in etwas hineinsteigern und behaupten, Gott hätte dies oder jenes gesagt.

Für andere Leute höre ich am besten. Denn dort betrifft es mich selber nicht, und ich habe für die Antworten keinerlei eigene Interessen mit im Fokus.

Ich erhalte immer wieder begeisterte Feedbacks von Leuten, für die ich hörend gebetet habe. Wenn es aber um mich selber geht, gebe ich die Frage wenn möglich zwei, drei Leuten, denen ich vertrauen kann, dass sie erstens Gottes Stimme hören und zweitens nur den Gebetseindruck und nicht ihre persönliche Meinung weitergeben; Leuten also, die Eingebung und Meinung sauber unterscheiden können.

Paulus fordert uns ja auf, dass wir prophetische Worte immer von zwei oder drei Zeugen bestätigen lassen. Es ist immer wieder erstaunlich, wie Gott in der Kombination der Antworten, die man erhält, ein klares Bild gibt und du auf diese Weise genau spürst, welches der richtige Weg ist. Auch dann, wenn dir dieser Weg nicht passt.

Die wichtigste Bestätigung dafür, dass du wirklich in seinem Willen unterwegs bist, ist der Friede, der dich begleitet, sobald du tust, was du glaubst, von Gott empfangen zu haben. Wenn nach der Entscheidung kein innerer Friede da ist oder die Antworten keine Einheit ergeben, dann musst du vermutlich nochmals über die Bücher.

Doch am Anfang machte ich auch Fehler beim Hören für andere. Zum Beispiel fragte mich ein Bekannter, ob ich in seinen Start-up investieren wolle. Da er auch gläubig ist, sagte ich ihm, dass ich darüber beten und ihm meine Eindrücke mitteilen werde.

Ich fragte Gott also, was er zu dieser Geschichte meint, und es kamen mir die Worte «Lüge» und «Manipulation».

Bei unserer nächsten Begegnung versuchte ich ihn sanft darauf hinzuweisen, dass Gott ihm ausrichten lässt, dass in seinem Leben keinerlei Lügen und Manipulationen irgendwelcher Art mehr sein dürfen. Andernfalls hätte der Teufel offene Türen, um ihm die Sache zu ruinieren.

Bei unserem nächsten Telefonat meinte er: «Weißt du, Vlad, ich hatte zwei schlaflose Nächte und habe mich rauf und runter geprüft, ob ich noch irgendwas zu bereinigen habe oder auch nur im Kleinsten mit Lügen oder Manipulationen agiere. Doch ich fand nichts. Ich finde es ungeheuerlich, dass du im Namen Gottes solchen Stuss rauslässt und dich für einen Propheten hältst!»

Er war offensichtlich ziemlich angepisst, und ich war perplex.

Ich musste Gott fragen, was hier schiefgelaufen war.

«Vater, was ist passiert? Kamen die Worte ‹Lüge› und ‹Manipulation› nicht von dir?»

«Doch, aber ich meinte nicht ihn als Täter, sondern als Opfer von Lüge und Manipulation.»

Au Backe. Kein Wunder, hatte er so reagiert. Er würde mich wohl nie mehr ernst nehmen können. Wie peinlich. Aber ich hatte immerhin eine wichtige Lektion gelernt.

Man muss wirklich zuerst zur Ruhe kommen, wenn man Gottes Stimme hören will. Dann muss man jeweils aufpassen, die Worte und Bilder, die kommen, nicht selber interpretieren zu wollen. Nachhaken und fragen, wie es gemeint ist oder was sonst noch zu sagen ist, wäre eher angebracht. Und wenn nichts mehr kommt, dann sollten einfach nur kurz und bündig die empfangenen Worte oder Bilder weitergegeben werden – ohne eigene Interpretationen.

So habe ich später immer wieder erlebt, dass ich die schrägsten Bilder und eigenartigsten Worte aussprechen konnte – und beim Empfänger machte es Klingeling, und er wusste ganz genau, was

Gott ihm sagen wollte. Oft verstand ich es selber nicht und staunte, wenn jemand dann begeistert war, wie Gott zu ihm gesprochen hat.

Es brauchte noch etwas Übung, aber dieser Dienst entwickelte sich.

Zurück im Büro, beklagte ich mich bei Gott, dass meine Motivation und damit auch meine Leistungsfähigkeit immer noch im Keller waren. Aber er ließ mich spüren, dass ich mir über meine momentane Leistungsfähigkeit keine Sorgen machen solle. Vielmehr sollte ich zu meiner Schwachheit stehen. Schließlich hatte ich schon bei Remar gelernt, dass Gott sich gerade in unserer Schwachheit gerne als mächtig erweist. Wenn wir selber alles im Griff haben, brauchen wir ihn ja nicht wirklich. Schnell beansprucht man dann die Ehre des Erfolgs für sich selbst und vergisst, wem man das Gute zu verdanken hat.

Gewisse zeitliche Freiräume durfte ich nun nutzen, um anderen zu dienen. Wenn mir etwa beim Mittagessen jemand von einem Problem erzählte, bot ich an, für die Person zu beten. Da war zum Beispiel ein Freund, der sich selbständig machte und finanziell extrem unter Druck stand. Ich erzählte ihm von meinen Erfahrungen und sagte ihm, dass Gott gerne auch für ihn da wäre und mit ihm eine Beziehung haben möchte. Beim Abschied bot ich ihm ein Gebet an. Ich bat Gott um einen Bonus für ihn als Zeichen seiner Zuneigung – und um meinen Freund spüren zu lassen, dass dieser Gott real und lebendig ist und Unmögliches möglich machen kann.

Ein paar Tage später rief mich der Freund an und erzählte mir völlig begeistert, dass es ihm aus einem alten Geschäft, von dem er es nie erwartet hätte, plötzlich sechzig Riesen reingeschneit habe. Er war begeistert und ganz sicher, dass dies vom Umfang und Timing her mit meinem Gebet zu tun haben musste.

Ich hoffte, dass er das Geschenk und die Zeichen Gottes nicht wie so viele andere, die ich erlebt hatte, nur annahm, um ihn dann gleich wieder links liegen zu lassen. Immer wieder stellte ich fest, dass gewisse Leute die Heilung oder die wundersame Lösung ihres Problems sehr gern annehmen, sich dann aber wieder mit lauwarmer Religiosität zufriedengeben, anstatt am Heiligungsprozess dranzubleiben und ihre Prioritäten neu auf Gott auszurichten.

Manche geben dem Egotrip noch einen frommen Anstrich und zeigen gerne mit den Fingern auf all jene, die noch mit ihren Problemen kämpfen. In ihrer Selbsttäuschung interpretieren sie dann Erfolg und Wohlstand als Zeichen von Gottes Wohlwollen, weil sie so gut seien. Als ob nicht Heerscharen von Ungläubigen und oft ganz miesen Stinkern auch Erfolg hätten.

Umgekehrt deuten sie Misserfolg dann aber nicht als Folge ihrer verkehrten Haltungen, sondern als Glaubensprüfung, und proklamieren, dass jeden Moment der Durchbruch kommen muss.

Dabei sagt das Wort Gottes nicht, dass wir die Seinen an ihren äußeren Umständen, ihrem Status und Besitz erkennen werden, sondern an ihren Früchten. Die Früchte des Geistes Gottes sind Liebe, Freude, Friede, Geduld, Freundlichkeit, Güte, Treue, Sanftmut und Selbstbeherrschung. Und zwar mit oder ohne materiellen Erfolg.

Wenn ich also bei Leuten sehe, dass sie ständig über jemanden lästern müssen, dauernd Probleme mit irgendwem haben, eine Beziehung nach der anderen zerbricht und sie sich von niemandem etwas sagen lassen, dann beeindrucken mich ihre fromme Selbstdarstellung oder ihr Wohlstand wenig bis gar nicht.

Bald gab es in Paris einen neuen Boss, der wieder über die Schweizer Organisation gesetzt wurde. Bei den ersten Besuchen in Genf und Zürich checkte der Neue erst mal die Situation ab und interviewte uns alle ausführlich. Es kostete mich etwas Überwindung, ihm dabei nur von meinen aktuellen Deals zu berichten und sonst nichts zu erwähnen. Aber Jesus ließ mich über niemanden ein schlechtes Wort sagen.

Kaum war der Boss in seinen Flieger nach Paris gestiegen, rief mich mein Chef aus Genf an:

«Hey, Vlad, wie findest du den Neuen?»

«Weiß nicht. Scheint okay zu sein. Wir werden sehen.»

«Ich hasse den Typen. Er ist ein Pedant und ein Diktator. Weißt du, was er mich gleich gefragt hat? Ob wir dich nicht feuern und durch einen Billigeren ersetzen sollten! Stell dir das vor. So ein Penner. Natürlich habe ich ihm gesagt, dass das nicht in Frage kommt. Du bist der Beste, mit dem ich je zusammengearbeitet habe. Er hat dann gemeint, er überlege sich das Ganze. Nimm dich bloß in Acht vor dem.»

«Ach, Chef, was auch immer. Ich habe gelernt, dass Gott mit mir ist, egal, welcher Chef welche Spielchen treibt. Ob ich diesen Job habe oder einen anderen, viel oder wenig verdiene: Hauptsache, ich erlebe weiter seine Gegenwart. Dann ist alles andere irrelevant.»

«Ja, ja, schon gut. Du und dein Gott. Wir werden ja sehen.»

Ja, und so sahen wir dann tatsächlich. Denn später erzählte mir der neue Boss, dass es genau umgekehrt war. Mein Chef habe ihm empfohlen, als Allererstes mich zu feuern und einen günstigeren Mitarbeiter einzustellen. Dies erzählte er mir, nachdem er nicht mich, sondern den Genfer Chef gefeuert hatte. Und das an meinem Geburtstag. Er wusste zwar nicht, dass es mein Geburtstag war, als er ihn feuerte, doch Davids Psalmworte erinnerten mich daran, dass es ein nettes Geburtstagsgeschenk von meinem Vater im Himmel gewesen sein muss:

«Er wird mir vom Himmel Rettung senden, wird den zum Hohn machen, der gegen mich wütet. (Sela.) Gott wird seine Gnade und Wahrheit senden … Sie haben eine Grube gegraben vor mir – und sie sind selbst hineingefallen!»[43]

Von da an lief alles mit Leichtigkeit und ohne Stress. Endlich wusste ich nicht nur theoretisch im Kopf, dass jedes Problem, das aufkam, mir zum Besten dienen musste, sondern spürte es auch im Herzen.

Meist löste sich ein Problem nach einem Gebet wieder von alleine, und ich behielt meinen Frieden. Wenn ich dann in gewissen Situationen doch wieder den Frieden verlor und irgendeine Bedrückung, Sorge oder Angst länger als ein paar Minuten andauerte,

[43] Psalm 57,4.7 (Schlachter 2000)

dann wusste ich: Gott ließ das Problem zu, damit ich merkte, wie sich in mir drin noch weitere Treiber, Verletzungen, Lügen oder Sünden bemerkbar machten, durch die ich in einer solchen Situation beeinflusst werden konnte.

Dann war es eben wieder dran, mir vom Heiligen Geist aufzeigen zu lassen, was sich da meldet und es ans Kreuz zu bringen. Und schon war der Frieden zurück, und ich hatte wieder etwas gelernt. Meist löste sich dann auch das Problem sehr bald auf.

Meine Depressionen und Ängste waren endgültig überwunden. Ich werde Gott nie genug danken können für diese Veränderung, die er in meiner Seele geschaffen hat. Jetzt, wo es so weit ist, spielt es auch gar keine Rolle mehr, dass es über zwanzig Jahre gedauert hat, bis dieser übermächtige Feind in mir besiegt war.

Die Tatsache, dass die ersten Jahre meines Glaubenslebens eine reine Katastrophe mit ständigen Rückfällen und Niederlagen waren, fällt überhaupt nicht mehr ins Gewicht. Alle Schmerzen und Tränen der Vergangenheit sind im Vergleich zur jetzigen Freude, der tiefen Gewissheit seiner Gegenwart und der Erwartung der Wiederherstellung alles Guten in Ewigkeit nicht mehr wichtig. Die Probleme waren sozusagen Teil meiner geistlichen Erziehung und Läuterung. Die damit einhergehenden Verletzungen sind geheilt.

Auch die blutrünstigen Träume sind verschwunden, und so manche kranke Zwangsgedanken ebenfalls. In Fantasiewelten drifte ich nur noch ab, wenn ich unter Druck bin oder mich aus Gottes Gegenwart entferne. Doch auch die verbliebenen Fantasietrips sind nicht mehr so blutrünstig wie früher, und ich bin zuversichtlich, dass ich auch dieses Fluchtmuster bald ganz überwinden werde.

Ich fühlte mich endlich einigermaßen bei Gott angekommen. Langsam spürten das auch Leute in meinem Umfeld. Personen, die mich früher nicht ernst nehmen konnten, kamen plötzlich aus der Versenkung und fingen an, mich um Rat zu fragen.

Außerdem fiel es mir immer leichter, mit Menschen über den Glauben zu reden. Es war nicht mehr das krampfhafte Überzeugen- und Argumentieren-Müssen. Endlich konnte ich Jesus einfach in meinem Leben glaubwürdig bezeugen, und ich merkte, dass das Zeugnis und der gelebte Glaube eine viel größere Kraft haben als jedes Argumentieren. Denn Gottes spürbare Kraft und seine Liebe sind genauso unwiderstehlich, wie moralisierendes und rechthaberisches Geschwätz abstoßend ist.

44. Organisation oder Organismus?

Immer wieder kam mir in den Sinn, wie die erste christliche Gemeinschaft in Jerusalem funktionierte. Zu Tausenden bekehrten sie sich da zu Jesus, trotz aller Verfolgung, Diskriminierung und jederzeit drohendem Totschlag. Wir lesen, dass es täglich Versammlungen gab in den Häusern. Und dass man beim Essen und im Gebet ständig beisammen war.

Ich nehme an, dass man dort viel intensiver und öfter als heute Zeit miteinander verbrachte. Schließlich konnte man sich nicht vor die Glotze hocken, war nicht dauernd online, wurde nicht ständig vom Radio berieselt, hatte kaum etwas zu lesen, und es gab auch nicht jeden Tag irgendein Konzert. Auch keine Partys und Raves, kein Kino, kein Theater und auch keine sonstigen Events.

Dazu kommt, dass wir mit den häufigeren Wohnort- und Arbeitsplatz-Wechseln, kombiniert mit der viel größeren Mobilität, dem Handy, dem Internet und Social Media, geradezu eine Explosion der Anzahl Beziehungen erleben. Wir sind in der Zwischenzeit mit so vielen Leuten vernetzt, dass dies zwangsläufig zu mehr Oberflächlichkeit und Unverbindlichkeit in den Beziehungen führt.

Doch Beziehungen werden tiefer, echter, verbindlicher und fruchtbarer, je mehr Zeit man miteinander verbringt. Sie hatten damals keine großen Kirchen oder Gemeindehäuser. Wäre es anders gewesen, hätte man schnell alle verhaften können. Die Leiter hatten auch keine Mittel, um große Massen von Leuten ständig mit ihren Programmen zu beglücken. Stattdessen war die Gemeinschaft eher wie eine Familie: kleine Gruppen von Leuten, die gemeinsam in Christus wachsen und vom Heiligen Geist geleitet werden wollten. Da konnte niemand in der Anonymität der Masse verschwinden.

Durch das Teilen des Alltags ergeben sich die nötigen Reibereien und Probleme, die in der Folge Charakterschwächen, Verletzungen, Sünden und Flüche ans Licht bringen. Das kann zwar unangenehm sein, doch wird man viel schneller darauf angesprochen und kann miteinander das Problem im Gebet ablegen. So trennt sich auch die Spreu einiges schneller vom Weizen.

Jene, die sich eben doch nicht von Gott verändern lassen wollen, distanzieren sich bald wieder. Manche Unbelehrbare, die es gar zu bunt trieben, wurden damals sogar aus der Gemeinschaft rausgeschmissen. Doch die, die ihre Beziehung mit Gott und der Gemeinschaft vertieften und sich eben auch korrigieren ließen, wurden immer kraftvoller. Je intensiver sie sich ihrem persönlichen Heiligungsprozess hingaben, desto schneller wuchsen die Früchte des Heiligen Geistes in ihrem Leben. Sie ließen sich in ihrem Denken und Handeln zunehmend von den Gaben des Heiligen Geistes inspirieren und erlebten das übernatürliche Wirken Gottes, so dass ihr Glaube bald so ansteckend wurde wie Corona.

Heute kann man am Sonntag ein gottesdienstliches Programm konsumieren und den Rest der Woche mit niemandem aus der Gemeinde etwas zu tun haben. Du montierst am Sonntag das Halleluja-Gesicht, und niemand weiß, wie du wirklich tickst und drauf bist, noch hast du Anteil am Leben der andern.

Bei vielen Gemeinden gibt es noch einmal die Woche Hauskreis – was einigen schon zu viel ist, und man kommt nur jede zweite oder dritte Woche.

Leider ist bei vielen Gemeinden auch im Hauskreis ein Programm angesagt, wo von der Zentrale schon fast das ganze Jahr im Voraus festgelegt ist, worüber diskutiert und was mit welchen Bibelstellen gelehrt werden soll. So gibt's dann auch kaum noch Raum für Persönliches.

Heute sind Profis zuständig für den ganzen Haufen, und je größer der Haufen, desto mehr Ansehen hat der Profi und kommt manchmal zu geradezu obszönem Reichtum.

Oft hatte der Profi mal wirklich ein Erweckungserlebnis mit Gott und zog deshalb in der Kraft des Heiligen Geistes Massen von Leuten an. Doch dann passierte es leider öfters, dass so einer stolz wurde oder alles unter Kontrolle haben wollte, indem er seine Erfahrung zur ultimativen Methode machte und drumherum eine Organisation mit entsprechendem Programm und straffer Führung baute.

Dies führte dann nicht selten zu schrägen Sonderlehren und sonstigen Auswüchsen, aufgrund derer sich der Heilige Geist dann wieder zurückzog und stattdessen andere – weniger heilige – Geister reinkamen. Manche dieser Profis drifteten dann zum Wohlstandsevangelium ab und legten den Fokus des Gemeindelebens auf das Spendensammeln.

Die spirituellen Profis, die abzocken, und die Irrlehrer und falschen Propheten, vor denen uns Jesus warnt, führen leider auch zu einem weiteren Exzess an fruchtlosen Debatten und aufgeblähtem Besserwissertum unter vielen Christen. Andauernd will dich jemand warnen vor irgendeinem Irrlehrer und mit dir darüber diskutieren, ob jetzt dieser oder jener heimlich der Gegenseite dient, obwohl er oder sie keinen von diesen persönlich kennt.

Diese Fragen lenken wunderbar ab von dem, was in unserem eigenen Leben mehr oder weniger gut läuft. Tatsache ist doch: Ich muss nur Lehrer und Propheten beurteilen, denen ich oder meine Freunde zuhören. Alle anderen gehen mich schlicht nichts an.

Was ich so alles über gewisse berühmte «Gottesdiener» höre, macht sie mir auch sehr suspekt, ja. Aber ich habe weder etwas mit denen zu tun, noch kenne ich jemanden, der mit denen irgendwie verbunden ist. Also, wem bringt das etwas, wenn wir beurteilen wollen, ob diese oder jene jetzt nur punktuell daneben liegen, völlige Irrlehrer sind oder einfach mal einen schlechten Tag hatten?

Mir graust immer wieder davor, wie schnell manche Bibelchecker Leuten, die sie noch nie getroffen haben, unterstellen können, heimlich Freimaurer oder sogar Satanisten zu sein, welche die Gemeinden unterwandern wollen. Auch wenn das bei einigen sogar stimmen mag, bleibt der Teufel der Ur-Verleumder.

Woher weiß ich, ob das, was man über diese Leute hört, überhaupt wahr ist? Vielleicht sind unter denen, die man als «falsche Propheten» beschuldigt, auch Diener Gottes, die verleumdet werden. Was weiß jener Kritiker, der dauernd mit dem Finger zeigen will, schon darüber? Was geht es uns an, solange niemand in unserem Umfeld mit einem möglicherweise falschen Hirten zu tun hat?

Wir sollten besser unterscheiden, wo Gottes Aufforderung gilt, die Dinge geistlich zu beurteilen, und auf die Bereiche achten, wo wir eben *nicht* zu richten haben. Mit unserem eigenen Heiligungsprozess, dem Zusammenleben mit den Leuten um uns herum und den Lehrern und Propheten, mit denen wir selber verbunden sind, haben wir doch schon mehr als genug am Hals!

Jesus spricht von seiner Gemeinde als von einem Leib: einem lebendigen Organismus, in dem alle – ihren Gaben und ihrer Reife entsprechend – Verantwortung tragen. Die Leiter sollen geistliche Mütter und Väter sein, die jenen, die ihnen anvertraut sind, alles weitergeben, was sie von Gott empfangen haben, und sie befähigen und ermächtigen, selber geistliche Mütter und Väter zu werden.

Und ja, stimmt: Familie kann halt auch mühsam sein. Aber die Liebe von Jesus hält die geistliche Familie zusammen und bringt sie weiter. Ohne Familie kommt man in der Regel ziemlich schräg raus – oder es wird alles viel schwieriger, komplizierter, einsamer und haltloser.

Ich sehnte mich nach so einer geistlichen Familie, doch sowas fand ich in meiner Umgebung nicht. Eine solche Familie funktioniert meines Erachtens nur in kleinen, verbindlichen Lebensgemeinschaften, wo man nicht nur in der Anonymität der Masse ein bisschen Religion konsumiert. Denn es ist doch so: Wo man sich kennt und alles transparent ist, wo man sich aneinander reibt und schräge Verhaltensmuster sowie verborgene Motive ans Licht kommen – *da* geschieht Heiligung. Vor allem dort, wo man, statt andauernd Heiligung von all den anderen zu fordern, sich vielmehr um die *eigene* Heiligung kümmert.

Würde Gott mir bald eine solche geistliche Familie geben?

Vielleicht läuft die letzte große Erweckung ganz anders, als ich mir das vorstelle. Man hört, dass in China schon um die 100 Millionen Menschen Christen geworden sind, obwohl sie sich im Untergrund vor der Partei verstecken müssen. Ich kenne jemanden, der in Pakistan eine Hauskirchenbewegung gestartet hat, die mittlerweile auf ein informelles Netz von über 30.000 kleinen Hausgemeinden angewachsen ist und die Taliban wahrscheinlich in Rage versetzt.

In der Zwischenzeit war ich aber immerhin so weit, Gott einfach vertrauen zu können, dass ich genau da war, wo er mich zu dem Zeitpunkt haben wollte. Gleichzeitig war ich gespannt, was er als Nächstes tun würde.

Ich hatte nicht mehr den Stress, etwas für ihn tun zu *müssen*. Ich fing an zu begreifen, was Paulus damit meinte, in den von Gott vorbereiteten Werken zu laufen. Für diese Werke hält er auch die nötige Kraft und Stärkung für uns bereit.

Im Büro lief es derweil immer besser. Ich dachte schon daran, doch noch etwas länger zu bleiben. Mit so wenig Einsatz so viel Erfolg zu haben und daneben noch Zeit zu finden, um mich um mein geistliches Wachstum zu kümmern und andere auf dem Weg zu coachen, war doch eigentlich perfekt.

Da meldete sich gegen Ende des Jahres der Boss aus Paris wieder an, um mit mir über meine Strategie und die Pläne für das kommende Jahr zu sprechen. Dumm nur, dass ich weder eine Strategie noch einen Plan hatte.

Natürlich war ich lange genug im Geschäft, um zu wissen, was er von mir hören wollte. Sicher, ich hätte ihm eine PowerPoint-Präsentation zusammenbasteln können, die ihm gefallen hätte. Doch das wäre schlicht gelogen gewesen.

Obwohl es jetzt so richtig flutschte wie noch nie, kam ich mir trotzdem wie ein Sklave vor. Zwar ein sehr teurer und privilegierter Sklave, aber doch ein Sklave des Systems. Die Materie, mit der ich mich befasste, interessierte mich einfach nicht, und ich war effektiv nur dort wegen dem Geld. Also nicht nur. Nachdem ich einmal mehr feststellte, dass viel Geld einem das Leben nur etwas bequemer macht, aber die Seele nicht erfüllt, war auch die viele Kohle nur noch ein schwacher Trost, und ich war nur noch dort, weil ich den Eindruck hatte, dass Gott mich noch eine Weile dort haben will.

Auf dem Weg zu meinem nächsten Treffen mit Markus fragte ich mich, wie es mit meinem Leben weitergehen soll. War es das jetzt? Geld scheffeln bis zur Pension und hoffen, dann noch gesund zu sein, um noch etwas rumzureisen und doch noch etwas Schlaues zu tun? War das jetzt meine Berufung? Und was war nun mit den Prophezeiungen darüber, dass Gott noch etwas mit mir vorhabe?

Ich sagte zu Jesus, dass ich bei diesem Treffen keine Lust habe, weitere Probleme zu wälzen und irgendwelche weiteren Flüche meiner Vorfahren auszugraben, sondern dass ich jetzt hören will, wie es weitergehen soll.

Als Markus die Türe öffnete, war das Erste, was er nach der Begrüßung sagte:

«Ich bin gerade mit etwas anderem früher fertig geworden und bin schon mal ins Gebet, um zu fragen, was heute dran ist. Ich glaube, Gott will heute nicht weitere Probleme wälzen, sondern darüber sprechen, wie es nun vorwärtsgeht.»

Ich war wie elektrisiert und wusste, dass nun die Antwort auf mein Gebet kommt. Nachdem wir wieder unsere eigenen Gedanken unter den Gehorsam Christi befohlen und alle dämonischen Einflüsse aus dem Raum gewiesen hatten, fragten wir also, was sein Plan ist.

Im Gegensatz zu den vorherigen Malen, in denen die Antwort immer war, dass ich noch in der Firma bleiben solle, hatte ich nun stark den Eindruck, dass ich die Kündigung einreichen durfte. Und der Gedanke daran löste Freude und Frieden aus.

Markus hatte ebenfalls den Eindruck, dass meine Zeit in dieser Firma nun abgelaufen war.

So weit, so cool.

Aber was mache ich stattdessen?

Wir fragten, was danach käme. Da spürte ich, wie Gott mir sagte, dass ich mir schon so lange ein Sabbatical gewünscht hatte und dass ich es nun bekommen werde.

Markus hörte von Gott, dass ich einfach kündigen solle und Gott mir dann zeigen werde, was als Nächstes dran ist. Vorerst komme eine Zeit des Trainings, in der ich noch viel konkreter auf meine eigentliche Berufung hin vorbereitet werde und lerne, wirklich im Glauben zu laufen.

Auf dem Weg nach Hause freute ich mich auf die neue Zeit, doch ich machte mir auch Sorgen, wie Gabi wohl reagieren würde. Es ist ja nicht üblich, in meinem Alter – und mit Frau und drei Kindern bei entsprechend hohem Lebensstandard – einfach mir nichts, dir nichts einen lukrativen Job zu kündigen, ohne zu wissen, was man nachher machen soll. Die Chance ist groß, dass die Frau dann sagt:

«Setz dich hin, Liebster. Ich mach dir einen Tee und rufe jemanden, der dir helfen kann.»

Interessanterweise spürte Gabi, dass es richtig war. Doch um sicher zu sein, dass sie einen so weitreichenden Schritt auch wirklich mittragen würde, war es mir wichtig, dass sie selber vernehmen konnte, dass dies Gottes Wegweisung ist und nicht einfach eine Spinnerei von mir.

Im Gebet mit Freunden erhielt sie diese Bestätigung und war dann auch bereit, auf die Sicherheiten zu verzichten, um ein nächstes Abenteuer mit Gott zu erleben.

Anschließend bat ich meine Freunde Claude und Markus, im Gebet nochmals zu prüfen, ob das Sabbatical wirklich eine gute Idee war oder ob ich nicht lieber schon mal anfangen sollte, nach einem neuen Job Ausschau zu halten.

Beide prüften es im Gebet, und beide vermittelten mir als Feedback wortwörtlich denselben Eindruck:

«Gott wird dir in der Firma noch ein Schlussbouquet schenken, ganz ähnlich wie bei einem Feuerwerk.»

Und tatsächlich: Noch in der Kündigungsfrist schneite es mir, sozusagen «wie angekündigt», zwei Mega-Deals rein, die so speziell waren und so plötzlich und so unerwartet schnell durchkamen, dass sie nur von Gott sein konnten. Zudem hatte die Firma ihren komplizierten Provisionsplan wieder einmal so angepasst, dass ausgerechnet der eine dieser beiden Deals besonders stark gewichtet wurde und überproportional viel zu meinem Bonus beitrug.

Ich erhielt zum Abschied den größten Bonus, den ich jemals in der Lohntüte hatte.

Einmal mehr hatte Gott mir über meine Brüder etwas angekündigt, das dann auch tatsächlich so eintraf. Ich wusste, dass es dank diesem Bonus nach dem Sabbatical noch gut für ein weiteres Jahr oder für den Start einer eigenen Geschäftstätigkeit reichen würde. Ich wusste auch, dass es für mich kein Zurück mehr gab.

Vor der Kündigung kam es noch zum Besuch meines Bosses aus Paris. Es war eine geniale Woche. Am Montag schloss ich gerade einen wirklich guten Deal ab, und am Donnerstag fuhr ich mit dem Boss zusammen zu einem Kunden, um einen weiteren Deal abzuschließen. Diese beiden Geschäfte brachten mir fast ein ganzes Jahresziel zusätzlich rein.

Der Boss war euphorisch und wollte auf dem Rückweg wie längst vorgesehen mit mir über die Strategie und die Pläne fürs kommende Jahr sprechen. Ich ließ ihn zuerst reden und unterbrach ihn dann, um ihm mitzuteilen, dass ich nächstes Jahr kündigen werde. Nicht, um zur Konkurrenz zu wechseln, sondern um für Gott verfügbar zu sein.

Wären wir nicht gerade auf der Autobahn gewesen, wäre er mir vor Schreck aus dem Auto gesprungen. Er war perplex. Doch bald hatte er sich wieder gefasst und war fasziniert, dass ich ihm in der finanziell erfolgreichsten Woche meines Lebens mit einer fast schon außerirdischen Begründung meinen Abgang ankündigte.

Beim nächsten Abendessen wollte er unbedingt meine Geschichte hören. Als ich sie ihm erzählt hatte, war er nicht der Erste, der meinte:

«Du solltest definitiv ein Buch schreiben.»

Unser Dank für den großen Support

Damit dieses Buch entstehen konnte, hat sich eine Vielzahl von Leuten finanziell am Abenteuer mitbeteiligt. Am Tag der Drucklegung waren es 257 Personen, die mit kleinen und größeren Beträgen die Veröffentlichung möglich machten. Ein riesengroßes **«Dankeschön!»** an Euch alle – im Namen des Autors und des Verlags! Diesen Support zu kriegen war für uns alle eine ganz außergewöhnlich schöne und beglückende Erfahrung.

Vladimir «Vlad» Mitrovic
Die spinnen, die Gläubigen!

www.fontis-verlag.com